动力沟通理论方法与实践丛书

家庭教育手册
——动力沟通之家庭教育篇
（第二版）

中国科学院心理研究所沟通研究中心　编著

科学出版社

北京

内 容 简 介

本书是深受读者欢迎的《家庭教育手册》（2009年版）的最新改版，独树一帜的创新编排方式使本书极具亲和力与确定感。家庭教育的目标、原则和方法，0~18岁各年龄段孩子的特点与相应的家庭教育策略，这条明线构成前半部分的骨架，并配以生动的真实案例与热点问题解答；后半部分大量案例则以集锦的形式集中呈现。自我金刚结构作为暗线，始终如慈母凝视的眼神伴随每一篇，两条线索明暗相随，动静交融，理性与感性相呼应，以双螺旋体的运动轨迹展现出家庭教育的生命力与家庭幸福的方向。

家是中国文化的根源，希望所有翻开本书的爱好中国文化的读者均能从中看到自己感兴趣的内容。

图书在版编目(CIP)数据

家庭教育手册(第二版)：动力沟通之家庭教育篇/中国科学院心理研究所沟通研究中心编著.—北京：科学出版社，2015.3
(动力沟通理论、方法与实践丛书)
ISBN 978-7-03-043641-2

Ⅰ.①家… Ⅱ.①中… Ⅲ.①家庭教育 Ⅳ.①G78

中国版本图书馆CIP数据核字(2015)第045661号

责任编辑：王海光 付 聪 乔艳茹/责任校对：郑金红
责任印制：张 倩/封面设计：黄华斌

科学出版社 出版
北京东黄城根北街16号
邮政编码：100717
http://www.sciencep.com

新科印刷有限公司 印刷
科学出版社发行 各地新华书店经销

*

2009年4月第 一 版 开本：A5（890×1240）
2015年3月第 二 版 印张：9 1/8
2018年1月第九次印刷 字数：274 000

定价：68.00元
（如有印装质量问题，我社负责调换）

支持机构和项目

科技部科技支撑计划项目(No. 2013BAI08B02)

上海市悦宁教育集团

阜新动力沟通发展中心

北京动通合力文化传播有限公司

郑州慈铭动力沟通基地

舟曲圆心曲社会心理服务中心

北京积木世纪科技教育有限公司

《动力沟通理论、方法与实践丛书》编委会

主　编　王文忠

副主编　胡庆利　李　萌　孙海洋　庞　云

编　委　（按姓氏汉语拼音排序）

丁云枝　郭长连　郭淑芬　韩振江
胡淑杰　胡　婷　李　霞　李向前
李玉霞　刘　飞　邵　军　宋红利
唐　山　杨　光　杨　忠　赵菊红
赵秋琴

顾　问

卢　鸣　贾德臣　刘书斌　刘传玺
黄明陆　王全宇　吴曜圻　刘正奎
王　力　林　春

《家庭教育手册——动力沟通之家庭教育篇》
编 委 会

主 编　王文忠　庞　云
副主编　李　萌　胡庆利　刘爱忠　韩振江
编　委　（按姓氏汉语拼音排序）

程　洁　郭长连　郭淑芬　贺　洁
胡淑杰　黄小琴　贾晓芹　江　雪
雷爱菊　李　丹　李晓中　李玉霞
刘热生　陆　军　马知渊　孟　丽
任文庆　宋红利　王　旗　王志红
余丽霞　於　悦　袁晓燕　张紫瑞
赵菊红　郑连胜　郑　玉

丛 书 序

2008年"5·12"汶川地震发生后,中国科学院心理研究所(简称心理所)响应中国科学院党组"科技救灾、创新为民"的号召,组建了心理救援队,我作为队长和临时党支部书记带队到四川开展灾后心理服务,这是中国历史上第一次大规模的心理援助工作。全国各地的志愿者也通过各种渠道到达灾区,2008年6月至8月,心理所心理救援队的志愿者最多时达近千人。当时的情况是:灾情严重,创伤巨大;灾后心理服务缺乏现成工作模式和经验;工作人员缺乏培训,彼此之间缺乏了解。

在这种情况下,灾后心理救援队的领导者和工作人员面临三个任务:自我沟通、人际沟通和团队建设。通过自我沟通,让自己保持冷静和高效;通过人际沟通,与灾区的干部、群众、老师、家长、学生、医护人员、伤病员等保持联系,提供心理辅导、心理培训;通过团队建设,让我们这个彼此缺乏了解、人员不断变动的志愿者队伍,能够保持工作的连续性和有效性,保证志愿者本身的心理健康和自我成长。

在这场大规模的群众性健心运动中,一个最突出的体会就是,要通过真诚、负责、共情的行为,与接触的所有人尽快建立安全的信任关系,同时借用人类的一切智慧成果,转化、利用人与人之间必然存在的差异、冲突和矛盾,勤奋负责,团结协作,在建设物质家园的同时,重塑、美化自己的精神家园。我们承担的"重大自然灾害后心理援助模式、关键技术及应用"课题,获得了北京市科学技术奖三等奖。我们的相关工作,也得到了中共中央国家机关工作委员会(简称中央国家机关工委)的认可。心理所灾后心理救援队临时党支部曾被评为中央国家机关工委优秀党支部,动力沟通在党建工作中的运用也获得了中央国家机关党建研究会优秀奖。

动力沟通理论与技术流派的主要思想，就是在这个过程中发展起来并于2012年12月24日正式提出和开始有意实践与完善的。在这个过程中，动力沟通团队的每个人都努力利用心理学知识，解决自己面临的问题，同时，把自己面临的问题，与全国各地的志愿者朋友通过网络或偶尔的见面，进行交流、分析，然后用交流、分析的结果，去指导自己的实践工作，再把解决的过程与结果，进行记录、分享、总结和提升。在舟曲泥石流灾后的心理服务过程中，我曾经满怀豪情地写下这样的打油诗：

舟曲演兵场，山高藏锋芒，胜慧丁飞时，神仙不可挡！

（注：胜、慧、丁、飞，是心理服务工作站的几个志愿者）

作为这场群众性健心运动的主要发起人，我于1984年进入北京师范大学心理系学习，1988年考入心理所攻读硕士学位，1991年毕业留在心理所工作，跟随导师方富熹研究员从事发展心理学的研究，1997年被评为副研究员，同年在职博士毕业。在学习和工作期间，我爱好西方哲学，喜欢读柏拉图、叔本华、康德、尼采、海德格尔等的著作；对于心理学读物，则喜欢读弗洛伊德、罗杰斯、罗洛·梅等的著作。我感到，纯粹搞学术研究不符合自己的兴趣，愿意利用心理学知识，做些社会服务和应用研究。就在我迷茫的时候，1998年我在书店偶尔看到一本《论语》，买回家读。越读越动容，越读越后怕，越读越想流泪：1968年出生，1978年开始上初中的我，在一系列中学、大学、研究生等的教育中，与中国文化传统太有隔膜了，连《论语》这样的书，都没有读过，差点儿成了一个黄皮白心的"香蕉人"。从此，我意志坚定，白天奔走于监狱、劳教所、中小学、社区、公司、国家政府机关等场所，开展心理服务；晚上读起了中国传统经典《四书》《庄子》《周易》《道德经》《陆九渊文集》《维摩诘经》等，内心似乎越来越充实……

所以，我认为动力沟通的诞生，就是社会需要、国家号召、心理学知识、科学精神、中国传统文化与一线心理服务相结合的产物。本套丛书的出版，要感谢中国科学院心理研究所学术委员会、所务会、所党委和业务处的支持，更要感谢我的同事李萌、庞云、杨忠、郭长连、刘飞、李霞、邵军、赵菊红、郭淑芬、宋红利、孙海洋、胡庆利等的创造性工作，以及很多动通爱好者、动通员、动通师的充满生命韵律的记录、分享和奉献！

本套丛书，共6本，分为综合篇、家庭教育篇、心理咨询篇、个人成长篇、学校篇、社会服务篇，主要内容来源于"动力沟通"公共微信订阅号、"同心援助联盟—动通大本营"网易博客和动力沟通研讨群微信聊天记录，主要参考文献是石油工业出版社出版的《动力沟通理论与实践》。再次对前人的奉献和分享表示感谢！

王文忠
中国科学院心理研究所沟通研究中心主任
2014年12月25日

前　言

　　家庭是每一个人来到这世界上最先接触的环境，也是人类生活中最重要和最基本的一种组织。个人的生存、种族的绵延、社会的维系、国家的建立，都以家庭为依据。因为，家庭提供了人类生存和发展最基本的5大功能：生育、经济、保护、情爱和教育。

　　首先，我们说说家庭的前三项功能：家庭中的夫妻生育子女保证了人类的繁衍；自从私有制产生以来，家庭是一个最小的经济单位，通过努力劳作创造社会价值并保证家庭成员的生存；此外，家庭成员相互保护，父母为孩子遮风挡雨，共同对外。

　　其次，我们说说家庭最重要的两项功能：情爱的功能和教育的功能。法国作家莫罗阿在《人生五大问题》中写道：

　　一个朋友能因你的聪慧而爱你，一个情妇能因你的魅力而爱你，但一个家庭能不为什么而爱你，因为你生长其中，你是它的血肉之一部分。

　　对于夫妻本身而言，经过一天的辛勤工作，回到家中有人互相照顾，分享心得，交流体己的话，这是一种人间的至乐。夫妻感情和睦，孩子自然有安全感。心理学认为，孩子安全感的主要来源是知道父母相亲相爱，并且能够得到家人无条件的爱。有了爱，就有了一切！有了爱，教育也就有了根基！

　　人具有着漫长的成长期或学徒期，人必须经过学习、掌握前人积累的文化和技术，才能在社会上良好地适应和发展。家庭是人的第一所学校，俗话所说的"三岁看大，七岁看老"，虽然有些绝对，但是也包含着一些真理的成分：人的一些基本行为习惯、情感反应方式和价值观，是在父母的熏陶下形成的。父母往往在不经意之间影响了孩子的一生。

　　结婚生子、挣钱养家、保护家人的安全，大部分身体和心理健康水平正常的人都能够做到，然而建立一个和谐家庭并成功地教育和影响孩子，并不是人天生就具有的能力。有道是"有心栽花花不开，无意插柳柳成荫"，父母往往费尽心思地教育孩子，想培养孩子的某种能力或品质，偏偏没有效果，然而父母自己无心或无意的行为往往对孩子造成了终身的影响！

教育的本质就是爱的教育，"家和万事兴"，所以家庭的情感功能和教育功能是统一的；"推动摇篮的手，就是推动世界的手"，所以，家长朋友，作为孩子的父母，作为人类未来的影响者和推动者，您对家庭教育的目的、原则和方法进行过认真的思考吗？不管怎么样，对这些问题，您都有自己的观点和想法，并且您的观点和想法都会影响您跟您孩子的接触方式，影响您与您孩子的关系，并进而影响您孩子的发展道路。

本书将对上述问题展开了一些思考，希望您能够抽出时间，和我们一起来交流，来探讨，然后在各自的家庭生活中实践、验证、完善和突破。《易经》有云："乾知大始，坤作成物。乾以易知，坤以简能。易则易知，简则易从。易知则有亲，易从则有功。有亲则可久，有功则可大。可久则贤人之德，可大则贤人之业。易简而天下之理得矣。"让我们把各自家庭生活中易知易从、简单明白的家常话记录下来，从而在一起共话家常的过程中，灵光点点，聚沙成塔，共同构建中国家庭教育的大厦。

编　者
2014年2月

目 录

丛书序

前言

引言　家庭教育的重要性

第一单元　家庭教育的目标

　1.1　你的家庭对孩子的教育有目标吗？　/ 8

　1.2　什么是合理的家庭教育目标？　/ 9

　1.3　觉察自己和孩子　/ 13

　1.4　打造"金刚人"——家庭教育的终极目标　/ 16

第二单元　家庭教育的原则

　2.1　家庭是一个系统　/ 22

　2.2　父母是家庭教育的主导　/ 38

　2.3　培养自己的心理咨询师　/ 60

第三单元　家庭教育的核心

　3.1　认识改变的过程：体验、确认、分析和总结　/ 67

　3.2　认识改变的前提　/ 68

　3.3　人的三类问题和成功的四种品质　/ 71

　3.4　让孩子觉得自己重要、能干　/ 74

　3.5　让孩子自控、自律　/ 78

　3.6　让孩子学习负责　/ 84

　3.7　让孩子学会与人交往　/ 92

第四单元　家庭教育的四种模式

4.1　殉难者模式　/ 102

4.2　警察模式　/ 105

4.3　好伙伴模式　/ 108

4.4　运动教练模式　/ 110

第五单元　夫妻向父母的过渡

5.1　夫妻为什么愿意要孩子　/ 119

5.2　胎教　/ 121

第六单元　不同年龄阶段的家庭教育

6.1　不同阶段儿童的年龄特点　/ 126

6.2　新生儿的家庭教育　/ 133

6.3　婴儿期的家庭教育　/ 136

6.4　学步儿阶段的家庭教育　/ 138

6.5　幼儿期的家庭教育　/ 143

6.6　学龄儿童的家庭教育　/ 152

6.7　中学生的家庭教育　/ 167

第七单元　特殊家庭与特殊儿童的家庭教育

7.1　特殊家庭　/ 178

7.2　特殊儿童　/ 187

第八单元　家庭治疗的相关概念及应用

8.1　什么是家庭治疗　/ 198

8.2　双重束缚　/ 200

8.3　婚姻分裂和婚姻倾斜　/ 201

8.4　假性共同性　/ 202

8.5　情绪割除　/ 202

8.6　合理情绪疗法　/ 203

第九单元　古今中外的家庭教育理论和故事

9.1　中西古人论教育从哪里开始　　/ 206
9.2　中西古人论早期教育的重要性　　/ 207
9.3　历史上的第一个座右铭与家庭教育有关　　/ 208
9.4　《易经》中的家教思想　　/ 209
9.5　《礼记》中的家庭教育观点　　/ 210
9.6　诸葛亮的家教思想　　/ 211
9.7　中国的第一部家庭教育专著《颜氏家训》　　/ 213
9.8　朱用纯的家庭教育思想　　/ 217
9.9　曾国藩的家庭教育思想　　/ 220

第十单元　家庭教育案例集锦

10.1　在观察孩子中一起成长　　/ 224
10.2　家庭中的成年人　　/ 242
10.3　囧妈囧仔的系列故事　　/ 266

后记

引言 家庭教育的重要性

家庭教育是非正式的学习，是指"家庭成员之间的相互教育，多指父母或其他年长者对儿女辈的教育。家庭教育是社会整个教育事业的重要组成部分，具有不可代替的特点与作用"（顾明远主编，《教育大辞典》，1990年）。

一般人根据场所不同将教育分为三部分：家庭教育、学校教育和社会教育。儿童个性发展则是起源于家庭、显现于学校、成熟于社会。家庭教育是人健康成长的起点。国内外的很多研究证明了家庭教育对于儿童青少年成长的重要性。例如，很多对违法少年的家庭研究表明：不良的家庭环境、家庭气氛，以及不良的父母教育方式和由此导致的不良亲子关系，对少年儿童的不良影响是巨大的。其中，少年的偏差行为就与这种不良的家庭资源有着密切的关系。

研究一

美国犯罪学家萨瑟兰（Sutherland E.H.）发现，凡是出现违法少年的家庭，大多具备以下一两个或两个以上的条件。

1）家庭成员中有犯罪者，或者行为品德不端者，以及酒精中毒者。

2）父母一方或双方是死亡者、离婚者，或是被遗弃者。

3）父母愚昧无知，或者是知觉上有缺陷者、因病而不能管教子女者。

4）父母态度专横、偏爱过度，或者过分干涉，或者是严厉、放任、嫉妒者，以及家庭居住条件较差并与同住亲友不和者。

5）人种与宗教不同、习惯各异或者是养子，以及收容单位收养的孤儿。

6）失业、工资收入低，以及在共同劳动中受经济压迫者。

在这六种类型家庭中，家庭成员，主要是父母或者由于教育水平低下，或者由于夫妻关系不和，或者教育方式过于简单、粗暴，孩子生长的家庭环境比较恶劣，因而违法行为更容易发生。虽然萨瑟兰的研究有其局限性，但也由此表明，家庭对少年偏差行为的形成具有特殊意义。

研究二

中国与此相关的研究是由佟新等对北京、上海、石家庄等8个省（自治区、直辖市）的调查。在所调查的1800多名违法犯罪青少年中，家庭成员或近亲属中有犯罪记录的是407人，占21.8%，也就是有高于1/5的违法犯罪青少年在其成长过程中或多或少地受到家庭成人的不利影响。

研究三

美国心理学家贝尔斯凯（Belsky J）等通过对众多美国家庭的追踪研究，指出一种生态社会化理论，认为个体的发展是由一系列特定的环境条件决定的，人的行为表现是一种对环境压力和成长经验的适应。据此，他们进而提出个体由于家庭背景的不同而有着两种不同的发展路径，如图0-1所示。

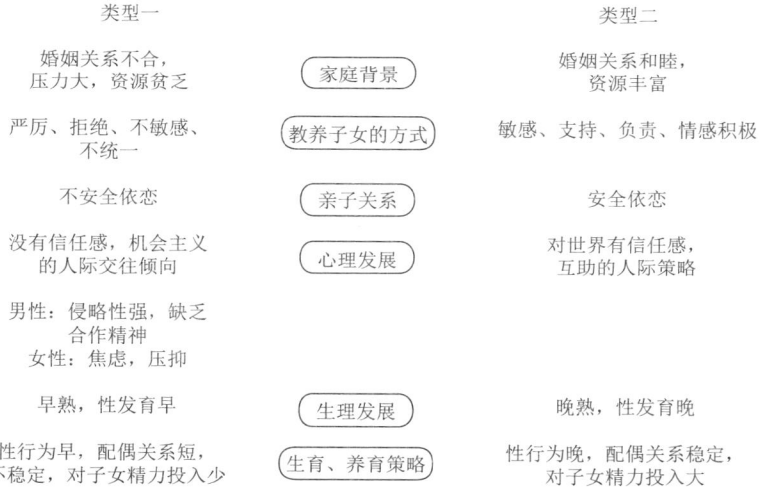

图0-1 不同家庭背景的发展路径

贝尔斯凯的生态社会化理论认为，生活在贫困地区的家庭，夫妻关系紧张，父母对孩子粗暴、严厉，父母对孩子的要求也不一致，亲子关系差，孩子在心理发展上有种种问题，如具有高侵略性、缺乏合作精神、焦虑、压抑等；在生理发育上，这样的孩子也比较早熟，性发育早。并且，这样的孩子长大后，在养育自己的下一代时往往重复自己父母的毛病，性行为早，配偶关系不稳定，在养育自己的子女方面，精力投入少。反之，多数中产阶级家庭，生活相对富裕，父母对孩子敏感、负责，孩子与父母关系良好，孩子心理、生理上问题少，偏差行为也比较少，这种家庭的孩子在长大后，性行为晚，配偶关系长期稳定，对自己的子女教育精力投入大，在教育自己的孩子时也比较容易成功。

研究四

美国心理学家劳伯（Loeber，1986）曾综合众多有关少年偏差行为与家庭资源关系的研究，结果发现，在家庭中影响孩子行为的有以下四种因素。

1）人口统计学因素，如家庭的社会经济地位，家庭人口的多少等。
2）父母的性格因素，如慈爱或残酷，诚实或奸诈等。
3）父母的管理技巧，如对孩子监控的多少，对孩子活动的参与程度，对孩子约束的严厉程度等。
4）父母的养育心态，如父母对孩子的接受或拒绝等。

其中，父母的养育心态和管理技巧与少年的偏差行为具有直接关系，在幼年和童年时缺乏父母的监护，或者父母对孩子有拒绝心理，少年期的偏差行为发生率就比较高。父母的性格因素与孩子的行为有中度的相关，父母过于残酷，孩子的偏差行为也比较多。而人口统计学因素与少年的偏差行为也有关系，但相关最低，如美国研究发现贫困家庭和人口过多的大家庭中长大的少年偏差行为也比较多。

研究五

在20世纪70年代早期，弗雷德·斯特莱特在宾夕法尼亚进行了一次大规模的调查，调查对象是6000名12~18岁的青少年，调查的问题包括对学校的态度、是否服用毒品、是否有性行为、对教堂的态度、精神健康状况和同伴影响等，同时让这些青少年描述自己的家庭关系，让他们从以下四个选项中选一个来回答。

1）我们很亲密。
2）我们有点亲密。
3）我们不亲密。
4）我们根本不亲密。

研究表明，那些认为自己家庭关系不亲密的孩子都报告了下面的现象。

1）大多数时间都不快乐。
2）感觉生活很令人厌烦。
3）愿意做让人们感到震惊的事情。

引言　家庭教育的重要性

4）感到生活比其他大多数人相比，更缺少乐趣。
5）很少感到与人有亲密关系。
6）不关心在学校的成绩。
7）对宗教信仰和道德训练不在乎。
8）感到自己没有受到良好的教育。
9）对自己上大学的事不抱希望。
10）报告自己会跟同伴一起服用毒品、喝酒和犯罪。

综上所述，家庭环境和家庭教育以及父母的行为对孩子的影响是终生的，孩子会带着原生家庭的种种"遗传"特质走向社会，父母的影子投射到孩子身上并融汇到孩子的血脉中，成为他一生的烙印。

动通加油站

> 家庭是人类一切活动的基础。其家不可教，而能教人者无之。

第一单元 家庭教育的目标

人在丧失了目标后，就像丧失了目标的导弹，只能在空中轰轰作响、燃烧自己、摧毁自己。马克思在谈到人的行为的目标属性时，曾经精辟地写道：蜘蛛的活动同织工的活动相似，蜜蜂建筑蜂房的本领使人间的许多建筑师感到惭愧。但是，最蹩脚的建筑师从一开始就有比灵巧的蜘蛛和蜜蜂高明的地方，他在建筑施工以前，已经在自己头脑中把它建成了劳动过程结束时得到的结果。在这个过程开始时就已经在劳动者的表象中存在着，即已经观念地存在着。

　　家庭教育也不例外，家庭教育的效果，其实是由家庭教育的目标决定的。本章从一个小故事引出什么是合理的家庭教育的目标，以及影响家庭教育目标的因素有哪些，并通过社会热点分析及生动的家教小故事来探讨家庭教育的终极目标是什么。

第一单元　家庭教育的目标

话家常1：被日军围困后的祈祷词

在第二次世界大战期间，美国将军麦克阿瑟及其率领的军队在菲律宾被日本军队包围，麦克阿瑟将军想着自己可能不久于人世，就为自己的儿子写下了动人心弦的祈祷词（当然，麦克阿瑟将军后来被美国总统罗斯福派来的飞机接走）。这段祈祷词表达了他对儿子成人之后的期望，表达了他对儿子的教育目标：

主啊，教导我儿子软弱时能够坚强不屈，在惧怕时能够勇敢自持，在诚实的失败中毫不气馁，在光明的胜利中仍能保持谦逊温和。

教导我儿子笃实力行而不从事空想；使他认识你——同时也认识他自己，这才是一切知识的开端。

我祈求你，不要将他引上逸乐之途，而将他置于困难及挑战的磨炼与刺激之下。使他学着在风暴中站立起来，而又由此学着同情那些跌倒的人。

求你让他有一颗纯洁的心，有一个高尚的目标，在学习指挥别人之前，先学会自制；在迈向未来之时，不遗忘过去。

主啊，在他有了这些美德之后，我还要祈求你赐给他充分的幽默感，以免他过分严肃；赐给他谦虚，才能使他永远记着真正的伟大是单纯，真正的智慧是坦率，真正的力量是温和。

然后，作为父亲的我，才敢轻声地说："我这辈子总算没有白活。"
阿门！

这段祈祷词为什么能够长久流传并深入人心？就是因为它提出了一个合理的家庭教育的目标：塑造一个具有完善性格的人，在孩子身上培养出坚强、勇敢、诚实、谦逊、纯洁、自制、有同情心、有幽默感等优秀品质。而我们知道，所有的品质，都有其根源——习惯，习惯又有其种子——行为，行为也同样有其种子——思想。对于孩子的行为来说，其种子就是父母的思想，父母的家庭教育目标。这些家庭教育目标会影响父母的家庭教育行为，进而影响孩子的日常行为、生活习惯、性格和命运。因此，为了孩子一生的幸福和健康发展，诸位家长，一定要有一个正确的、科学的家庭教育目标。

1.1 你的家庭对孩子的教育有目标吗?

人的任何行为都有其目标，人的本质特性之一就是活动的目的性。人们进行任何一种实践活动，事前都在头脑中存在一个特定的目的。也就是说，任何人从事任何实践活动之前，他的头脑中都存有预期的实践结果，他都是在追求一个预期的目标。这是人类行为与动物本能活动的根本区别之所在。马克思在谈到人的行为的目标属性时，曾经精辟地写道：蜘蛛的活动同织工的活动相似，蜜蜂建筑蜂房的本领使人间的许多建筑师感到惭愧。但是，最蹩脚的建筑师从一开始就比灵巧的蜜蜂高明的地方，是他在用蜂蜡建筑蜂房以前，已经在自己头脑中把它建成了劳动过程结束时得到的结果。在这个过程开始时就已经在劳动者的表象中存在着，即已经观念地存在着。

家庭教育也不例外。但是很多父母对家庭教育的目标往往认识不清楚，甚至认为家庭教育没有目标。民间流传的一些谚语，如"树大自然直""车到山前必有路，船到桥头自然直"等，非常形象地描述了这些家长对家庭教育目标的错误观点。事实上，不管家长自己是否意识到，也不管家长是否正视这个问题，任何一个家庭对子女的教育，都是具有一定目标的，都是自觉或不自觉地在某种目标的指引下进行的。目标决定着人的行为。人的行为自觉不自觉地受着自己目标的指引。

家庭教育的目标在形成初期，可能过于理想化和简单化，或者过于笼统和模糊。但是随着时间的推移，随着父母与孩子经验的增加、智力的发展，或者随着父母与孩子有意识的思考，将实现这些期望和理想的具体步骤勾画出来，一个清晰的家庭教育目标系统便会呈现在跟前。

有了具体而清晰、明确而正确的家庭教育目标之后，人们就会使自己的教育活动朝确定的目标努力，教育活动就会更加自觉，成效自然会更好；反之，家庭教育活动就会有极大的盲目性，教育效果就会事倍功半。

动通加油站

动力沟通的毕生发展观

0~3岁：用理性辅助感性！

婴儿只是一个身体和感受性的结合体，来到人类社会，就在父母的理性世界里，接受着种种关爱，慢慢地学会了说话，并在头脑中形成了关于世界的概念和形象。

3~30岁：理性阉割感性！

语言是把双刃剑。人在自立之前，一直在被他人滋养着，也在被他人阉割着。阉割的重要工具，就是语言。儿童关于世界的丰富感受，逐渐被语言清晰化和狭窄化。儿童的感受，在能够跟他人交流的同时，丧失了自己的独特性和丰富性。

30岁以后：增加感受，驯服理性！

而立之后的成年人，如果局限于自己的理性（概念系统）中，将丧失鲜活的生命力，并且会不断地跟具有每个人自己的概念系统和心理世界的他人、跟变化的世界产生冲突。只有增加对世界的感受，活在当下，同时用理性记录和跟踪自己和他人的感受，才能保持创造力和合作精神。

1.2 什么是合理的家庭教育目标？

有人说，教育的目的简单说，就是尽可能地教育好每一个人，让他们的行为促进社会的进步，而不是阻碍社会的发展。也有人说，教育的目的在于使人学会更好地生活。麦克阿瑟将军的那段祈祷词之所以能够广为流传并且激动人心，那是因为它涉及了一个人类发展的根本命题：希望人类的将来——下一代成为什么样的人。

麦克阿瑟将军认为，具有坚强、勤劳、温和的个性，具有健康的心态、纯洁心灵的人，才是真正伟大、幸福的人。而这样的理念，逐渐成为当代世界各国对于儿童、对于下一代的期望。《儿童权利公约》是世界上100多个国家于1989年第44届联合国大会上签署的一个世界性的关于儿童权利的宣言。它在第29条中对应该把儿童教育成什么样的人做了如下描述。

缔约国一致认为教育儿童的目的应是：

1）最充分地发展儿童的个性、才智和身心能力。

2）培养对人权和基本自由以及《联合国宪章》所载各项原则的尊重。

3）培养对儿童的父母、其自身的文化认可、语言和价值观、儿童所居国家的民族价值观、其原籍国以及不同于其本国文明的尊重。

4）培养儿童本着各国人民、族裔、民族和宗教群体以及原为土著居民之间的谅解、和平、宽容、男女平等和友好的精神，在自由社会里过有责任感的生活。

5）培养对自然环境的尊重。

《儿童权利公约》的签约国一致认为，教育的目的应是最充分地发展儿童的个性、才智和身心能力；培养对人权和基本自由的尊重；培养儿童相互谅解、和平、宽容、男女平等和友好精神；培养儿童对自然环境的尊重；过有责任感的生活。这些说法与麦克阿瑟将军在20世纪40年代写下的祈祷词具有很多共同之处。

其实，麦克阿瑟的观念，《儿童权利公约》中的理念，早在2500多年前，已经由我国古代伟大的教育家、政治家孔子进行了清晰的描述：

子曰：弟子入则孝，出则弟（通假字，同"悌"），谨而信，泛爱众，而亲仁。行有余力，则以学文。

孔子认为，一个人只要在家里孝顺父母，在外面尊重长者，谨慎，讲信用，有爱心，就是一个非常难得的好人。这些事做好了，如果还有精力，那么还可以学习一些文化知识。

子曰：君子食勿求饱，居勿求安，敏于事而慎于言，就有道而正焉，可谓好学也矣。

孔子认为，有道德的人不追求好的物质生活条件，干事敏捷、认真，说话谨慎，尊重客观规律，这样的人就是爱好学习的人。

第一单元　家庭教育的目标

我国古代最早论述家庭教育的专著《颜氏家训》也表达了相近的教育思想,其中很多论述至今仍具有很强的针对性。颜之推生活在南北朝的战乱时期,历仕四朝,"三为亡国之人",饱尝离乱之苦,深深地体验人世的荣衰变化。他写的《颜氏家训》是我国现存最早的家庭教育专著。《颜氏家训》自成书以来,在我国漫长的封建社会中,一直被作为家教范本广为流布,虽历经千年而流传不衰,被称为"古今家训,以此为祖"。

颜氏认为家庭教育的重要目的是让孩子明白圣贤所讲的修身养性的道理,堂堂正正地做人,而不是通过掌握一些技能或技艺来献媚求荣。在《颜氏家训》中颜之推写了这样一个反面例子:

齐朝有一士大夫,尝谓吾曰:"我有一儿,年已十七,颇晓书疏,教其鲜卑语及弹琵琶,稍欲通解,以此伏事公卿,无不宠爱,亦要事也。"吾时俯而不答。异哉,此人之教子也!若由此业,自致卿相,亦不愿汝曹为之。

我们当代的一些家长,忽视对孩子人格的培养及对中国传统文化精华的掌握,认为让孩子学英语、学计算机、学弹钢琴,就是成功的家庭教育或素质教育,如果颜之推生在当今,是否也会大叫:"异哉,此人之教子也!若由此业,虽致亿万富翁,亦不愿我儿为之!"但是如果颜之推真的生在今世并这样说了,恐怕有很多人会认为他神经不正常呢!

在过去的教育实际中存在着这样一个金字塔(图1-1),即最重视知识的学习,其次是能力,尤其是智力的培养,最后才是道德、个性等全面培养和发展。这样的教育实践往往存在着种种弊端,如"高分低能",使得许多在学校中学习成绩不错的儿童、少年存在种种问题,不能适应社会的要求,不能与人合作,不能承担社会责任等。

图1-1　家庭教育现实金字塔

在20世纪80年代，随着国际先进教育理念的学习，以及我国古老教育思想的发掘，教育界对教育问题进行了新的理论探索。有人认为上述模式应该颠倒过来，学校教育应该首重儿童道德、个性的培养；其次是培养孩子的实际能力，如开发学生的智力，培养儿童生活自立能力、社会交往、合作技能，养成良好的劳动习惯、学习习惯等；最后，才是知识的学习。并且，道德、个性的培养，实际能力的提高，也会进一步促使儿童对知识的学习和掌握（图1-2）。

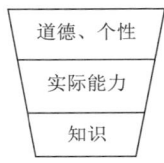

图1-2　家庭教育理想金字塔

对于把孩子培养成为什么样的人，您有自己的答案了吗？

动通加油站

个人幸福从意义与价值的角度进行拆解

1）自己觉得鲜活，得到自己认可，那就是有意义；对别人有用，得到别人认可，那就是有价值。

2）仅仅活在意义的世界里，我们可能得不到别人和社会的理解，而成为精神病人，或者困死在某个孤寂的洞穴。

3）仅仅活在价值的世界里，我们得到了鲜花和掌声，但是当大幕落下，独自面对自己一个人时，我们可能觉得空虚和无聊，同时伴随着锥心的疼痛和恐惧。

4）只有同时伴随着意义和价值，人才可能是幸福的。

5）产生这种幸福的最方便的方法，就是找到志同道合的一群人，形成一个团队，我们探索自己（以及自己周围的世界）、欣赏自己、不断进步，常看常新，如此我们中的每个人都有"意义"；我们把自己的观察反思的结果与同伴分享，给同伴带来感动和新的体验，如此我们中的每个人都有"价值"。因为意义和价值并存，我们就感到幸福了。

第一单元　家庭教育的目标

1.3　觉察自己和孩子

家庭中，影响孩子未来发展的最根本因素，是家长（或者主要抚养者）的家庭教育目标，即家长对孩子的期望。但是，这个目标或期望，又受着多种因素的制约和影响。一般而论，家庭的根本利益，文化背景，社会政治、经济、文化等大环境气候，父母的经历、体验、职业，以及父母的个人爱好、兴趣，等等，无论家长是否意识到，都对家庭教育目标，并进而对家庭教育活动、亲子之间的接触方式，起着潜移默化的影响。

当然，每个家庭的物质生活条件，家庭所处的地域环境，子女的心理发展水平及兴趣、愿望等，也是明智的家长必然要考虑的因素。所以，经常觉察和反思下列因素，是家庭教育成功的关键。

1. 家庭的根本利益

毋庸讳言，在以生产资料私有制为基础的阶级社会里，人们生育、教育子女，一个原因是维护家庭利益，进而维护本阶级、本阶层的利益，其教育目标当然是要让子女掌握与此相关的知识和技能，并具有相应的品格，以便成为合格的继承人。

举个最常见的例子，在高考时，很多其他省份的人，抱怨北京、上海这些大城市分数线低，不公平，应该统一分数线。但是，一旦这些人通过上大学留在了北京和上海这些大城市，并且自己的子女要考大学时，他们又是现行高考政策的积极拥护者。所以，站在什么立场上，是为人父母者在教育孩子时，时刻要反思和觉察的问题。

2. 家庭的文化背景

心理学家杨中芳对于"文化"提出了这样的定义：文化是人的脑海中最容易被提取、使用的知识体系和价值观。在人的生活与交往中，文化自然渗透于其中。

家庭是历史最久远的一个社会单位，是人活动的主要场所之一，所以家庭是文化的发源之地，家庭中子女的养育方式，是文化形成的原因，也是不同文化的结果。因此，家庭的文化背景，对所有家庭成员都有着潜移默化的影响。"将门虎子""书香门第""音乐世家"，都是家庭文化影响的结果。

3. 家长的人生经历、职业体验及个人爱好

家长作为子女生活的引路人，作为子女的第一任教师，究竟要把子女引向什么样的生活道路，培养成什么样的人，同家长的人生经历、职业体验及个人兴趣、爱好息息相关。

例如，颜之推作为经历南北朝战乱的"三为亡国"之人，他提出以下家庭教育的目的：①孝敬父母，慎言慎行；②知足守谦，不图富贵；③重视气节，强调尊严。其中，第三个明显带有其自己人生经历的痕迹。再如，北宋的开封府尹包拯，在他的遗嘱中这样写道："后世子孙仕宦，有犯赃滥者，不得放归本家；亡殁之后，不得葬于大茔之中。不从吾志，非吾子孙。"在遗嘱中对子孙后代提出这样的要求，也是铁面包公的必然。

4. 社会变革中的政治、经济、文化大气候

社会政治经济的变革，必然引起人们思想观念的变革，反映在家庭教育中，首先体现为家庭教育目标的变化。例如，在1949年新中国刚刚成立到改革开放，由于解放军崇高的政治地位，人人都想参军；1978年刚刚改革开放，科学的春天来了，人人都想当科学家，想当陈景润去解开哥德巴赫猜想；到了21世纪，比尔·盖茨等成功的企业家，又成了社会成功的标志。

5. 家庭所处的地域环境

俗话说，"跟着读书人爱读书，跟着神婆子学下神"。孟母三迁，说明了家庭所处的邻里小环境的重要性。同时，就中国人来说，淮河以南（所谓的南方），人们重视经商；淮河以北（所谓北方），人们更重视从政。就世界范围来说，印度人出家当隐士，似乎是家人的荣耀；中国人出家，则往往使很多家长心疼。所以，家庭所处的地域、地区和社区，以及它们的影响，也需要家长有所认识、有所觉察。

6. 家庭经济条件

经济基础决定上层建筑，家庭经济条件自然潜在地或明确地影响着家庭教育的目标。古人讲，穷文富武，穷人只能靠读书来被朝廷认可，富人则有可能通过练武来得到国家认可。现在也一样，很多贫困家庭由于经济拮据，孩子对上大学不抱希望，早早辍学出去打工，并且往往得到家长的默许甚至鼓励。

7. 孩子的自身条件与自己的愿望

家庭教育的目的、家长的教育期望，最终是否能够顺利实现，取决于孩子的行动。因此，家长对孩子自身条件的觉察和思考，对孩子自身愿望的了解和尊重，是根本。

总之，家庭教育目标的合理性、有效性和适当性，取决于家长对以上7个因素的系统地动态地觉察和思考。

沟通加油站

> 沟通永远是人与人之间合作的结果，至少是场双人舞，更多的时候，是群舞……影响舞蹈的，有这样几个因素：
> 1）舞台、天气等物理环境。
> 2）观众。
> 3）自己的个性、能力、角色、身份。
> 4）舞伴的个性、能力、角色、身份。
> 5）舞蹈剧本的宗旨、要求和设计的剧情。
> 6）自己对自己和舞伴、观众及现场气氛的观察和反应（觉察和呈现）。
> 7）最后，也是最重要的，是自己的目的或意图：要自己成为明星，还是让舞伴得到恭维；让自己和舞伴在表演中共同成长，还是让观众得到快乐，还是什么也不想，让生命去展现……但是，这个意图，又是最主观、最容易变化、最需要盖棺定论的。

1.4 打造"金刚人"
——家庭教育的终极目标

动力沟通中的金刚石理论认为,一个人的自我就犹如一个金刚石结构(图1-3),它包括5个要素:①理性(符号系统),在这个家庭中,它就像是孩子,连接过去和未来,让人带着历史感投入未来;②感性(非符号系统),在家庭中就是那个厚德载物的母亲,充满着丰富的体验与感受,让人活在当下;③身体则像是默默奉献、无声行动的父亲;④元认知,或反审认知,相当于这个家的家庭治疗师(觉悟、反审);⑤自我感则位于这个金刚石结构的中间结点,连接其他4个要素。

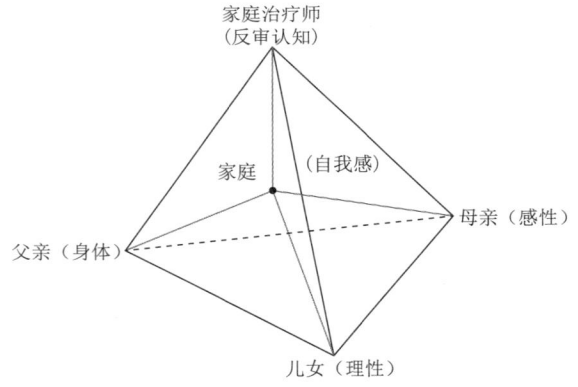

图1-3　自我金刚结构

一个完善的人(即金刚人)应该是以自我感为中心,连接身体、感性(非符号系统)、理性(符号系统)和反审认知(觉悟、反思)的一个同极键四面体的金刚石结构,坚不可摧,并且不断扩大和发展。

动力沟通的家庭教育目标就是家长先把自己打造成这样的一个金刚人,重视感受,重视行动,让理性作为秘书为身体和感受服务,懂得沟通,善于合作,并让这一切在反审认知这个家庭治疗师的指导下和谐统一,保持自信、开放、勤奋、谦卑,始终散发着生命的活力。在这样的家长的言传身教熏陶下，孩子自然也成为这样一个具有适应能力、学习能力和创造性的开放的金刚人！这样的孩子往往具有以下特点。

1）对自己、他人和环境时常保持觉察（感觉敏锐）。

2）在力所能及的范围内，照料自己，服务他人（身体勤劳）。

3）热爱学习，吸收前人的智慧，同时对新的不同观点保持开放的心态（思想开放）。

4）对自己、对生活、对他人有一种积极、包容的心态，能够经常保持宁静和安详（做自己的心理咨询师，关照、陪伴自己）。

话家常2：年轻人自杀为什么总引起人们心灵的震颤？

生命属于自己只有一次，当一个年富力强、具有相当聪慧程度的人，如大学生，用自己的手剥夺自己的生命时，他们在通过自杀这一行动表明在这一刻自己非常的绝望和善良！

我们知道，生命中充满了种种挫折和痛苦，在挫折和痛苦积累到一定程度时，人就会感到走投无路，感到绝望，感到要放弃一切寻找轻松，因此有人选择了自杀，选择了一种极端的方式来解决自己的绝望。有研究表明，自杀已经成为15~35岁年龄群死亡的首要因素。

人们常说，死尚且不怕，那还有什么可怕的呢？因此，年轻、聪慧的自杀者，他们选择了伤害自己，而不伤害他人！如果自杀者不那么善良，他完全可以选择另外一条路，一条破坏性很强的路，可能最后进入监狱，被法律所惩罚。

记得过去看到这样一个报道，一个人觉得生活很没有意思，就故意去杀了一个人，然后开始去偷、去抢，过一种非常放荡的生活，当警察抓住他的时候，他非常坦白地说，我的日子终于到头了，我可以轻松了。你们也不用审我了，我杀过人，在什么时间、什么地点杀了一个什么样的人，你们直接枪毙我吧。

结果经过法庭的审判，这个绝望的人终于如愿地被判处了死刑。跟这样死有余辜、完全为了摆脱自己的痛苦而去无缘无故杀人的人比较起

家庭教育手册——动力沟通之家庭教育篇

来,年轻人的自杀总让我们内心涌起某种悲凉和激愤:对于这样善良的人,对于这样处于花样年华的年轻人,社会为什么让他们自杀了呢?他们为什么那么绝望?亡羊补牢,时犹未晚,我们应该做些什么避免这样的悲剧再发生呢?

为什么一个刚刚开始自己人生的年轻人就这么决绝地告别自己宝贵的生命?他在自己家庭生活中,在自己的中小学教育中,教育者在教给他正常的文化课知识之外,有没有培养他独立生活的能力?有没有培养他与人交往的能力?有没有培养他忍受孤独的能力?有没有让他建立预期适应生活中的无奈和挫折?

当然,可能有人会理智而清醒地说,大部分人都没有接受这样的教育,但是他们也适应了大学生活,并且得到了成长,为什么这个人就不行呢?

这种说法本身没有什么错,关键是看说话的人。如果说话的人是一个未成年人,或者是一个不愿意站在教育者的角度考虑问题的人,那么这人没有什么错;如果这个人是个教育工作者,或者是位家长,那么他这么说就是错误的,因为家长和教育工作者要抓住一切机会反思自己,任何一个孩子的痛苦都是家长和教育工作的痛苦,也是家长和教育工作者反思的宝贵机会。

自杀的年轻人,用他们痛苦的、善良的绝望行动在呼唤全社会,呼唤教育工作者和家长反思自己:

您教给孩子走自己的路了吗?

在面临一个问题的时候,他有选择多种解决问题途径的机会和能力吗?

您培养他们做自己的心理咨询师,温馨地陪伴和关照自己了吗?

话家常3:孩子是天生的金刚人

口水瑶马上就1岁3个月了。
口水瑶正在慢慢地长大。
和口水瑶同时在成长的,还有口水瑶的妈妈。

第一单元　家庭教育的目标

说起口水瑶妈妈的成长，其中有一部分得归功于口水瑶。下面这个故事，就是口水瑶如何启发她妈妈的故事。

口水瑶在12个月的时候，就开始自己学走路，妈妈干活没时间理她，她那向上成长的力量简直势不可当，不得停歇，不是去用手摸摸这个，就是摸摸那个，在她的世界里，任何的东西都是她的玩具，都可以成为她探索的对象。

口水瑶似乎很清楚她每一个阶段要做的事情，就像7个月她就练习坐，8个月就爬，9个月站，10个月就每天自己在那扶着床杆练起立和蹲下，到了12个月的时候，她就开始松开拉着床杆的手，尝试着走几步，然后开始自己迈步了。

松手和迈步的练习，口水瑶很聪明地选择了在床上进行。一开始，口水瑶先扶着床头的栏杆让自己站起来，等站稳后，口水瑶小心翼翼地先是松开一只手，然后，再慢慢地将另一只手松开，然后定在那里，看自己能站多久，一感觉自己要倒了就立即向前倾，用双手迅速地抓住床杆。

如此数次后，口水瑶开始能松开双手站稳一小会儿了，就在此时，我有一大发现，口水瑶会高兴地为自己鼓掌，以后的每一点滴成长，她都会乐呵呵地为自己鼓掌。不管她妈妈有没有看见，或者有没有其他人为她的成长喝彩，她每进步一点点，都为自己鼓掌。

待口水瑶会自己站稳的时候，口水瑶就开始在床上自行学习走路了。妈妈总是习惯了在她做事的时候，在一旁看着，不说话，不行动，只是安静好奇地看着，等待她的吩咐。因为通常她若有需要，便会将她的小手递给妈妈。

看着她一小步一小步，摇摇晃晃地前进，觉得很可爱、有趣。当她摔倒时，妈妈正在害怕、担心之时，她却瞬间站起来打消妈妈的担心，继续毫无畏惧地练习。

这让口水瑶的妈妈开始佩服她。可最让人佩服的是，她一连摔了几次，走一两步摔倒，站起继续走，继续摔倒，继续站起走，如此多次，口水瑶依旧乐呵呵地往前走，像什么事情也没发生一样。

刹那间，妈妈从孩子身上看到一种力量，一种勇往直前的力量，努力向上成长的力量。不怕摔，不怕痛，不哭闹，即便是经历挫折，也微微一笑，继续前进。

在这种练习里，口水瑶让妈妈看到了一个稳定的金刚结构，她没有言语，只是用她的行动演绎着。动力沟通强调重行动但不重语言，孩子或许就是天生的行动家。

若人的一生，都如婴儿般的行动，人生的旅途将不留遗憾。

（作者：郑连胜）

需要层次理论与动力沟通

需要层次理论

美国心理学家马斯洛（Abrahan H. Maslow）在1943年提出了"需要层次理论"。马斯洛认为，人的需要可以归纳为五大类，即生理、安全、社交、尊重和自我实现等需要。

1）生理需要。是人类生存的最基本、最原始的本能需要，包括摄食、喝水、睡眠、求偶等需要。

2）安全需要。是生理需要的延伸，人在生理需要获得适当满足之后，就产生了安全的需要，包括生命和财产的安全不受侵害，身体健康有保障，生活条件安全稳定等方面的需要。

3）社交需要。是指感情与归属上的需要，包括人际交往、友谊、为群体和社会所接受和承认等。此种需要体现了人有明确的社会需要和人际关系需要。

4）尊重需要。包括自我尊重和受人尊重两种需要。前者包括自尊、自信、自豪等心理上的满足感；后者包括名誉、地位、不受歧视等满足感。

5）自我实现需要。这是最高层次的需要，是指人有发挥自己能力与实现自身的理想和价值的需要。

动力沟通

动力沟通是中国科学院心理研究所研究员王文忠和他带领的团队在长期心理应用实践中不断总结、提升的一个关于自我沟通、人际沟通和团队建设的应用心理学理论和技术。

动力沟通是在尊重理性和道德的前提下，结合现有人类的一切智慧成果，有意识地觉察、运用和转化双方（或多方）必然存在的相似、差异、矛盾和冲突，促进双方或多方（即参与沟通的各方）逐渐获得安全感、归属感、价值感（尊重感）和自我实现的过程。

第二单元 家庭教育的原则

在孩子的成长过程中,家长能给予孩子最好的教育可能包含以下三点。

1) 家长自己自信、愉快的家庭生活。
2) 对孩子无条件的爱。
3) 对孩子进行合理的管教和限制。

第一条是孩子成长的健康的大环境,第二条是孩子成长的肥沃土壤,第三条保证了孩子对现实的良好适应,由此我们就可能得到世间最美好的礼物:一个聪明、自信、健康、活泼的孩子。孟子曰:"博学而祥说之,将以反说约也。"如果把家庭教育的原则用最简单的一个词来总结,那就是"爱"!这一个"爱"字,进行扩展,变成三个爱:对自己、配偶的爱,建立自信、和睦的家庭生活;对孩子的爱,无条件地爱孩子;对他人、社会的爱,给孩子适当的限制。当然,这"爱"字扩展开去,又有很多含义。正是因为这样,才有了我们这本书的诞生!否则家庭教育就成了一字真言了!

本章就从三个角度,来阐释家庭教育的原则:①家庭是一个系统;②父母是家庭教育的主导;③培养自己的心理咨询师。

2.1 家庭是一个系统

家庭是一个系统。根据系统论的观点,任何一个系统都具有以下4个特点。

第一,它由不同的部分构成,每个部分具有不同需要与功能。

第二,各个部分之间相互影响、相互作用。

第三,部分构成的整体具有整体的特性,是部分不能替代的,整体大于部分之和。

第四,系统与外界发生作用,受外界影响,也影响外界。

系统有系统的原则,系统不能违背系统原则来运行,否则系统要出问题,甚至瘫痪。如何维持家庭这个系统良好运转?根据系统论中提出系统的4个特点,我们也提出了家庭这个系统的核心原则。这些原则是家庭这个系统正常运转的保证。

2.1.1 孩子与父母都是独立的人,所有人的"需要"都应得到重视和尊重

作为人,都有自己基本的需要,如需要吃饭、穿衣,需要睡眠、休息,需要与人接触、被人承认,需要支持和安全,需要属于自己的时间和空间,等等。同时,孩子和父母也都需要学习和成长。当然,在家庭中,孩子和家长的需要是有区别的。

孩子的需要以物质需要和心理需要为主,物质需要包括食物、衣服、药物、安全的小窝等,以维持生存;心理需要包括需要获取新经验和新知识,需要被宠爱,需要被注意、表扬和重视,需要任务和责任。

父母也有自己的人生，父母也有父母自己的需要：得到足够的休息，以保证身体的健康；取得事业的成功或同事们的认可，以得到经济上的保障和属于自己的社会认同；得到学习的机会，以不断进步；等等。

所以，父母不能因为孩子有需要，就不顾自己的需要，无限制地去满足孩子的一切发展可能性。如果任由孩子自由地探索，父母必须24小时不休息，随侍在侧，为他解说，并且要眼疾手快地帮他避免危险，这样不等孩子长大，父母可能就因精疲力竭、枯燥乏味而将自己的生活完全毁坏了。

家长如果抛开作为人父、人母的身份，自己需要什么？试想一下，如果孩子不在了，而自己已经不能再生，不能再做父母了，那么作为个体，作为夫妻，需要什么？这些也是家长需要思考的。家长往往陷入一个误区：父母重视孩子的需要、情感和愿望，但是却不知道自己的需要是什么，似乎他们的一切都是围着孩子转。家长的需要也是多方面的，如果仅仅把孩子的需要当成父母的唯一需要，那么这样的家长往往是不成功的父母。

家庭内的所有人，都有自己的需要，那些不清楚自己的需要，或者牺牲了自己的需要而只为他人着想的人，只会让他人觉得紧张。所以，父母必须把自己的需要看得和孩子的需要同样重要。作为家长，成人不只是满足孩子需要的工具。他们首先是人，在孩子降生之前他们就是独立的人。

现在的家长其实很悲惨。他们也有自己的童年，在他们是儿童的时候，专家告诉他们要听父母的；现在他们当了家长，专家又告诉他们要听孩子的。其实这些观点都是很有局限性的。我们知道，无论是作为家长，还是作为孩子，只要是作为家庭这个系统中的一员，首先是要听自己的。

孩子因为弱小，他们的需要会更加强烈，表达也更直接。家长因为相对成熟，他们自己的需要往往更含蓄、更深沉，也往往被忽略。

话家常4：孩子为什么不听话？

"你的心情还好吗？你的付出还那样多吗？生活的路总有不平事，

请你多一些开心少一些烦恼，祝你平安！"多么朴实的语言，多么真诚的祝愿——向往生活的美好与平安。此时，我的心情很不平静，我想起了这句歌词。

今天，一对母女来到咨询室，母亲那痛苦的表情，16岁女儿不屑的态度，让我感受到她们已经在生活中煎熬了许久。

落座之后，母亲诉说着孕育这个生命让她体验着盼望、担心、折磨、忍耐的心路历程，出生后养育中酸甜苦辣的感受。此刻母亲的那种焦虑、无力、无奈和爱恨交织的情绪，让她苦不堪言。

望着焦虑、失望、愤怒、流着满脸无奈泪水的母亲，女儿却无动于衷。此时此刻，我感觉任何语言都显得苍白无力。我很理解也很同情，理解作为母亲望女成凤的心，同情她把所有的幸福和希望寄托在女儿身上的悲哀。

关爱、自尊、虚荣、责任在折磨着她，我静静地听她诉说，给她以支持和理解。我关注着女孩的状态，似乎她与眼前的这位母亲素不相识，她一直坐在那里没有作声，似乎有些对抗。在这样的情况下，我们结束了这场咨询。

我呆坐在咨询室里，想着世上的父母都会把所有的爱给孩子，这是多么的伟大和崇高。可悲的是，他们忘记了自我，失去了快乐，似乎只有孩子的出人头地，才能满足他们的愿望和自尊。这一切真的是为了孩子吗？其实更多的时候，是为了他们自己。

我想到了孩子。当她小的时候，就是一朵小花，用不着谁看见，用不着谁欣赏，自然地散发着美的芳香，自然而快乐。

大一点了，少年时，她多想做一条鱼，整日活蹦乱跳，满世界撒野，谁也抓不住，忙着玩这玩那，根本顾不上幸福不幸福。青年时，她想成为一棵树，高大、挺拔、正直、没一根多余的树杈。

可是我们的父母了解孩子吗？给孩子成长的空间了吗？了解孩子的愿望和需要吗？孩子需要爱时父母不能及时给予，不需要时硬塞在孩子的怀里，缺少和孩子恰当的沟通和呼应。慢慢地，孩子感到这种爱成了烦恼、成了负担，甚至成了债务。

不同的两代人在不和谐的爱中相互伤害着，一个不放弃，一个不妥协，忘记了自我的边界，真的不知会持续多久。

第二单元　家庭教育的原则

作为父母真的要好好学习如何当好父母。父母的所作所为,是自己的需要还是孩子的需要,要经常思考这样的问题。孩子为什么不听我的话?为什么不和我说心里话?不断地了解自己,还要学会理解和尊重孩子,这样才会懂得如何去爱我们的孩子,提高我们爱的能力。

（作者:郭淑芬）

> 人与人沟通中,语言有两个好处:以最简便的方式,协调人与人之间的行动;以最方便的方式,激发人与人之间的情感。前者改造世界,增加生存的方便性;后者丰富体验,增加生活的生动性和幸福感。
>
> 如果说了话,既不能协调彼此的行动(相互配合),又不能调动对方的情感(无论积极与消极),那么,这样的语言,就是浪费。
>
> 有人说,语言是为了改变人们的思想,这么说也没有错,但是,改变思想的目的,仍然是改变人们的行动和情感。

2.1.2　增加了解、相互沟通、相互理解

家庭作为一个完整的、独立的、不停运转的系统,系统内各成分之间信息交换,相互影响,共同变化。人的行动是以认识为基础的,只有在通过沟通,了解自己、了解对方后,相互的影响才更有效果。

很多家庭缺乏沟通,很多家庭采取不良方式沟通,导致家人之间关系或紧张,或冷漠,或敌意。很多家庭中的孩子完全不顾及父母的需求,甚至从没有考虑过父母也是有需求的人。很多家庭中父母把自己的意志强加给孩子,导致家庭矛盾不断上演,导致孩子反抗父母的旨意最后离家出走。而那些沟通良好的家庭,信息传递更有效,彼此的了解更深,也更加理解家人的所思所想。

话家常5:倾听

家庭教育成功的首要前提就是建立良好的亲子关系,而这又依赖于

有效的沟通，要做到有效的沟通，则必须首先要学会倾听。

教育孩子时，我们要少说、多听、多看。

孩子们正肩负你们和社会的希望、他们自己的希望，面对着现实生活中的重重困难，孩子们希望走自己的路。孩子是演员，家长是观众。他们可能演得不好，但请家长稍安勿躁。因为只有在不断地练习中他们的演技才能提高。请家长尽量少说、多看、多听。

说，只在他们需要的时候，在他们休息的时候。

谁在听，谁会听，谁就有智慧。聪明的父母会听，他们愿意了解孩子。谁的话有人听，谁有人关心，谁就能长智慧。想让孩子长智慧，就多听听他们的心声，多了解他们。

父母在滔滔不绝地说，孩子在耷拉着脑袋听……

在这种情景下，如果这孩子真的听了父母的话，那只能说明孩子在爱父母、在了解父母，绝不能说父母在了解孩子、"教育"孩子、爱孩子。

孩子们的内心活动是：他们（家长）不会关心你在说什么，只是想——跟聪明的孩子相比，我真是个笨蛋，一无是处。无论怎么努力，我都不会让父母满意。要是父母不管我了，我可怎么办呀？他/她今天怎么会说个不停呢？他/她今天怎么会这么让人烦呢？他/她是不是有什么不顺心的事？今天先忍着吧。我会等着看他/她明天的表现。无论如何不要惹他们老爹（老妈）。这么多天他/她看起来都不太对劲。瞧着点，别理他/她，收着点，离开他/她，但千万别按他/她说的做。

可敬的父母们，你们既然能抽出时间来看报纸、杂志、电视，或者打麻将、喝茶聊天等，为什么不能抽出更多的时间和精力去倾听孩子的心声呢？

孩子的心灵是水库，你的倾听是闸门。

爱孩子，教育孩子，必须从倾听开始。如果孩子心目中有一些困扰能够向爱自己的人说出来，通常问题就解决了一半。对孩子来说，随时有人倾听自己、关注自己，这是一种最大心理上的支持；把自己心中的烦恼表达出来并且确知不会受到嘲笑，这更是对问题的一种再认和静化。孩子心中的烦恼就像一场暴雨后的水库，父母的倾听就像是打开了一道闸门，让孩子心中的洪水缓缓流进父母宽阔的胸膛。孩子的心灵像一个脆弱的小水库，烦恼就像暴风雨，淤积的多了，就需要排泄和疏导。如果得不到发泄和疏通，这个还不坚固的小水库有朝一日就要决堤。

当然，倾听孩子的谈话也是一门艺术，也是有技巧的。

首先，应当注意自己的表情和动作。由于孩子往往个头较低，父母应当蹲下来或坐下来，面对着自己的孩子，身体微向前倾（所谓倾听，可能就来源与此），表情应当平静、柔和，眼睛以平视注视着他。

其次，在孩子说话的过程中，自己不要插话。父母应通过点头、微笑或者用"噢……""哦……"表明自己对孩子说的话很感兴趣。如果孩子停了来，父母可以用一些引导性的句子，如"请你继续说""你的意思是……"等，引导孩子继续说下去。

再次，如果孩子在诉说时，父母有不清楚的地方，可以让孩子举一些例子。孩子可能说"老师们都不喜欢我……"，父母可以很平静地接着说"你怎么知道的""比方说……"或"你可不可以举几个例子"等，让孩子说得更清楚、更具体一些。

最后，倾听最重要的技巧或者说本质是设身处地地为孩子着想，尊重孩子，只有这样才能倾听孩子说话，不会随意打断或者武断地得出结论。例如，孩子放学回家，怯生生地对母亲说："妈，今天老师批评我了，老师让你明天去学校一下。"这时孩子最需要的是安慰和支持。而这种情况下大多数的父母反应是"你又给我闯什么祸了"！这种反应就是武断地下结论，给孩子的感受是拒绝和指责。久而久之，孩子再有什么事情发生，也不愿让父母知道了，父母和孩子之间的隔阂也就会越来越大。

听——不能有偏见和先入之见。

当然，倾听之后，了解了孩子的心事，更重要的就是和孩子一起探讨解决问题的方法。

这时千万不能讥讽孩子无知和瞎想，否则就会前功尽弃，孩子今后再也不敢跟父母交心了。父母可通过一些引导句子，如"你打算怎么解决这个问题？""咱们一起想想有没有什么法子？"等，来引导孩子自己动脑筋解决自己的问题。

教育，爱，首先从倾听开始。会听是智慧的标志。

动通加油站

> 沟通，不仅仅是言语沟通，在非言语层面，传达的信息更多。
> 1）发起：发起者投向接受者的关注的眼神、憎恶的表情。
> 2）接受：接受者点头或皱眉，或背过身去。
> 3）反馈：发起者心跳加快、呼吸急促、表情漠然或僵硬，或者身体放松、甜美的微笑。
> 这些有意识或无意识的步骤与反应，决定了人与人之间的和谐或冲突，影响了参与各方的身心健康。

2.1.3 培养家庭的凝聚力

夫妻构成了家庭，随后家庭有了孩子。父母与子女不是一种简单的数字的叠加，而是一个整体。每个家庭都有属于自己家庭的风格，都有属于自己家庭的独特性。人本主义心理学大师罗杰斯在回忆自己的家庭时，充满幸福感和自豪感地写道：

我所生长的家庭有密切的亲子同胞关系，也有非常严格、不妥协的宗教和道德气氛，同时，这种气氛还使得我们一家人都崇尚勤勉。我在六个孩子中排行第四。我的双亲对我们非常关爱，几乎永远不会忘记我们的幸福。他们同时也会以好几种微妙且爱护的方式来控制我们的行为。他们认为（我也接受这个想法）我们和别人不一样——不喝酒、不跳舞、不打牌、不看戏、很少社交活动，但有很多工作。

在一个充满爱、具有凝聚力的家庭中长大的孩子，能够更自信、更开放、更勤奋，更适应社会生活。所以，一个具有凝聚力的家庭，才能真正实现 $1+1>2$，实现 $1+1+1>3$。

话家常6：如何培养孩子的家族观念？

家庭是人类社会生活最基本的一个细胞，也是人类生活中最重要和最基本的一种组织。从通常意义上来讲，家庭为包括成人和孩子在内的所有家庭成员提供了生存所必需的生活照顾和精神支持，改变和塑造着所有家庭成员的行为模式；从广泛意义上讲，在社会上几乎所有个人的生存、种族的绵延、社会的维系、国家的建立，都以家庭为依据。

中国更是一个强调家庭观念的国家，认为家庭内的关系的处理就是治理国家等其他活动的基础，作为中国文化的根基的五经之一的《礼记》中就有《大学》一章，其中讲道："古之欲明明德于天下者，先治其国。欲治其国者，先齐其家。""其家不可教而能教人者，无之。故君子不出家而成教于国。孝者，所以事君也；弟者，所以事长也；慈者，所以使众也。"其大意是，只有治理好自己的家庭，才能治理好国家；对待父母长辈的孝顺，可以迁移到忠于国君和国家；对待兄长尊重，可以迁移到与年长者的同辈搞好关系；对待子孙辈的慈祥，可以迁移到对待民众和下级；等等。但是，中国古代所讲的这个"家"，与我们现代最典型的家庭形式，即父母和孩子组成的核心家庭，是完全不同的。那时的"家"其实是一个家族，是一个由数代人、由不同关系的亲属构成的大家庭，家庭中有相对复杂的人际关系，因此在古代把家庭关系搞好，的确是需要一定的政治才能的。

随着社会的发展，城市化进程的加剧，家庭的规模越来越小，生活更加方便和自由，每个人受家族的限制和影响减少，与此同时，家人、家族成员之间的联系也相对淡漠了。但是，人又是需要归属感的，人是在与他人的关系中给自己定位的，是在与他人的情感接触中成长的，家族成员的血缘关系为每个家族成员提供了一种天然的归属感和亲切感，这就是人们常说的"血浓于水"。

然而，过去的大家庭的确存在着种种局限，有其限制家庭成员自由的一面。许多兴趣、爱好不同的家庭成员生活在一个屋檐下，不可避免地会发生种种冲突和矛盾，对人性的自由发展产生种种约束和限制，但是，过去的大家庭，过去的家族生活也有其优越的一面，尤其是对于儿童来说。在过去的大家庭中，儿童们每天，几乎每时每刻都会有各种各样的家庭成员在自己的身边，不是父母、祖父母，就是阿姨、婶婶、叔叔、舅舅、堂姊妹、表姊妹等一些在附近生活的同一家族的人，不会像现在出现脖子上挂钥匙的孤独儿童，更没有陪伴电视的寂寞儿童，他们随时跟人可以有亲密的接触。同时，在过去的大家庭中，儿童有各种各样的参照群体，有爷爷辈的，有父亲辈的，有比自己年长的，也有比自己年幼的，在跟他们的接触中，在观察这些人的过程中，孩子们了解不同的行为规范，发展待人接物的能力，不像现在的孩子，要么跟自己一样幼稚的同龄群体交流，要么就是模仿电视或媒体中的明星，因而出现了越来越多的行为问题。

总之，任何一个时代都有其优势，同时也伴随着其缺陷和独特性，而明智的人总是能够最大限度地发挥时代的优势，避免和克服其相应的局限性。具体到家庭教育来说，明智的家长就是那些能够充分利用当代家庭的自由，充分发展自己和孩子的兴趣和个性，同时又能利用当代方便的交通和通信条件，建立广泛的家族联系和人际网络的人。对于孩子来说，这种家族联系和家族观念正是其日后交往能力、合作能力发展的基础。关于前者，即如何发展孩子的兴趣和个性，当前家庭教育的书籍在这方面已经谈了很多，所以在此，我们重点谈谈如何培养孩子的家族观念，以及如何建立家族联系。

第一，父母本身要乐于与家族成员进行沟通、交往。榜样的作用是很大的，有人说，孩子是父母的一面镜子，孩子的行为和观念在某种程度上都折射着父母的影子。如果父母从来不跟家族成员进行联系，平常谈话也从不提起这些人，或者说起家族成员时总是用一种消极或鄙夷的态度，那么孩子与家族成员之间的感情是不可能建立起来的，他们的家族观念也不可能培养起来。所以，作为父母，应该在平时多与自己的父母、兄弟姐妹、叔、伯、姑、舅、姨、堂兄弟、表姐妹、侄子、外甥等亲戚联系，一方面自己获得亲情上的满足，彼此交流信息，互相提供支持；另一方面也为孩子提供一种榜样，提供接触的机会。如果写信或打电话，就让孩子也写上几笔、说上几句，对对方也是一种安慰和尊敬，对孩子也是一种锻炼；如果登门拜访，带上孩子更是一种实地的学习机会。现在照相机、摄像机很普遍，亲戚聚会时如果能够照一些照片、拍一些录像，更能产生一种长期效果。

第二，利用手头资料和自己的回忆，建立家族档案。父母可以把自己成长过程中与家人、亲戚的一些合影、往来书信等材料收集起来，建立专门的集子，没事时拿出来与孩子一起看看，同时讲一些过去生活的故事，一方面与孩子加深交流，增进与孩子的感情，另一方面也让孩子对家族有进一步了解。

第三，杜绝压岁钱。根据家族成员的经济能力，告诉他们孩子可能会喜欢的礼物。中国人讲究喜庆，逢年过节总要给孩子一些压岁钱，表示对亲戚家孩子的祝贺和喜爱。其实，钱是一种抽象的数字，它本身不容易在孩子的心目中留下印象，同时会带来一些负面作用，如让孩子产生比较，让孩子想谁谁给的压岁钱多、谁谁给的压岁钱少，容易产生厚此薄彼的看法。如果家长之间形成约定，彼此知道哪个孩子喜欢什么，根据自己的能力买些孩子喜欢的东西，如孩子喜欢的书，见面时送给孩子，可能花钱不多，但是收到这样礼物的孩子会很高兴，觉得亲戚们很了解自己，并且会把礼物保存很长时间，留下长久回忆。

第四，如果有条件，可以跟亲戚换着孩子带一带。如果父母跟自己的家族成员比较默契、友好，可以鼓励孩子到那些有爱心、有智慧的亲戚家去住一段时间，也欢迎亲戚家的孩子到自己家来，这样一方面可以发展孩子的独立自立能力，让他们适应不同的环境，另一方面也是培养家族观念、建立家族联系的绝佳机会。当然，由于不同家庭的经济条件和生活习惯不尽相同，孩子回来后可能会对一些待遇或生活习惯进行抱怨，这时家长千万不能存到心里去，误解了亲戚朋友，以为他们亏待了自己的孩子，反而要鼓励孩子看到对方的长处和优势，让孩子明白每个家庭、每个境遇都有其限制和困难，使孩子从内心深处尊重和感谢自己的长辈和其他家族成员。

总之，在以核心家庭为主的现代大城市中，人们在享受自由生活的同时，与家族成员的联系逐渐变得比较淡漠。作为父母，需要有意识地培养孩子的家族观念，建立家族联系，从而产生一种"本是同根生"的家族亲情和信念，这种家族亲情和观念不仅是孩子成人之后的人际能力的基础，也是热爱自己民族和热爱自己祖国的美好情感的根基。

话家常7：一家人的风波与乐趣

在我的生活和工作圈子里，自夸点说我还算是个相对的沟通高手，但是，我跟婆婆沟通比较"怯场"（我的婆婆那可是潮老太，尽管80岁了，但心理年龄也就18岁吧，最多不超过28岁），跟丈夫沟通我比较张狂，我最喜欢的当然是跟儿子沟通。巧合的是，上个周末晚餐前后，我和我生命里相当重要的这三个人都发生了具有里程碑意义的沟通，沟通后整个家的氛围似乎发生了改变。

餐前惊吓

晚餐前，趁孩子还没到家的空当，跟当家的去给孩子买内衣。由于感冒着，在车内咳嗽不止，到商店门口一停车，看到窗外就是垃圾桶，赶紧伸头去吐，忽然窗玻璃"唰"就上来了，一瞬间就从我的下巴卡到喉咙眼儿了，喊不出，动不了，意识里就一句话"这就完了！一声没出"。幽怨还没有升起来的时候，玻璃突然又松开放下了！呀，我又捡回了一条命！又兴奋又激动又庆幸，可是身体软软的就是不能动。

缓过神来，看当家的，他一动不动看着窗玻璃发呆，不看我，也不安慰我，连声抱歉都没有！我立刻生气了。抱怨愤恨的话"哗"一下就涌到了舌尖上。当那些恶毒的语言在我的舌尖上滚动时，我的味蕾发觉了它们的咸涩及苦辣。

这些让人不舒服的味道在我眼前拉开了自己的另一面：自我、抱怨、期待被人关爱，要爱不得心生愤怒。唉！那时候我似乎只是个被吓坏的孩子。而他呢，那个"肇事"的人，此刻何尝不是个被吓傻的孩子？他本来就低烧着，又惊吓，又自责，该是何等不安和愧疚，该是多么需要理解和谅解？

舒畅地喘口气，我看着他的眼睛说："能顺畅地呼吸真好！这真是一个独特的生命体验，大难不死必有后福啊！你吓坏了吧，都怪我，不注意安全，把头伸出车窗外，吓你一跳。不好意思啊，对不起！不过，你是怎么意识到了？很快就把玻璃放下来了。"

当家的听了我的话，不仅傻了，而且惊讶得缓不过劲来了，本来是等待一顿语言"强暴"的，居然是庆幸和宽慰！哈哈，等他回过神来，确认不是幻听，赶紧道歉，连声地说"对不起"，还表达了他的后怕和愧悔。我听出了他对我的珍惜，于是，又是一轮互相安慰和安抚。最不喜欢表达内心感受的他居然也会不厌其烦说自己的恐惧和害怕了，居然还温言软语安抚我了。这真是，"一句话的事儿，一句话能成事儿，一句话能坏事儿"，心理阳光一点就是好啊！

有惊无险，真切体验到了生命的脆弱与易逝，更感生命与生活的可贵可爱；及时觉察，及时呈现，方知沟通的动力在于本心，沟通的方式需要学习，体会到了觉察与呈现带来的魅力，夫妻情谊由此再升一级！

回到家，儿子在沙发上玩电脑，给儿子讲有惊无险的卡脖子事件，儿子边摆弄电脑边说话，"那你的手呢，拍打东西呀，喊啊！我给你科普一下啊，妈妈……"

我不高兴了，不能对妈妈感同身受。我不高兴地对他说："妈妈需要的是你的理解关心，不是科普。"

儿子大悟，放下电脑拍着我的背安慰，并把我从沙发上拉起来一起去吃饭。

当家的插话道："对嘛，要关心妈妈啊，在家里，关心比科普重要。"一家人开心地笑起来。

即时觉察，即时呈现，不让家庭情绪走偏。

餐桌扰动

晚餐桌上，由我的有惊无险谈到孩子出生时的有惊无险，说到当时生孩子时只有我和他爸爸两个人，应付不过来。才交代了一句背景，就被婆婆打断了，她大声地连珠炮地讲那时候她在家如何如何。我又感觉到了自己的憋闷，便想扰动婆婆影响影响她的沟通方式。

于是，等她讲完，我抚着胸口夸张地说："哎呀，您老终于讲完了，我只说了一句就被您给堵回去了，快憋死我了，您讲完了，我接着往下讲了啊。"大家都笑了，儿子和当家的鼓励我快讲。讲之前我又拿眼睛瞅婆婆，她也很大气地说："你说你说。"我说："那我可说了啊，这回得等我讲完，再发表意见或者补充说明啊。"婆婆自信地说："说吧，没人打断你。"

我接着说了两句，刚讲到刚出生的儿子在襁褓里哭，婆婆又迫不及待地打断我，自顾自地岔开话题开讲了！我们三个都不说话也不夹菜，看着她，我继续按住胸口，她讲一段落时，儿子大笑，说："奶奶你瞧你又把人家憋坏了，你又毁约啊，两次剥夺别人说话的权利了。"

婆婆哈哈笑起来说："我就是这样啊，我在小区里跟老太太们玩，我只要一说话就先挥着手说'你们都不能吭声啊，叫我先说完！'他们

家庭教育手册——动力沟通之家庭教育篇

就都不说了。"我们都笑他,儿子逗她:"奶奶,你可真够强啊,厉害!"我说:"老太太,你就是我正在学习的动力沟通里的暴力沟通啊,不过最受人欢迎的沟通是动力沟通,互动,互重,不搞一言堂。"那两位也赞同,老太太只好同意试试。

吃着聊着,我跟儿子聊到了爱和爱情的时候,婆婆只认真听,不插话,关键时刻插了一个短句:"那为啥嘞?"抓住时机我赶紧表扬她:"瞧瞧,你奶奶这会儿像个专业心理咨询师,倾听,多听少说,一问就是关键点,厉害啊!"并给她竖起大拇指,儿子也赶紧附和用奶奶的方言幽默地夸奖她。老太太开怀大笑:"哼,你们只要跟我讲明白,我都能学会,还动力沟通,不就是自己说也让人家说,说得大伙都高兴嘛!"

哈哈,这就是我家耄耋之年的老太君眼里的动力沟通!

我想不管是不是动力沟通的真意,对于我们的大家庭来说,这是个良好的开端,兴许老太君总不让孩子们说话的毛病会有所好转,闺女、儿子、外孙女渐渐地可以不必因为怕她的一言堂而少来看她。

家里的一切都会在沟通中越来越好。

(作者:王志红)

2.1.4 对外的开放与交流

美国心理学家Bettye M. Caldwell曾经设计了一个家庭观察表,叫作HOME,全称是"基于家庭观察的环境测量表",通过派人进入一个家庭进行观察,来对家庭环境进行评分。长期的追踪研究表明,HOME分数越高,孩子的智力和社会适应性就越强,这一系列的追踪研究证明了家庭环境对于儿童心理发展的重要性。你可能不知道,这个家庭观察表中有几项重要内容,就是家庭是否经常带孩子去别的家庭做客,是否经常有客人到自己家并且能够跟孩子交谈或接触。孩子在6岁以前,在父母的陪伴下接触家庭之外的人的机会越多,对孩子越有利。

同样,心理学研究发现,单亲家庭的孩子出现心理问题的一个重要原因是,离婚的父母由于心态封闭,拒绝带自己的孩子跟他人进行正常接触,而使孩子产生更多问题。

第二单元　家庭教育的原则

最后，心理学家阿德勒也指出，残疾儿童之所以容易出现心理问题，一个重要原因也同样是因为残疾儿童的父母内心过于在意自己孩子的残疾，不愿意带孩子与他人正常交往、不赋予孩子正常的任务，结果使残疾儿童产生更多的心理问题。

正如歌词所唱，"我家大门常打开，开放怀抱等你；我家大门常打开，开怀容纳天地"，家庭成员需要保持一种开放心态，打开心灵的大门，了解家庭外面的人、事物，不断掌握新信息，不断掌握新知识，这样，家庭中的成人和孩子就能不断进步，不断学习，从而更好地适应社会。

话家常8：到干妈家看看……

中午，传来温柔的敲门声："妈，开门。"老妈一阵疑惑，每次那野蛮丫头回来就像拆门子一样，咣咣作响，这回是啥情况？打开门，那野蛮丫头神秘兮兮地从怀里举起一只活物，吓得老妈一跳。那活物是只漂亮的黄色花狸猫，一身软软的毛，1个多月大小，柔弱无力，睁着一双无害的大眼睛忽闪忽闪地看着人。

养一对豚鼠就够老妈操心了，再加只猫？老妈想象着若干月后打扫卫生收集的"猫毛垫子"，想着置办了没几年的新家具上的爪痕……更主要的是，野蛮丫头要上初中了，哪有那么多时间。老妈心里这会儿，就跟猫抓似的。

于是老妈就开始了强大的语言攻势，企图让野蛮丫头放弃养猫的念头。野蛮丫头看着好不容易捡来的小猫，不肯死心，老妈怎么说也没有用。

野蛮丫头的干妈爱猫如命，于是老妈眼珠一转，"阴险"地出一主意：要不问你干妈要不要？你干妈爱猫如命，正缺一只猫。

野蛮丫头盘算着，这样一来就算不能养，也能随时看看。打定主意，野蛮丫头连饭也顾不得吃，马上用袋子装起小黄猫，朝她干妈家奔去，顾不得中午她干妈休息不休息。老妈在后面紧跟着。

敲开门一看，只有她囧哥在家。野蛮丫头有点小失望，但还是希望她那上初中的囧哥能够做主收下小黄猫。她囧哥一脸淡定，首先代母断然拒绝，然后以一副养猫资深人士的样子开始了摆活（东北方言，说、讲的意思）："养猫你要接受后果。首先你要忍受屋里到处都是猫毛，有可能你吃的饭里都是。你得训练它不随地大小便，前提是把它放到你家厕所里，而且你家厕所有下水口，方便清理。你看着它是无害的，但只要家里有金鱼啊，小仓鼠啊之类的，就遭了秧。它会把小仓鼠的笼子巴拉过来，巴拉过去，那小鼠轮不到被吃了就被吓死了。"

估计野蛮丫头想到了家里豚鼠的下场，而且还是一对豚鼠，笑肌完全松弛，脸都快白了。野蛮丫头不甘心地提议："我可以把它养到我家顶楼上。"

囧哥继续白活："据我的经验，如果你把它养到顶楼上，它会很忧郁地看着楼下，然后一有机会下楼，就一去不复返了。而且它还会把纱窗扒开，很容易就能从窗户进到屋里。然后你就要在屋里抓猫。"

正在这时，小黄猫从袋子里跑到了沙发下，囧哥淡定地一边演示一边说："我们家的家具摆放，都为了抓猫方便。我爸我妈抓猫都抓不住，只有我能抓住。抓猫时你不能赶猫，要不慌不忙，要不猫就跑了。"

一会儿小黄猫就被抓回到了袋子里。"摸完猫，尤其是流浪猫要赶紧洗手，防止传染疾病。洗手时要打肥皂洗三遍。"可能想起生病的难受滋味，野蛮丫头赶紧屁颠屁颠去洗手，仔仔细细、老老实实洗了三遍。老妈心里那个乐啊。一物降一物啊。

囧哥一只手比划着继续摆活："如果是母猫的话就麻烦了，等它发情时叫得人夜里睡不着觉，有点耽误学习。养还是不养你选择。"

囧哥三言两语把责任推卸得干干净净。野蛮丫头的心估计从顶峰跌到了谷底，一副蔫头耷脑的样子。老妈心里那个乐啊，但不能摆在脸上，还要摆出一副猫哭耗子假慈悲的脸："丫头啊，你有充分的选择权。我们不干涉。"

最终野蛮丫头把小黄猫在小区草丛里放生了。老妈假情假意地安慰一通。野蛮丫头心情似乎好了点。

唉，当妈的没有用了，还是她囧哥有本事。下次有啥疑难问题，可能还得来请教！

（作者：李　丹）

衡量家庭功能发挥的6个指标

您的家庭生活有活力吗？您的家庭生活幸福吗？现提供6个判断标准和努力方向：家人间的沟通方式；家庭规则；家人间的关系；家庭气氛；整个家庭与外界的关系；自我价值感。

1）坦诚直接的沟通。家庭应该是一个可以卸下面具的地方，家庭成员之间的血缘关系保证了只要是这个家庭的成员，你就是可爱的，就是具有尊严的，其他外在的任何社会身份和社会地位，只是一种点缀。因此，一个充满活力的家庭，人与人之间的沟通方式是平等的，是坦诚直接的。

2）富有弹性的规则。"没有规矩不成方圆"，任何一个家庭，哪怕是夫妻的两人世界，或者三口之家，都有一些家人之间彼此的希望和要求，如果这些希望、要求和行为方式得到了彼此（多方）的认可，无论是否写到纸面上，都是有效的家庭规则。但是，人是活的，事情是在不断变化的，因此这些规则（彼此默认的希望、要求、行为方式）又是不断变化的，是有弹性的。

没有规则，就表明这个家缺乏彼此的希望、要求和共同的行为方式；规则缺乏弹性，就表明这个家庭缺乏适应变化的能力。

3）家人间的界限较清楚。每个人都是一个独立的世界，每个人都需要独立的空间。所谓尊重，其实是尊重人与人之间的差异，尊重自己不理解的东西，尊重自己不知道的那部分。家庭成员之间有了独立的空间，才有了彼此尊重的基础。否则，所谓的"尊重"，就是自我肯定或自夸而已。

4）幽默、乐观的家庭氛围。两个人在一起，就构成了一个人际场。"人际场"会影响在这个场中生活的人的心情及其进一步的行为，同时这个场的氛围需要场中的人去维护。如果家人之间互相尊重、沟通有效，适应变化，那么家人就能够发现自己的"可笑之处"（幽默），并且对未来充满希望（乐观）。

5）整个家庭与外界的关系。愿意了解和接受新事物、新意见、新邻居。家庭是一个系统，任何一个系统都不能单独存在，需要与外界交换信息与能力。家庭也不例外，在有强大的家庭凝聚力（做到前面4条，家庭就有凝聚力）的同时，必须有强烈的好奇心或进取心：向家庭之外发展，了解新的人和事，与家庭之外的人合作，为社会贡献等，并把这些与外界接触的体验与收获跟家人作坦诚直接的分享！

> 6）自我价值感。家人内心充满温情和信任，信任自己和整个世界。家庭是由单个的人组成的。如果每个人都在家庭内得到尊重，在家庭外得到成功，他自然内心会充满温情和信任，信任自己，信任整个世界！
>
> 家庭是人生命的起点，更是人生命活力的来源。生活在一个充满爱和活力的家庭，人的生命就会更幸福，更有意义！

2.2　父母是家庭教育的主导

孩子具有无穷潜力，跟着猪，就成了猪孩；跟着狼，就成了狼孩；跟着人，就成了"人孩"。家庭是孩子的第一所学校，父母是孩子的第一任教师。如何当好这个教师？基于家庭教育中父母的主导角色，我们提出以下七条原则。

2.2.1　真　　诚

传说印度的圣雄甘地小时候是一个非常淘气的孩子，他的父亲曾经用了很多种方法教育他，但是甘地似乎不为所动，有一天甘地又做错了事，并且被父亲发现了。

甘地认为父亲可能会生气地揍自己一顿，或者跟自己讲道理，但是，这一切都没有发生——父亲什么也没有说，什么也没有做，只是伤心地流下了眼泪。父亲的眼泪让甘地深深地触动了，甘地从此也似乎变了一个人，成了一个规矩、上进的孩子。

所有家庭教育的策略都建立在真诚的基础之上。

"心诚求之，虽不中不远矣。未有学养子而后嫁者也。"

"唯天下至诚，为能尽其性；能尽其性，则能尽人之性；能尽人之性，则能尽物之性；能尽物之性，则可以赞天地之化育；可以赞天地之化育，则可以与天地参矣。"

真诚的父母尽管互相尊重并尊重孩子，但是他们不会隐藏自己的感觉，他们的言语、表情和行为是统一的。他们的孩子也尊重父母，同时也有自尊,能够尽情地表现。也可以说,在功能良好的家庭中,没有虚伪,每个人都是"真人"。

"真人"父母也有烦恼,对孩子的行为也有不满意的时候,而且双亲对孩子的态度也难保一致,可能随时变化,对孩子的同一行为他们有时会出现一方接受,另一方不接受的情况;即使都接受,两个人接受的程度也会有所不同。但是真诚的父母不对孩子隐藏他们真正的感觉。他们不用也不该在不想接受孩子时,假装接受。

真诚是开启人类心灵的钥匙。孩子们可能不能听懂大人的话,可能不了解大人行动的目的,但是,他们从小能够辨别大人的情绪,能够透视父母的心灵。只有父母的真诚,才能够让孩子觉得这个世界是可信的,是可以把握的!

话家常9:被戳穿的"伪温柔"

上小学的女儿假期自愿报名要美术考级,所以这几天就多了全天的素描培训,整天灰头土脸的,没了多少玩耍的时间,倒没抱怨或放弃的念头。

不想这两天家里多了亲戚的小孩子,年龄相仿,也颇玩得来,于是有了逃课的念头,今天尤其强烈,早上直接声明不去上学,要在家玩。

虽然我一直不觉得学习特长非得考级,但感觉既然报了就该有始有终地坚持,何况就剩下一天的培训,内心不赞同她的这种想法,于是自以为通情达理地沟通一番,诸如:妈妈理解宝贝想着和小妹妹玩耍,可是……可以中午回来玩啊!

孩子可不买你那自以为是的道理,"我就不想去,一天要画六个小时,也没什么意思,而且小妹今天傍晚就走,哪里有好多机会玩!"……

两个人各执一词,没有达成共识,尽管被这小妮子激得要火冒三丈,也只能忍而不发,又有客人在,只得放弃沟通,权威式的命令:"你今天必须去,时间到了,我们现在就走!"

平时我很少这样坚持,虽然女儿百般委屈状也还是随我出了门,可她依然没放弃与我的"斗争":"今天我不想去,没有意思!"

"那可是你自己报的名,得对自己的决定负责,我可是掏了钱的呢!"

"我又不说我不考,今天去了也不开心也不会好好画,明天直接去好了!"

"那老师今天强调的一些东西,你都不知道,考试时人家说的要求你可能都不大懂!"

……

女儿掉头不理这茬儿,示威我:"不去,我要回家!"头也不回地转了方向。

瞬间我的气不打一处来,站在那里,指着她吼道:"你给我回来,今天你走走试试!"

我们如两个剑拔弩张的敌人,这还是第一次,而此时我是心虚的,如果女儿不理我,直接走掉了呢,我该如何?我感觉到自己的招式出错了,可是没有拆招的技能了呀。

我让自己尽快冷静,安慰自己:平时和女儿关系融洽,多是彼此谅解,你进我退、你退我进的招式多,估计不会晾老妈的干,一会儿真回头了要好好让沟通继续下去,最好用怀柔政策。

女儿被我从未使用过的"河东狮吼"惊住,愣住回头,犹豫片刻终于走了回来,我也就顺着台阶,柔了下来,可是继续地沟通并不顺畅……

"人活着不就是为了快乐开心吗?不开心还活着有什么意思,不如死了呢!"女儿的这句话让我心里震惊外加太多的不舒服,一时之间,感性就全跳出来了,理性似乎淡化。

"人活着感到不快乐不开心的事情多了,你死了想过爸爸妈妈吗?会多伤心!"

"那就一起死呗!"

"妈妈不能死,我怕姥姥伤心,爸爸不能死,担心爷爷奶奶伤心,你要死现在就早点死,妈妈还来得及生一个,再过几年妈妈老了生不出来了!"

女儿沉默。

"你因为要做不喜欢做的事情不开心、不快乐,那爸爸早上上班,妈妈起早做饭也不是因为那是多么开心快乐的事情,而更多的是责任是爱……很多你现在感到开心快乐的事情不能做,因为可能让你以后吃更多苦头。现在在家吃喝玩乐,你开心,那长大后谁给你吃喝?你凭什么有吃有喝?"

……

我甚至很偏激得有些咬牙切齿地说:"自杀的人是最懦弱,最不负责任,最坏的人!"

不知道女儿当时感觉是什么,后来一小段时间我们沉默着到了美术班,回来的路上我自己静静地回顾,自己被女儿牵着走了,情绪不受自己控制,理性和感性没有很好地处于平衡状态;而女儿对人生观、价值观的理解是否开始有了偏差,我该如何去探知去引导呢?我能做好吗?我们需要静下来好好沟通。

中午由于和小妹玩了一段,不去的念头又强烈了,她开始试探,说:"头有些不舒服,要生病了才好,我想玩,不想去了。"

我说:"那你自己请假,安排,不许撒谎,如果可以你就不去!"

她想了想,说:"我说什么呢,明天模拟考级,怎么说都不合适啊!"

"时间差不多了,不好说,妈妈就送你一起去吧!"

一路上彼此话不是很多,我感受着她的不情愿。

傍晚去接她的时候我想腾出时间好好陪伴她,于是带了足够的零食。我站在路的这边,远远看见小学生独自一人淘气地挂在路栏杆上,等着过往的车子倒出一个可以安全过去的通道,晃着腿的她眼睛扫射着,看到了我,高高地招着手,我回应着招手。

她奔过来,有些近了,像要扑过来,我自然张开怀抱,她就那样落入我的怀里,对我来说已经不算是娇小了,第一句话她说:"妈妈,对不起!"

我拉她一起坐在公园的石椅上,回道:"为何对不起?妈妈也有不对的地方!"

"因为我伤妈妈心了,说死亡自杀的事情,不珍惜生命!"

"嗯,妈妈听你说活着不如死了,是很伤心。宝贝知道做母亲的怀胎十月多么不容易,和你一起成长这么多年苦乐酸甜,妈妈感到多么幸福吗？……"

我们两个一边吃着东西，一边交流着，从女人怀胎的感受到生命价值，从一家人身上的优缺点到和谐相处……随心而来，我们从椅子上移到秋千上，分享着零食和思想，交流开始慢慢进入同一个频道。

女儿说："其实和妈妈这样聊天很快乐很幸福，我自己也感觉有好多灵感，甚至经典语言迸发！……妈妈今天早上我扭头走，你呵斥我停下时，我很纠结，真想一走了之，可又舍不得你伤心，就回来了！"

……

我慢慢感受着女儿从以自我为中心开始变得关心体贴我的言行举止，心也慢慢漾着幸福感，彼此陪伴真好！

这一温馨成功的过程，最后被女儿的一句话投上了阴影："妈妈，这让我感到不真实！"

"不真实？"

"嗯，我也说不清楚，觉得吵架时你是真实的！可我又不能总和你吵架！"

这句话让我想了好久，也许是女儿感觉平时我的柔声细语是压抑的情绪。我是个不大喜欢发火的人，吵架就更不会了，和女儿也总是想通过温柔平等的方式解决问题，其实女儿说的或许是我应该调整的地方，没必要总是太压抑自我，有些时候完全可以放下矜持放下修养，在不太伤害他人的前提下还原原始的自我，或许更接地气呢！

（作者：袁晓燕）

2.2.2 提高自身素质，榜样作用

从前，古董商总是一开始就让徒弟只经手商店里最纯正和最贵重的古玩。他们认为经过这样的训练，徒弟就会变得有眼力、识真货。这种方法也有心理学的根据，在接触正宗真品、珍品的过程中，徒弟的头脑中慢慢地形成了真品的形象，练就了眼力，到后来在接触赝品时，一眼就能发现其中的差异。

教育专家认为，这种古老的训练徒弟的方法同样适用于孩子的早期

教育。在孩子人生的早期，他所接触的人和事，会对他以后的行为起到深远的作用，因此，家长应该不断提高自己的修养，美化（规范）自己的行为，从而在孩子的头脑中储存美好的行为原形。我国儿童心理学家陈鹤琴说："我们做父母的一面事事要以身作则，一面处处要留心小孩所处的环境，使他所听的所看的都是好的事物。这样，他自然而然也受到了好的影响。"

父母希望孩子成为什么人，他们首先就要自己成为这样的人，因为孩子是在模仿、观察大人的过程中成长起来的。研究表明，在家庭生活中，父母跟孩子接触活动的质量是最重要的。家长在跟孩子的日常接触中如果表现出了乐观、尊重和体贴，那么他们的孩子就会走出一条积极的生活道路；相反，如果家长对待孩子比较粗暴、冲动和自私，那么孩子更容易走入歧途。

总之，父母本身的特点，即"父母是一个怎样的人"，而不是"父母对孩子做了什么"，对孩子的影响更大！

话家常10：只许州官放火，不许百姓点灯

一直以为自己是一个开明的妈妈，能够试着去读懂孩子；以为自己算是个可以和孩子平等对话，尊重孩子需求的家长；以为自己学了点教育心理，能够不断自我反审，调整与孩子的沟通方式，能够注意建立良好的亲子关系……有时候甚至有点沾沾自喜，感觉自己或许就是合格家长的典范……

今天和女儿之间的一点小"纠纷"，给我上了一堂生动的教育课（回头想想，自己还是时时高高置于家长的位置，端着大人架子，居高临下地"欺负"小孩，然后还振振有词地说着自以为是的道理，而孩子往往却是委屈的连争辩的机会都没有）。

玩电脑、手机不是大人的特权，孩子也都喜欢，女儿也痴迷。刚换了部新手机，女儿新奇，老是拿过来鼓捣着游戏，忽然听到她说："完了，我点错了，更新了，不动了。"

我一听急了："真烦人，干嘛老玩手机，买的时候人家就说一定不

要更新系统,这下可好了……"我唠叨埋怨着,觉察到自己情绪失衡,看女儿怯怯的,本来已经意识到自己失误可能要惹麻烦了,妈妈的一番抱怨,让孩子觉得犯了多大错误似的……

孩子由原来的不好意思,被我唠叨的转变成了某种抗拒和委屈,不再理我,赌气独自前行。由此想起因为玩电脑和女儿发生过好几次类似的情形,自己都很情绪化地处理。

看着孩子不回头的背影,我意识到自己态度的恶劣和情绪过激,于是追上去道歉,但还有点抹不开面子地为自己辩解:

"不该发火抱怨,理解宝贝是不小心,妈妈也犯一样错误,刚才脾气急躁,因为当时人家反复嘱咐别更新系统,手机会出现一些问题……"

女儿有些不好意思说:"我不是因为这事生气的……"

女儿用眼过度,近视的有些厉害,所以我也不能依着她的性子,每次玩手机总要提前声明玩多长时间,然而女儿玩得起劲,我也经常因为做着别的事情忽视了,等想起来一看:晕,一个小时了!于是叫停,女儿就求情说等一会儿这局完了就停,我不等她说完就理直气壮地训她:"说了半个小时,时间到了也不自觉,以后还想玩吗?"女儿还想争辩,可看到我那语气,耍赖把游戏玩完的想法也乖乖收回去了。

到了傍晚,女儿要我兑现和她去打球的诺言,于是带了手机、钥匙、球具出门,自然就打开手机,看QQ、聊微信等,女儿说了什么我没有真正听进去,就听到女儿说:"自己玩手机还不是也那么上瘾?是陪孩子还是看手机呢……"

是啊,自己就是孩子的榜样:你约束我可以啊,你自己做到了吗?还不是因为你是大人!只许州官放火,不许百姓点灯!……不敢再想,收起手机,乖乖陪孩子。

孩子在学习中成长,我们在摸索中学做家长,很难说是谁教会谁,其实是在共同成长。然而,现实生活中放下家长的架子,是一道很难及格的试题。

(作者:袁晓燕)

第二单元　家庭教育的原则

2.2.3　关注孩子，倾听孩子

美国历史上最受欢迎的总统林肯在美国南北战争最艰难的时期，曾对反对者讲过这么一段话：

诸位先生，我想让各位来作一番假设。假设你所有的财产都是黄金，而你把它交付在著名的走索家伯罗丁手中，让他走在绳索上带过尼亚加拉瀑布去。当他行经瀑布之上时，你会不会摇动绳索，或不断地对他喊叫："伯罗丁，再俯低些！走快些！"不会，我确信你一定不会。你会屏息闭嘴，肃立一边，直至他安全走过。现在政府亦处于相同的情况当中，它正背负着极大的重量要越过狂澜汹涌的海洋。数不尽的财宝握在它的手中，它正竭尽所能地去做。请勿打扰它！只需保持沉静，它便能带你安然渡过。

孩子们正肩负着你和社会的希望，他们自己的希望，面对着现实生活中的重重困难，走自己的路，他们就像是一个挑着财宝走钢丝的人。所以，孩子是演员，家长是观众！他们可能演得不好，但请家长少安勿躁！因为只有在不断的练习中他们的演技才能提高！请家长尽量少说、多听、多看，关注孩子，倾听孩子，了解孩子。

话家常11：读者与父母

人们常常认为书报、杂志是作者、编辑的孩子，是作者和编辑等精心策划、孕育和哺育起来的，因此作者和编辑是书报、杂志的父母。

尽管这道理初听起来是对的，但其实则不然。书报、杂志的真正父母是读者。作者、编辑、印刷和发行人员是它们的头脑、口舌及身体，作为杂志父母的读者出钱养育着它们、关注着它们、扶持着它们。对于你的这个孩子你能做些什么？

你订阅着这份杂志，你倾听着这份杂志。你可能觉得它有的地方办得不错，有的地方却很糟，有时你觉得这份杂志很不理想，甚至有一种恨铁不成钢的感觉。

你可能有很多关于你的孩子——这份杂志如何成长的好主意,但是你不能替代它,因为它有自己的头脑和身体——自己的编辑、作者、印刷和发行队伍。

如果你喜爱这份杂志,你可能还继续关注着它,倾听着它,然后中肯地提出你的意见。如果你不再喜欢这份杂志,你可能就不再理会它,不再掏钱买它了,甚至一见着它就说它的坏话,并劝别人去看其他更好的刊物。

你只能来看杂志(如果你喜欢这份杂志的话),提建议(如果你关心它的话),而不能替代编辑来办杂志。

对于你真正的孩子,你做了些什么?

对于自己真正的孩子,也是如此。要爱他们,教育、指导他们,同样要首先倾听他们、了解他们,不可能越俎代庖,不应横加批评。当然,更不能不理睬他们。

话家常12:童言无忌

昨晚女儿作业写到12点多,睡下都1点半了,我在她的家评上反映了这个问题,今天下午女儿班主任给我打电话,让我监控女儿作业时间。晚上快放学时下雨了,我给女儿送伞去,等了很久,女儿班级的同学都出来了,还没看到女儿出来,我问了几个同学,确定女儿还没下楼,就继续等在校门口。

终于看到女儿从教学楼正门出来了,我迎上去,女儿一脸不高兴,跟我说:"叫你不要来接我呢,你怎么又来了,下雨也不要接!"然后就背着沉重的书包往前跑。我追上去把伞强行塞给她,她只是拎在手里,并不撑开,并且很快地跑到我看不见了。

回到家里,女儿已经在桌上摆开了摊子,书本、作业摆了一桌子。我去厨房做饭,心里很难过,觉得女儿太不知好歹了,不理解当妈妈的一片苦心,每天晚上陪着她直到深夜,早上一大早又起床为她准备早餐,辛苦不说,但她似乎并不领情;有时候脾气很坏,还对着我发火。其实,每次她作业写到深夜,我都心急如焚,心疼她太辛苦,睡眠不够。可是又不能表现出来，即便如此有时候还是忍不住会问、会催促。有时候检查她的草稿本，发现上面画了很多画，我想可能是她写作业时画的，这也是她作业写到很晚的原因，想到这里，我又怒火中烧，真想狠狠训她一顿，甚至狠狠揍她一顿。

可是，我想到她因为学习压力大，心里烦闷，有火无处发，只能跟妈妈发泄了，因为只有妈妈是安全的，像今晚，我知道是老师把她留下了，她是心里生气，如果我再跟她对着干，孩子心里的怒火更是无处发泄，还影响她的情绪，不良情绪积蓄在她心里会影响她的身体健康，也让我自己心情更糟。她平日是很喜欢跟我说话的，每天回来吃饭时都会跟我说个没完。

这样想的时候，我的心情就平静了许多，决定不对她发火，等着她自己告诉我。

吃饭时，我想引着她把愤怒释放出来，就试探着问她："今天回来怎么气呼呼的啊？"她不说话，翻了我一眼，我说："不许对我翻眼，好像白鱼眼！我奇怪白鱼眼怎么长到小孩脸上了？"她有点想笑，但又绷住了，我趁热打铁说："想笑就笑吧，别绷着了！"她终于忍不住笑了。看到她露齿粲然一笑，我的心一下子就放晴了。

我想告诉她我的感受，我就说："其实我很多次都想发火，想揍你。但是心疼你学习很辛苦，又忍住了。"女儿说："我也好想发火，但我也都克制住了，我要发火就后果很严重。"我说："会有什么后果？"

女儿指着窗外的大楼对我说："我能把那大楼炸了！"

我说："有那么大的威力啊！你怎么炸呢？"女儿说："我叫巨人来炸。"我故意逗她："巨人在哪里呢？"她说："巨人在那楼顶上。"说着说着就笑了。

我说："我们都来说说让对方愤怒的事情吧。"她说："你让我愤怒的事情太多了。晚上老问我作业写完了没；侵犯我隐私权，进我房间乱翻我的东西，偷看我的作文；侵犯我自由权，不让我一个人出去玩，还没出去就一个电话接着一个电话打；还侵犯了我的肖像权，没经我允许就擅自把我的画贴到网上！"

我说："我希望能听到别人表扬你画得好啊！"她说："我不稀罕别人的表扬！"我说："可是我稀罕啊！"

她问:"你为什么稀罕啊?"我说:"别人表扬我女儿画得好,夸你聪明,我就高兴啊!"这时她正好也吃完饭了,就边说边站起身走到客厅写作业了。

看来今天的"水"放完了。我故意叫道:"我还没说呢!"女儿不理我了,赶忙写她的作业了。

(作者:程 洁)

2.2.4 尊 重

鲁迅先生说过,小的时候,不把他当人,长大以后,他就做不了人。

儿童不是物,而是一个独立存在的人,他们能够或者他们最终要独立思考,并要有自己的思想、有自己的感情、有自己的行为方式、有自己的独立人格、有自己的秘密。总之,他们是跟父母不一样的人。

真正明智的家长会真心尊重自己的孩子,他们会保护孩子的尊严,他们不会讽刺孩子,也从不贬低孩子。他们知道,尊重会带来尊重,而蔑视只会带来蔑视。他们尊重孩子成长的权利,尊重孩子选择的权利。他们知道幼儿具有无穷的好奇心,并且似乎具有无穷的精力,具有丰富的想象力。

因此,聪明的父母尊重孩子,愿意向孩子学习,并且尽力给孩子创造条件,让孩子去展现自己,去探索周围的世界。他们不把孩子看成是累赘,更不把孩子看成是一个什么都不懂的小宠物,而是一个具有自己的尊严、自己的命运的独立生命,只是由于某种原因,需要父母暂时监护一段时间而已。

有一首诗恰当地表达了父母与孩子的这种状态:

你的孩子并不是你的。

他们是"生命"的子女,

产生于生命对自己的渴慕。

他们经你而生,却不是从你而来,

虽然他们与你同在,却不属于你。

第二单元　家庭教育的原则

你可以给他们你的爱，却非你的思想。
因为他们有他们自己的思想。
你可以供他们的身体以安居之所，
却不可锢范他们的灵魂，
因为他们的灵魂居住在明日之屋，
甚至在你的梦中，
你亦无法探访。
你可以奋力以求与他们相像，
但不要设法使他们肖似你，
因为生命不能回溯，也不滞恋昨日。

这首诗传达了这样一种科学理念：孩子代表着未来，明智的父母愿意向孩子学习，尊重孩子！

话家常13：他哪里像我的儿子

儿子是个天真、内向的小孩，少言寡语。前几天，我们州举行60周年年庆，儿子也要参加活动，我乐坏了。颠簸了一整天，终于到了州政府所在地合作市。

第二天一早，我们吃早点，我给他夹了一个鸡蛋，他不吃，放下筷子一转身走了。

中午，走了好长时间，到了我们参加活动的目的地，我原以为他走渴了，我马上把一瓶水给他递过去，他连头都没转就说"不要"。当时，我的心好凉。

到了晚上，我跑到他的面前说："走，强强，我们出去走走。"他很干脆地说："不去，我要在这里玩。"

这时，我气晕了，我在想他是不是我的儿子，为什么对我这么绝情，他难道不是我的儿子吗？我不由自主地抬起手，给了他两个耳光。

他生气极了，噘着嘴巴，眼睛闭成了一条线，嘴里不知道在咕噜什么。

我转身走了，当时的心情坏透了，我掉着眼泪回到了房间，失声大

哭起来。在我一个宿舍住的几位好友,问起怎么回事,我把事情的经过讲述了一遍,出人意料地大家都责怪我,说我不应该打孩子。

我说:"他哪里像我的儿子,我的关心都当成驴肝肺了,我说啥他都不听,这算什么?"我的好友也只好哑口无言,我伤心透了。

这个晚上我几乎没怎么睡,我的心里气冲冲的,又总在想,为什么不好好说呢?为什么要打孩子呢?

第二天,我一大早起来,就去找儿子,他站在那里,一句话也没说。

我走到儿子跟前说:"还在生气吗?"

他说:"没有。"

"那为什么昨天不听妈妈的话。"

他说:"我都长大了,你还把我当小孩看,我只是想和朋友们一起玩,不想跟你出去。"

"真的吗?你再没其他意思?"我抚摸着他的头说:"我以为你不愿跟妈妈在一起,不爱妈妈呢?"

他斩钉截铁地说:"没有……"

我听他这么一说,心里难受极了,我还是一个学心理学的人呢?!为什么就不了解孩子当时的心情呢?他们几个小朋友玩得很开心,我要是带走孩子,那么他的其他的几位朋友,不就少了一个人玩?

通过这件事,我明白了两点:

第一,对一个人好,需要按照对方接受和喜欢的方式去对待他,哪怕他是自己最亲近的人。对待他人要有足够的尊重,而尊重的体现之一就是给予对方选择的机会和权利。比如说,这次我没有了解孩子内心真实的想法和需要,而是一厢情愿地对他好,把自己的意愿强加给了对方,结果让儿子感到很痛苦,自己心里也很难受。

第二,孩子的心比成人更宽广。作为妈妈,我按照自己的想法要求孩子,在孩子不服从自己的安排时,甚至恼羞成怒地打了孩子,但是,孩子却没有生我的气。孩子的表现,让我觉察到了自己的狭隘。于是想起自己生气时跟朋友说的话:"他哪里像我的儿子?这算什么?"现在我想,儿子是我的老师,我要在观察、陪伴他的过程中成长!

(作者:雷爱菊)

第二单元　家庭教育的原则

2.2.5　合理的约束与限制

有一个幼儿园处在闹市区，临近街道，车水马龙，交通繁忙。家长往这里送孩子都很担心，但是孩子们可不管这些，他们在园子里爬高上低，追跑打闹，完全不把园子外面的汽车当一回事儿。可是有一天，幼儿园要整修，围墙要拆掉。园长和老师都很担心，担心孩子跑到街道上闹出事来。结果却发现，在拆掉围墙后，孩子们反而不敢乱跑了，他们都聚在园子中央做游戏，有的望着外面飞驰而过的汽车还露出怯怯的样子。为什么会出现这样的情况呢？因为围墙的存在给了孩子们安全感，所以他们才能大胆自由地在园内玩耍，而一旦围墙拆掉了，外面太多的未知和威胁反而会让孩子们胆怯，使他们比平常更胆小。

路口的红绿灯限制了司机，但是却让繁忙的交通流通起来，同时也给了司机更多的安全感，而交通信号灯的失灵只会造成交通的阻塞，让司机更谨慎，同时也很沮丧。如此看来，人都需要一定的纪律或约束，孩子更是如此。

孩子需要清楚地知道，哪些行动是允许的，哪些行动是绝对不行的；哪些地方是安全的，哪些地方是禁止的。孩子们了解了这些，在允许的地方他们就更自在，更能展现自己的个性；而在他们做不允许的事时，受到责备也就不觉得委屈。

假设你刚到了一个新的单位，这个单位的人你一个也不认识，但你急于在工作中有个好的表现，急于得到领导或同事的认可。你干这样的事情、那样的事情，试图让领导和同事接纳你、认可你。

设想你遇到下面两种情况：

第一，无论你干什么事，都没有人批评你，大家都对你干的事情不置可否。或者，无论你干什么事情，所有的人都说好，都冲你挑大拇指，但是你从他们的表情上看，他们可能不以为然。

第二，你干一件事情，领导说好。结果你更努力，过一会儿，领导又批评你，说你干的不对。

遇到这两种情景，你可能会很绝望，要么没有限制，要么限制经常变化。因此，你不知道该干什么，不该干什么，你不知道什么是对的，什么是不对的。你会很绝望,你会感到苦恼和焦虑,你不清楚该怎么做!

听起来像一场噩梦吧?遇到这种情况,你会马上想跳槽!这种情形与很多家庭里孩子面临的情况是一样的,但是孩子可能更悲惨,因为他们不能跳槽,他们不能选择父母!

当孩子降临到这个陌生世界的时候,他们要不停地尝试,找到适合自己,也适合社会的行为方式,他们要经历许多冲突、责备和其他大量来自他人的负性反应。孩子们需要家长给他们规则,以便他们学会怎样使自己的言行举止被接受。他们依赖家长提供这样的信息。

话家常14:出走计划搁浅

吃完晚饭后,发现床上放着女儿那个大大的粉色书包,里面塞得满满的,我一看:呵,穿的,洗刷用品,护肤的,书……很是齐全,以前出去这些事情都是我准备的,她就没管过。

我很吃惊:"宝贝,你这是干什么呢?"

"我要随蕾蕾到她妈妈那住个五天七天的!"

"不行,大夏天的不方便,人家妈妈看店,也没时间伺候你们,吃住都不方便。"

"没事,我们自己照顾自己,没吃的那里有饭馆、酒店、超市吧?我们买去,我带600元钱就行了!"

"不行,没有人陪着,车水马龙的,不安全!也给人家带来好多麻烦!说得倒是轻巧……"

"我自己能行,为什么总是你有理!我想做的事情不能做,活着有什么意思?你不爱我就直说好了!"女儿急了眼,哭泣着爆豆似的责问我。

我一听,呆了,把咆哮的语气放低,跟孩子说:"妈妈是爱你的,生命不是自己一个人的,要珍惜爱护,因为有好多关心你的人,需要你的人;人有很多想做的事情却不能任着性子做,要考虑一下别人的感受,还有后果……"

她偶尔辩驳几句,我担心自己说得太多了会适得其反,就商量先放下这件事情休息,如果需要明天再探讨。躺下后,我回顾和女儿的这次沟通交流过程，发现自己还是站在大人的角度去禁止、去命令，去讲大人的道理。

于是，我试着把自己放到女儿的位置去考虑她的"固执"，感受到女儿对同伴的渴望，那种情感是我们这些忙碌于自己事情的家长无可替代的，只有去共情、接纳孩子的想法，才能让孩子懂得我的爱和我的不赞同，心平气和地接收父母制定的所谓原则……

第二天早上，我发现她依然没有改变主意，继续劝说我答应她的要求，但无理取闹的成分明显少了。我想或许昨晚女儿和我一样睡前都在"反审"自己与对方沟通中存在的问题，调整着自己的策略。

因为和蕾蕾家长并不熟悉，况且隔得也有点远，一个不足10岁的孩子，去一个陌生人家，是要给人家添很多麻烦的，另外家长也不放心，所以怎么着也不能心软，不能没有原则。于是我就按照昨晚自己的想法和孩子又进行了一次沟通："宝贝喜欢和蕾蕾玩耍，不想与她分开，是吗？"

"嗯！"女儿点点头，眼巴巴看着我，眼睛里还满是渴望，让我有些不忍拒绝。

"妈妈理解宝贝的心情，妈妈也喜欢你们一起开心玩耍。蕾蕾在她姥姥家住了这么些日子，她妈妈一定很想她，可能已经安排了很多的活动要和蕾蕾一起做，女儿去了是否会打破人家的计划呢？"

"可能会，但是蕾蕾也邀请我去呢！"女儿的目光有些黯然，语气缺乏了原先的倔强。

"这几天妈妈也想和宝贝待在一起，很好奇你们这段时间都玩了什么有趣的东西，你是否教妈妈玩玩？"

"好啊，我们一起玩陆海空的游戏，还有一起改编歌曲，自编舞蹈……"女儿眼里开始闪光，语气透着欢愉又开始爆豆子，只是这豆子像音符在跳跃，而不是昨天的"子弹豆"射得我晕头转向。

"改编歌曲？"

"是啊，我说给你听听……"，女儿兴奋地说着。

最后，就这样，女儿的"出走"计划搁浅了！

（作者：袁晓燕）

动通加油站

> 和谐、和平都是战争的结果。
>
> 人自身的和谐，也是自我、身体、心灵和头脑（在家庭治疗师的注视下，不过有人的家庭治疗师可能会经常睡觉）相互冲突和协调的结果。人与人之间的和谐，也是两个不同的心理世界不断冲突、交流和妥协的结果。
>
> 种族与种族，国家与国家，文明与文明，经常存在交融、矛盾和冲突，甚至战争。因此，当我们从金刚石理论和动力沟通的角度去看待自己和世界时，似乎就得到一幅完整的画卷：小到个人、夫妻，大到国家和文明，充满了冲突和矛盾，但是又充满了交融和整合，其关键是培养自己的心理咨询师，保持"凝视的眼神和环视的目光"。

2.2.6 鼓 励

美国心理学家戴克斯（Rudolf Dreikus）曾经说过，孩子需要鼓励如同植物需要水一样。鼓励是人类的一种基本需求，其根源是人类的认同需要。

家长在对待孩子行为的态度上，要把"去做"和"做成功"区分开来，把孩子的"失败"看作是尝试，失败仅仅表明孩子缺乏相应技巧，因而需要家长的进一步引导、进一步鼓励，孩子才敢进一步尝试。我们要鼓励孩子，忍受犯错误的打击，不要使他们因为失败而觉得自尊心受到损害。想一想刚刚开始学走路的孩子，他每试探地迈出一小步，都会得到家长由衷地赞美！没有一个家长会等待自己的孩子成为刘翔时，才给予鼓励！

当然，鼓励是有技巧的，过度鼓励会让孩子不知所措，虚假鼓励会让孩子一眼洞穿，只有那些真诚的、切合实际的鼓励才是对孩子有帮助的。

话家常15：孩子不爱学数学

一位家长说，我的孩子语文成绩非常优秀，但是数学成绩很差，我没有打击孩子,总是见人都夸奖我的孩子,说她语文好,语文成绩总得优秀,作文总是班级的范文。结果她的语文成绩越来越好,数学成绩越来越差,这是为什么?

这位家长的问题出在哪里?

问题在于,这位家长不会"鼓励"!鼓励不是鼓励成绩,而是鼓励行动!这个孩子语文成绩好,是不能鼓励也不需要鼓励的!需要鼓励的是这个孩子学习语文的行为!

这个家长可以根据孩子的实际情况,具体表扬孩子的行为:

"我这个孩子,特别爱看语文书,每天花一两个钟头看书,好多课文她都背下来了!"

"我这个孩子,特别爱看文学书,一回家就看××的作品,有时饭都忘了吃了!"

这样的表扬,让孩子知道,语文成绩的优秀,是用努力和时间争取来的。

在此基础上,鼓励孩子对数学的兴趣,一旦发现孩子开始认真思考或解决数学问题,也给予相应的表扬!

经过父母这样的鼓励,即使孩子的数学成绩仍然不好,她也会明白,她不是没有数学才能,而是没有在数学上花时间而已!

话家常16:孩子独立去办身份证

背　　景

一位同事的孩子都要上六年级了,很多事情以前都是父母一手操办的,除了学习,父母包揽了一切。现在我这位同事——孩子妈妈好像意识到这一点,就开始有意识地去安排让孩子独立去做一些力所能及的事情。这不,孩子的年龄可以办身份证了,妈妈就让孩子自己去。孩子扭扭捏捏地不想去。看到妈妈态度坚决,不再替她去包办,只好独立去办理身份证。

具 体 过 程

中午这位妈妈回到家，询问孩子办证的情况，孩子一脸的不高兴，问清楚原因后才知道，当孩子准备好有关证件去办理时，才被告知上衣着装不合格，需着深色衣服才可，只好回家又换一次衣服。照相、出示相关证件、填表……一切手续都办好后，工作人员告诉她，等通知来领取即可。在孩子讲这个话的时候还是一脸的委屈。

这时妈妈突然想起假期马上到了，不知办的身份证来不来得及取？于是有了下面的对话。

妈妈："你问没问加急办身份证？20多天可取的那种？"

孩子（急了）："你又没事先告诉我！"

妈妈："你都多大了，什么事都必须我交代好了才会办吗？你当时没有多问一句吗？"

孩子哭了……

妈妈也很生气，同时感慨现在的孩子，真是脸皮薄……

分析：

我跟这位同事讨论了以下三个问题。

1）这次办身份证是孩子第一次独立尝试。妈妈也承认自己这几年没有给孩子创造这样的机会去锻炼，突然醒悟了，想让孩子快速成长，太操之过急了。

2）过去，孩子在家里和学校都被大家轻声细语地对待，任何事情做起来都是顺风顺水的感觉，没有一丝阻碍。这次，独立去面对时，受到挫折，对孩子来讲是比较受打击的，办证的不顺利、工作人员的态度（也许不像父母或老师的态度），都会让孩子有深刻的体验（这好像跟在学校和家里接触到的人是不一样的）。但这第一脚确实是踏了出去。对于孩子这是第一次的勇敢尝试，当妈妈的没有鼓励这个勇敢的尝试，反而抱怨事情办得不是很圆满。孩子的眼泪包含了什么？想得到家庭的支持没有得到，却得到一顿埋怨而委屈。

3）在这次体验中，孩子已经学到下次如何更好地、高效率地做事，以避免类似的错误发生，而妈妈的否定只能让孩子望而却步，减缓前进的步伐，并可能因为妈妈的冷漠和求全责备，不再愿意跟妈妈沟通。

（作者：任文庆）

2.2.7 信任与耐心

今天上了科学课，老师发了一包种子，小小带回家，请妈妈帮他种下。第二天，他问妈妈：怎么还不发芽啊？第三天，他又问妈妈：怎么还不发芽啊？

妈妈笑了："孩子，种子发芽需要足够的时间，需要你的精心照料，你要耐心等待，也许要过上一周，也许需要更长的时间。"

小小每天都要在花盆前面守一会儿，看种子有没有发芽。

孩子的成长如同种子发芽一样，需要时间，需要一个足够长的过程，家长就是等种子发芽的那个人。元朝诗人元好问的一首《种松》，很好地描写了这种心情：

百钱买松羔，植之我东墙。汲井浣尘土，插篱护牛羊，一日三摩挲，爱比添丁郎。昨宵入我梦，忽然变昂藏，昂藏上云雨，惨淡含风霜。起来月中看，细鬣错针芒，惘然一太息，何年起明堂？邻叟向我言，种木本易长，不见河畔柳，顾盼百尺强。君自作远计，今日何所望？

家长应该对孩子有足够的信心、有足够的耐心。家长应该相信，只要自己给孩子提供情感和物质的合理支持，孩子自然能够发展、成长。

话家常17：谢谢你把天使带入我心里

有一段录音我一直珍藏着，但是这辈子我再也不想听见它。下辈子也不。

那是我儿子六七岁的时候，或许太想抹去这一段记忆，具体哪一年我已经记不清了。有一天，我和儿子一起读童话。读的哪篇我也记不得了。我说："来，你来读吧，我给你录下来。"我打开录音采访机。

儿子开始念。他一开口，我就着急了，他的声音怯生生的，字也咬得不准，这怎么行？一篇刚念了个开头，我就打断他，要他重来。他的声音更弱了，嗓子眼被挤住了一样。我火了，大吼起来。儿子哭了起来，抽抽噎噎的，吸一口气，念两个字。我更生气了。

我在电台工作，整天和普通话全是一甲的各种好声音打交道，我自己也过了一甲，对咬不准字和表达不清一律零容忍。

我越吼他越不出声了而且哭得更伤心。我其实很恼火一个男孩子动不动就哭。强忍着怒火，我问，你哭什么哭。

录音机一直在转着。

他继续抽抽噎噎，断断续续地说："我，我，我想把音发准，读得好一点。"

像子弹一样，我满腔升腾的怒火瞬间被击中，崩解，心碎了一地。

原来，他其实是很想好好读的，像我满意的那样，完美地读下来，可是他做不到。我这么曲解他，他还想着要告诉我他的心意。

儿子抽抽噎噎地回答，像鞭子一样抽在我的心上。这简直是天使与魔鬼的对话！

如果没有儿子的这一声回答，我完全意识不到自己有多么疯狂，也完全意识不到孩子对我是多么的包容，对自己又是多么的苛刻。悔责与感恩交织在一起。我抱着他哭了起来。

我是怎样让魔鬼占据我的心的？我要给孩子怎样的影响？我为什么不允许孩子以他的速度成长？这是我希望的亲子互动吗？我开始了漫长的探寻与改变。我发誓我再也不要这样对待孩子。无论他6岁，16岁，还是26岁。

尽管我没有能够完全做到，但我一直在努力。就像儿子想要做得更好却没做到一样，在他12岁之前，我仍然常常控制不住我自己，常常无法转化自己的无能和无奈的感觉，而把怒气发到孩子身上。那些时候，我比孩子还要孩子气。而儿子的反馈常常成为我照见自己的镜子。

让魔鬼在它该待的地方待着，让天使进驻。我走得很艰难，但一直没有停止脚步。

多年后，有一天，我整理录音资料的时候，突然听到一段刺耳的尖叫声："哭什么哭！"天啊，那是我吗？我以那样的声音，在对着一个孩子怒吼？那是我发出来的声音吗？我竟然以这么可怕的声音在对一个六七岁的孩子大吼大叫?他做了什么,犯了什么滔天大罪,自己的妈妈竟以这样恶劣的态度去对待他?

停!我赶紧按暂停。

惊诧、痛悔、心痛、无地自容。再一次地看我自己,再一次地反思。

我问我的心,我爱儿子不爱?爱。爱得很深很深。那为什么这样对待他?因为那时我不知道以什么样的方式表达我的爱,也不知道以什么样的方式表达我自己内心的痛苦,更不懂得什么是孩子自己的节奏。

我现在找到合适的方式了吗?

找到了,时刻自我觉察,觉察自己的状态,孩子的状态,双方的背景,双方的意图,双方的利益,尽量带着觉察真诚地表达,尽最大可能地做自己的咨询师,用适当的方式转化痛苦,尽量避免用孩子的痛苦来转移自己的痛苦,尽量多地用信任与耐心来呈现我的爱。

你做到了吗?

有时候做到了,有时候没做到。

你想对孩子说什么?

我想说,儿子,谢谢你把天使带进我的心里。无论你做得好或不好,妈妈都爱你。无论你选择的道路是否符合我内心的期待,我都支持你自主作选择,找到自己的节奏。

(作者:李 萌)

话家常18:两个修道士

有一个修道士,种了一棵橄榄树。他祷告说:"神啊,它需要水分,好使它柔嫩的根得吸收而长发,求你降下滋润的甘霖来。"神就降雨下来。他又祷告说:"神啊,我的树需要日光,我求你给它日光。"于是云散雨消,神就给它日光。他再祷告说:"神啊,现在它需要霜来坚固它的组织。"

果然,那株幼小的植物上又罩上了一层薄霜。但是,到了傍晚,它死了。

于是他去见另一个修道士,告诉他自己的奇异经验。那修道士说:"我也种了一棵小树。看哪,它现在长得茂盛。我没有为我的树操一点心,只把它交给神。造它的神知道它的需要远胜过我这样无知的人。所以,我并不向神提出条件、建议和方法。"我祷告说:"你把它所需的给它,无论是风、是雨、是霜、是雪、是日光、是什么……你既然造了它,你一定知道它,也一定会供给它。"

后一修道士不像前一位修道士那样急不可待,没有强迫上帝按照自己的意愿给他种的小树带来这样那样的营养,后一位修道士只是创造了条件,然后耐心地等待,结果他的小树却茁壮成长!

动通加油站

> 当两个有主体性的人相遇时,其实,就是两个宇宙的碰撞,至少是两个太阳撞在了一起。有时,是一个大太阳撞碎小太阳并把小太阳吸收了,一个人成了另外一个人的奴隶或邪教信徒;有时,是两个太阳碰撞之后,各自带着自己被撞坏的部分,闪开了,如"大路朝天,各走一边""井水不犯河水""你走你的阳关道,我过我的独木桥"的两个互相躲避的人;再有,就是通过交往,认可自己的主体性,同时,接受对方的主体性,增加了各自主体意识,在保留自己原来心灵空间的同时,开拓了一个属于这两个(或多个)沟通者的新空间,他们在这个空间进行创造,创造属于自己、多方的新世界。这第三种关系,正是动力沟通的目标!

2.3 培养自己的心理咨询师

动力沟通理论认为,每个成熟的人,都是一个躬身入局的局外人,身体、感受、理性在现实生活中承担责任,但是同时又有一个经常出局反思的元认知(即自我随身携带的心理咨询师)在默默陪伴着自己、滋润着自己。这样的人,才能够真正地心平气和,幸福生活。

这个随身携带的心理咨询师,用一个形象的比喻,就是凝视的眼神,环视的目光。同时,动力沟通理论也有另外一个形象的比喻:身体是劳动人民,感觉是领导干部,理性是领导秘书。根据这两个比喻,动力沟通理论提出如下两个家庭教育原则。

第二单元　家庭教育的原则

2.3.1　凝视的眼神

注意力是最宝贵的资源，家长对孩子积极的无言的关注，是孩子成长的最大的动力之一。但是，在孩子学会说话后，父母往往丧失了这种积极关注，开始试图用语言去控制孩子，这正是亲子冲突的起点。

"大人者，赤子之心者也"，每一个伟大的人物，都有一颗赤子之心，而每一个赤子，都有那慈母般凝视的眼神的关注！所以，父母积极地、稳定地关注孩子，同时培养孩子积极地、稳定地关注自己，是动力沟通版家庭教育的首要原则。

2.3.2　环视的目光

每个人都要与各种各样的人、事物打交道。每个人看待事物的角度都不一样。父母在与孩子接触时，要时刻变换观察和思考问题的角度，想想自己、配偶、老人、孩子对同一个问题的看法和想法，这样才能真正设身处地地理解他人和孩子，减少家庭矛盾，增加家人感情，提高孩子的社会适应能力。

动力沟通认为，每个人自己就是个小社会，正像一个单位，秘书和秘书也会吵架，不同领导之间意见也不同，群众的状态也经常波动。每个人自己和自己的想法也会经常打架，此刻和刚才的感受也会经常变化，身体的状态也常常不稳定。所以，经常观察自己、陪伴自己、轮番观察自己的身体、感受和想法，做自己的心理咨询师，是开启智慧、补充能量的重要手段。只有家长认识了自己、让自己的心安定下来，并不断自我成长，那么孩子的成长自然是应有之意。

话家常19：当水泥墙成了镜子

今天，孩子爸爸下班回家，指责孩子没按规定完成作业，妈妈同情孩子不易，爸爸开始指责妈妈没有原则太惯孩子，妈妈辩解，矛盾升级，产生冲突，爸爸生气，妈妈更委屈。

　　这个妈妈，我，逃离冲突，带着委屈、气愤，一个人来到公共浴室的密闭空间，肆意释放。也不管什么动力沟通、金刚石，什么美人技术、孔子技术、呼吸技术（编者注：这几个都是动力沟通的核心技术），委屈的泪，顺着脸颊往下淌。没有镜子，也不用镜子，我清楚地看见了泪流满面的自己。

　　这时，干涩青灰的水泥墙上，出现了一张流泪的脸，像极了少年时代的自己，但他真的是个少年。男儿有泪不轻弹，他陪我哭个什么劲啊。看见这么一个十几岁的小男孩陪着我哭，我哭得更凶啦。当下我心里只有委屈，少年陪我一起委屈，委屈到最后，自己的委屈没了，脑子里全是别人的委屈。

　　童年的经历开始出现在脑海中……

　　一直不表扬我的爸爸，他知道我多像他，他是多希望我别走他的弯路，可又心疼我。在我伤心时，遇到的总是爸爸的呵斥"不许哭，憋回去"，所以只有无声的泪，爸爸的呵斥导致年少的我总是质疑他是真爱我，还是假爱我？

　　一直纵容我的妈妈，担心挑食的我会饿死自己，担心抵不住压力的我会总是逃避，担心糊里糊涂的我会搞丢自己，她这么多年是操了多少心啊！

　　还有从爸妈手里接过我的亲爱的老公。他接替妈妈继续宠我、惯我，接替爸爸逼我成长。他是靠什么忍了我10年的无理取闹？

　　想起我还不满10岁的儿子，学他爸爸的样子，小心翼翼地问："妈妈，你不开心吗？"他是多希望欢天喜地的妈妈一直欢天喜地下去，没有伤心流泪啊。很想抱抱他，跟他说伤心流泪后的欢天喜地，感觉更放松、快乐。

　　最后想到我的婆婆，那个善良但绝不纵容我的婆婆，她总担心远嫁的我一个人会太孤单。我又哭啦。我如此幸福，哪里有什么委屈。

　　我拍了拍自己的肩，对少年笑到："谢谢你，一直都在。不过我都长大了，你怎么一直没变？"

　　少年怒斥："快点洗，洗完回家去。"

　　这时澡堂门口传来儿子的声音："妈妈，你在吗？我作业全做好了，爸爸带我来找你。"少年已不见。我已释然，真心微笑。

我们三口回到家，婆婆已经炒好了"蝎子爪"（二月二要吃的辟邪食品——炸黄豆）。我爱死这个婆婆了，是她催促那爷俩去找我的。婆婆一直用母亲温暖的目光注视着我们这一家三口，督促着我们反省，希望我们一直这样幸福下去。

再次看着记录的文字，幸福的泪挂在腮边。

（作者：陆　军）

第三单元 家庭教育的核心

　　认识是决定人的行为、情绪和身体反应的关键。父母要想教育自己的孩子，必须围绕认识做文章，而认识改变的前提是创造一个温暖、信任的环境。因此父母通过无条件的爱、通过沟通交流建立一个信任的平台。在此基础上，提高孩子解决问题的能力，提高他们的自尊心、自信心、自我控制能力、责任感和人际交往能力等。

　　本章在树立了家庭教育的目标，确立了家庭教育的原则的基础上，提出了家庭教育的核心，就是认识的改变，并着重培养孩子的四个品质：

　　1）让孩子觉得自己能干、重要。
　　2）让孩子学会自控、自律。
　　3）让孩子学习负责。
　　4）让孩子学会与人交往。

第三单元　家庭教育的核心

话家常20：浓雾中的灯塔

　　第二次世界大战期间，一艘美国巡洋舰在浓雾中的英吉利海峡前进。忽然，值班员发现迎面有一个闪烁的灯光，好像一艘帆船的信号灯。值班员马上报告了舰长，舰长随即用无线电向对方喊话："对方船只，请马上右转舵15度。"对方也用无线电进行喊话："对方船舶，请马上右转舵15度。"舰长听到对方的回应后，接着喊话："我是舰长詹斯上校，对方小船，马上右转舵15度。"对方也作出了回应："我是二等兵汤姆，对方军舰请马上右转舵15度。"舰长听到对方的二等兵竟然命令自己避让，生气极了，冲着无线话筒大喊："我这里是巡洋舰，马上就要撞沉你了，请立即右转舵15度。"无线电中传来对方平静的声音："我这里是灯塔，你马上就要撞到我了，请立即右转舵15度。"这一次，巡洋舰的上校舰长乖乖地听了二等兵的话。

话家常21：你将被放在老虎笼中！

　　你正坐在观众席上欣赏马戏团里老虎的精彩表演。老虎在舞台上巨大的笼子里，随着驯兽师的指挥，一会儿滚绣球，一会儿踩跷跷板，表演得不亦乐乎。忽然驯兽师晕了过去，被几个快速冲上来的人扶下场了。
　　一个主持人走了上来，他用手指指定台下的你，高声宣布："你被选中了，你要替代晕过去的驯兽师。"你开始以为是个玩笑，但是几个身强力壮的人走到观众席，强行把你架上舞台，扔进了老虎笼。
　　在老虎笼中，你看着老虎，老虎也看着你。你会怎么反应呢？你可能会吓晕了过去；你可能开始会恐惧地大呼："放我出去，放我出去！"

但是，如果你以前在驯兽学校接受过驯虎技能培训，有足够的经验和技能胜任这份工作，你会觉得这是一件令人兴奋的事情，你会庆幸刚才那个驯兽师的不幸晕倒，你会感谢有这个机会。

话家常22：当遇到一个漠视你的人

你到一个半生不熟的朋友家里做客，坐下后你们两人闲聊。在你跟他谈话的过程中，他一直不看你，眼睛看着你身后的一个墙角，表情也很淡漠。

遇到这种情况，你会怎么办呢？

你可能想：这人看不起我，不愿搭理我，觉得我没意思。随之出现可能的情绪：愤怒、紧张。导致产生可能的行为：马上准备告辞。同时可能的身体反应：肌肉紧张、心跳加快。

同样的情境，换一个人可能完全不同。这个人可能会想：上次在我家，我因为有事没有殷勤招待他，他也许有意见了。当时可能的情绪：羞愧、歉疚。可能的行为：解释或进一步套近乎。可能的身体反应：脸红、身体发热。

再试想会出现第三种可能：这人就是不善于做场面的事，其实是个热心肠。可能的情绪：同情、关心。可能的行为：多邀请他参加聚会。可能的身体反应：自然、轻松。

对于这件事，不同的人会有不同的想法或观念，这些不同的想法或观念就引起不同的情绪、不同的行为、不同的身体反应。完全一样的人物、一样的环境、一样的情景，竟会产生如此悬殊的观念、情绪、行为和身体反应，可见认识的重要性，认识决定了接下来将要发生什么。

所以，人对事情的想法或观念很重要，如果自己的想法或观念改变了，那么人的情感、身体反应和行为都会发生一系列的变化。看了以上两个故事，经过以上这个情景测试，你联想到家庭教育的核心了吗？

我们的结论是：人头脑中的知识、对事物的认识，决定了人的态度

第三单元　家庭教育的核心

和行为！如果你想教育你的孩子，如果你想改变你孩子的行为，最有效的方法就是改变孩子的认识！

3.1　认识改变的过程：体验、确认、分析和总结

人类对世界看法的任何根本改变都必须经过下面四个阶段。

1）体验：来自个体的生活体验。

2）确认：做有心人，要事事留心，不要好了伤疤忘了痛。

3）分析：为什么会有这样的结果？什么因素导致的？为什么是自己？

4）总结：发现事物的规律或原则，以便下次遇到相似的情景时采用。回答这样的问题：将来怎么办？

一个孩子去摸在烧热水的水壶，结果手被烫了。如果这个孩子是个正常的孩子，周围也没有一帮成年人大惊小怪，那么孩子就会经历一个体验、确认、分析和总结的过程，他的认识就会发生变化，就会变得更聪明。

体验：热水壶是烫手的。

确认：手被烫了，感觉到手很疼。

分析：正在烧热水的水壶是烫手的，因为自己去摸它，所以手被烫了。

总结：要想自己的手不再被烫，下次就不再去摸热水壶。

话家常23：恨波洛尼亚香肠

心理学家史蒂夫先生的正在上小学的儿子在周末要去郊游，史蒂夫先生问他儿子都作了些什么准备。儿子告诉了父亲他的计划，史蒂夫先生发现计划中有些缺陷，但是不会产生太大的危害。这个男孩郊游时忘了带自己的食物，史蒂夫先生知道，他跟那么多同学一起出去，是不会

饿着的。

在郊游回来后，史蒂夫问儿子："从这次郊游你体会到了什么？"

这个小男孩回答到："我知道了我是多么恨波洛尼亚香肠。"

史蒂夫不解地问："你这是什么意思呀？"

儿子说："人们只愿意借给我这种香肠。"

史蒂夫说："好了，你有了这次经验，下次出游你打算怎么办呢？"

儿子答到："我要带一桶鸡肉自己吃，带一些波洛尼亚香肠给那些忘了带食物的笨蛋。"

这位聪明的父亲，虽然发现自己的儿子忘了带食品，但是故意不提醒儿子，让儿子自己去体验、确认、分析和总结，结果儿子成熟了！

儿子的体验：自己没有东西吃，别人帮自己，把别人不愿吃的东西给自己。

儿子的确认：这件事是件大事，不能忘了。

儿子的分析：为什么没鸡肉吃？因为我没带。要想吃鸡肉怎么办？别马虎，多留心！

儿子的总结：下次郊游，我要带一桶鸡肉自己吃，带一些波洛尼亚香肠给那些忘了带食物的笨蛋。

如果这位父亲变成一个"善良"的父亲，给儿子的包里装上了鸡肉、牛肉，那么儿子会经过怎么样一个体验、确认、分析和总结的过程呢？

体验：我没有怎么准备，但我吃得很好。

确认：是的，我是吃得很好。

分析：我为什么会这样呢？因为父母会为我准备。

总结：这种小事不用我管，父母会帮助我的。

3.2 认识改变的前提

心理学告诉我们：

当人们受到批评、感到尊严受到威胁时，他们的精力就都用到反驳批评、维护尊严上了，根本没有精力去思考批评者的观点，也没有可能

第三单元 家庭教育的核心

学习和发展。所以，除非我敢冒险在你眼中暴露我的缺点而不害怕失去什么，否则我不可能真的从你那里学到任何东西。

人类的个性需要爱，也需要尊敬，每个人都有一种内在的价值感、重要感和尊严感。伤害了它，你便永远失去了那个人。因此，当你爱一个人、尊敬一个人时，你也建造了它，而且，他/她也同样地爱你、敬你。因此，只要当你为一个人创造了一个温暖、尊重、安全的环境时，你就深入了这个人的心灵，你说的话、做的事，就会不知不觉地影响他/她。

总之，人们常常在不经意间形成了很多自己的观点、看法（往往小时候，在跟自己亲近、信任的人接触时，受到熏陶形成的），但是，如果有人告诉他，他的观点错了，那么他会觉得受到了极大冒犯。他会寻找各种理由捍卫自己的观点，所以，很多所谓的讲理，就是各说各的，从而让各自的观点和立场越来越坚定而已。

为什么推动摇篮的手是推动世界的手？因为在摇篮中觉得舒服和安全的孩子，不知不觉地受到了保护摇篮的人的影响！

为什么讲理、批评不能让人改变、甚至让人变得更顽固？因为，在冷冰冰的讲理、充满敌意的批评中，对话者的关系变得敌对了。"凡是敌人拥护的，就是我们反对的！凡是敌人反对的，就是我们拥护的！"

我们都知道的太阳与风的故事，很形象地说明了人的观点改变的条件：越受批判，包得越紧！越感到温暖，人越开放！

太阳与风打赌，谁更能干，谁更强壮。

风说："当然是我。你看下面那位穿着外套的老人，我打赌我可以比你更快地叫他脱下外套。"

说着，风便用力对着老人吹，希望把老人的外套吹下来。但是，它越吹老人，老人把外套裹得越紧。

后来风累了，太阳便从后面走出来，暖洋洋地照在老人的身上。没多久老人便开始擦汗，并且把外套脱下。

于是太阳对风说道："温暖与友善永远胜过激烈与强暴。"

如果教育者（教师或父母）要想改变自己的教育对象，一定要先了解自己的教育对象的观点，肯定其合理之处，让对方感受到爱和尊重，觉得安全和温暖，在此基础上，进行适当地引导，才有可能真正触动孩子的心弦，这就是人们常说的"动之以情，晓之以理"！

话家常24：和孩子一起去学习感受美好

因为试上了一节古筝课，女儿念念不忘古筝所带给她的美好感觉。"妈妈，古筝演奏的声音真好听，像小鸟在唱歌……"在老师弹奏过一首曲子后，孩子不好意思地趴在我耳朵边上说。

真的特别高兴听到孩子能说出这样的话，原来曲子能这么去听。宝贝想学古筝，对音律一窍不通的我有点儿犯难。不知道马上8岁的她这个时候学习乐器是不是有些晚，当然也担心她坚持不下来，和孩子认真地谈了谈，自己又想了好多天，发现真正的担心是自己能不能够坚持陪她学习。陪孩子一起去学习乐器，其实是在把自己打造成一个"知音"的角色，自己能胜任吗？

想想孩子4岁的时候被我哄骗着去学习钢琴的后果，接下来的几年里跟孩子一提起钢琴就直摇头，表示再也不想学习钢琴。而我在陪她听课时也被折磨得要死，度秒如年。

最终同意孩子学习古筝，也决定陪她一起去学习。比起学会任何一样乐器，学会感受到这种乐器所带来的美好和幸福感更重要一些吧。（呵呵，突然想起金刚石理论里强调的感受性在第一位，理论来自于实践）

从认识音区、琴弦开始，一根根琴弦在老师的指导下，小手在慢慢地尝试着开始让它唱出有点青涩的声音。当一根根琴弦发出声音时，我告诉孩子，我好像感觉到一个调皮的小猴子在荡秋千，就这样，一下一下地跳到了一根根琴弦上，把它弄出声响来，然后又荡得老高，拽着藤条朝着下一根琴弦跳去……

她咯咯地笑着，继续起劲儿地练习。这是我当时的真实感受，闭上眼睛去感受那些音符，发现那种没有任何技术成分，随意的练习竟然可以那么动听。就这样，在我这个忠实听众的实时解读中，她坐在琴旁练习了40多分钟，我也没有了度秒如年的感觉。

一切就是这么美妙。

陪孩子感受到音乐的美好，体会和欣赏到音乐带给她的幸福感。在我看来，这比什么都重要。

（作者：任文庆）

> 沟通来自于两个平等的个体，双方相互尊重、相互独立，不可替代，这是良好沟通的基本条件。沟通的目的不是为了打击对方，而是为了在互动中更加深刻了解自己、了解对方，从而更愉快、有效地美化自己、美化对方、美化世界。

3.3 人的三类问题和成功的四种品质

成功的人生就是善于解决自己面临的问题、能力不断增强完善的人生。人一生面临无穷无尽的种种问题，人正是在解决问题的过程中成长的，正如一首诗所描述的：

莫道下岭便无难，
赚得行人空喜欢。
正在万山圈子里，
一山放过一山拦。

然而这么多问题，有没有一个种类上的区别呢？有！人生的无穷问题，从本质上可以分为三类：控制范围内的问题、影响范围内的问题和无能为力的问题（图3-1）。

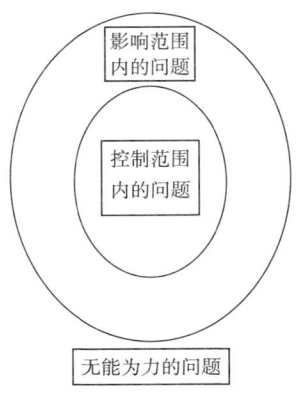

图3-1 人的三类问题

控制范围内的问题：控制自己的欲望，控制自己的手脚，控制自己的习惯。这些事情都是可以自己做主的。

影响范围内的问题：通过与他人的配合与协调，通过他人帮助自己解决问题。

无能为力的问题：无论如何努力也没有办法解决的问题。如太阳什么时间爆炸，地球为什么自转一天是24小时，或者其他一些问题，如法国总统的选举，以及美国是否攻击叙利亚等。

一个成功的、适应社会的人，对于这三类问题的行为方式是这样的：

1）可直接控制的问题：努力行动、提高效率、形成好习惯。

2）可间接控制的问题：对话、沟通、合作，增进人际关系，提高影响力。

3）无能为力的问题：以真诚平和的态度，接纳这些问题。纵使有再多不满也处之泰然。

一个失败的、不适应社会的人，对这三类问题的行为方式则刚好相反：

4）可直接控制的问题：听天由命，无能为力；或一曝十寒，3分钟热度。

5）可间接控制的问题：命令、责难、抱怨、报复、犯罪。

6）无能为力的问题：抱怨、愤怒。

为什么成功者与失败者在面临三类问题的行为方式不同呢？这是因为成功者具有如下四种品质：自尊、自律、负责和善于与人交往、与人合作。

自尊、自信者，面对人生的种种问题，能够相信自己，保持心态的开放，迎难而上。

自律、自控者，面对生活的种种诱惑，能够控制自己的欲望，不因诱惑而欲望膨胀，坚定地走自己的路。

负责者，能够克服困难，脚踏实地，辛勤劳动，完成属于自己的任务和使命。

善于与人交往、与人合作者，能够了解他人的欲望与想法，合理地满足他人的欲望和想法，不断地扩大自己的影响范围，从而解决更多、更大的问题。

因此,从根本意义上讲,我们培养孩子,就是让他们能够自尊、自律、负责和善于合作。所以,我们要培养我们的孩子,就要改变他们的认识,让他们发自内心地觉得自己能干、重要,让他们真正体验到控制自己欲望的重要性,让他们切实认识到与人合作的重要性,让他们敢于并善于承担责任,从而在不断地解决问题的过程中成长。

话家常25:"代沟"是个伪命题

"代沟"这个词,在家长和教师等肩负着对年轻人教育任务的成年人嘴里经常出现,似乎已经成了一种共识。其实,在动力沟通人看来,"代沟"是个伪命题!

为什么这么说呢?

因为儿童的心有着几乎无限的灵动性,儿童有着强大的学习、变化的可能性。这不,就有"狼孩""猪孩"出现吗?孩子,跟着狼生活,就变成了狼;跟着猪生活,就变成了猪。他们跟"猪"和"狼"这样"死脑筋"的动物,都没有"沟",怎么会跟聪明的、爱学习的成年人,有了"代沟"呢?

所以,提出这个名词,可能是成年人的耻辱。因为,它表明,成年人,尤其是肩负着教育工作的成年人,他们的心凝固了。他们的心不再灵动和开放了,不再是"气态"或"液态",而成了"冰""干冰"一样的固体或类固体了。"冰"的寒冷经常影响着孩子,甚至把孩子那鲜活生动的赤子之心,也给暂时凝固成"冰"了。

于是,成年人带着冰冷的坚硬的心,不断摩擦孩子那柔软的渐渐变冷、变硬的心,摩擦多了,就有"沟"了,由于存在年龄和辈分差异,所以"代沟"就成了一个响亮的流传久远的名字。

啊,"一片冰心在玉壶",通过"代沟"这个词,这个"玉壶",让我们生动看到了教育者的不愿意改变的"冰心"。

希望动力沟通的理论与实践,让我们内在生命动力燃烧起来,改变我们的认识,打破我们的思想框框,融化我们的"冰心",让它升腾、升华、流动、激越,从而让家长变得自尊、自律、负责、善于与人合作,通过言传身教，让孩子也变得自尊、自律、负责、善于与人合作！

3.4　让孩子觉得自己重要、能干

3.4.1　无条件的爱

每个孩子都是父母得到的最独特的礼物。作为珍贵的独一无二的人，你的孩子值得你付出无条件的爱，就因为他们是你的孩子，他们并没有要求你将他们带到这个世界上来，是你选择这样做的。所以，作为父母，你有机会和责任去爱他们，因为他们是你的孩子，你要无条件的爱他们。

有条件的爱会让孩子相信："如果我做那些父母认为我应该做的事情，他们会爱我的；如果我失败了，或者不按照他们的要求做，他们不会再爱我了。"无条件的爱能使孩子相信："我不是父母的玩偶或工具，我是一个有价值的人，因为我的父母爱我。"

有了这样信念的孩子，会更加相信自己，会自信、自爱、自尊、自强，也会更勇敢地探索自己的人生，也更容易接受父母的影响。如果把人的自尊比喻成一枚硬币，那么它的两面分别刻着：我是重要的、我是有用的（能干的）。当这两面都能彰显时，硬币就能立起来。当这硬币被爱的流动推动旋转时，它就不会倒下。

3.4.2　发现孩子的闪光点

孩子们从周围人对自己的态度和看法中来评价自己，好像把别人的看法、态度看作一面镜子，从中来判断自己的形象，这就是孩子们所谓的"镜像自我"。别人认为自己能干，自己就认为自己能干，别人认为自己差劲，自己也认为自己差劲。而这中间，负有抚养和教育责任的父母和教师的看法对孩子们更重要。所以教育的一个重要原则就是让孩子们发现并认为自己是有能力的人。当孩子周围的人都认为孩子很能干并

第三单元 家庭教育的核心

且用鼓励、宽容的态度对待孩子时,他们更容易产生自信并使自己的能力得到真正的提高。

"你们不了解我的孩子,他非常聪明,他不是在捣乱,而是好奇。你们不懂得教育,我来亲自教育他。"

一个小男孩上小学时,对许多事物都好奇,看到气球能在充满气之后飞上天,就找来一些发酵粉,动员想上天的同学来吃。不幸的是,吃了发酵粉的同学疼得在地上打滚。校长知道后,非常生气:"又是你这个捣蛋大王,我把你开除了!"母亲知道后非常气愤,表示学校不懂教育,并将孩子接回家,亲自给他上课,鼓励他搞实验。

这个男孩就是爱迪生,一生发明的项目,高达1628项。

还有一位母亲带着儿子到郊外游玩,其他人家的孩子有的爬山,有的游泳,唯独这个小男孩一个人默默坐在河边凝视湖面。亲友们悄悄地走到母亲身边不安地问:"您的孩子为什么总是一个人对着湖面发呆?是不是神经有毛病啊?还不趁早带他去医院检查检查?"母亲坚决地回答:"我的孩子没有任何毛病,你们不了解,他不是发呆,而是在沉思。他将来一定是位了不起的大学教授。"

这个男孩就是爱因斯坦,20世纪最伟大的科学家之一。

我们从上面的实例可以深刻地体会到"镜像自我"在教育孩子中所起到的重要作用!做父母的如何看待自己的孩子,往往孩子就会如何看待自己!关于父母、教育者对孩子、学生的期望的这种神奇效应,心理学家已经通过实验给予了证实,那就是著名的"皮格马力翁效应"或"罗森塔尔效应"。

罗森塔尔及其同事,来到一所学校对学校的学生进行智力测验。测验之后,研究者告诉教师们说,班上有些学生属于大器晚成者,并把这些学生的名字念给老师听。自从罗森塔尔宣布这些有潜力的学生的名单之后,罗森塔尔就再也没有和这些学生接触过,老师们也再没有提起过这件事。

这个研究的核心是,所谓有潜力的大器晚成的学生的名单,是从参加测试的学生中随机挑选出来的,他们与班上其他学生没有显著不同。可是当学期期末,再次对这些学生进行智力测验时,他们的成绩显著优于第一次测得的结果。

为什么会出现这种结果呢？罗森塔尔认为，这可能是因为老师们认为学生更有潜力，在上课时可能对他们予以特别照顾和注意，这些学生也更加自信，更加努力，才使他们的成绩得以改善。

3.4.3 让孩子为家庭或他人作贡献

我们知道，人在刚刚降生时是非常软弱无力的，他们的快乐或者命运这时掌握在别人，常常是家长的手中。他们的满足依赖于家长的细心呵护，在1岁前的儿童眼中，父母就是威力无边的"神"。在1岁半左右，孩子的能力发展了，会相对流利地表达自己了，手更有劲了，跑得更熟练了，也知道自己与别人的区别了，这时的孩子常说的一句话就是"宝宝干"，这是最珍贵的一句话，因为孩子知道了快乐可以通过自己的行动而得到，但是这句话往往没有得到足够的重视。"等你长大了再让你干，现在你干不了""你别摔着了""别把东西弄坏了，你到那儿玩去吧"等，家长这些充满爱意和关心的话却让孩子知道了自己的无能，给孩子的自信心带来严重的损害！

孩子们愿意帮助别人，希望被人需要，他们希望能做重要的事。当然，小孩子们不能像大人那样熟练地使用扫把或吸尘器，但是可以训练他们做一些合适的工作。再说，有什么事能比发展孩子的能力更重要呢？

有些家长可能会反对说："如果我让3岁的孩子帮我做饭，他烧着自己怎么办？""如果我让两岁的孩子帮我摆碗筷，把碗摔破甚至扎着他怎么办？"孩子们烧着自己，把盘子、碗摔破，这是有可能的，但如果父母花时间教孩子如何做这些家务，他们烧着自己、伤害自己的可能性就会减小。同时，姑且不论这些预防措施，单说如果不让孩子帮忙而损害了孩子对自己能力的自信，其害处比孩子皮肤上一个小小的烫伤要大得多。

作为父母，要训练孩子，无论他多大，都要成为家庭中的一个有价值的成员，他们不仅仅是消费者，更是一名贡献者！父母需要花时间训练自己的孩子，让他们帮着煮鸡蛋、擦家具、扫地、买东西，或做其他家务，从而成为真正为对家庭事务有贡献的成员。当我们向他们的贡献，哪怕是微不足道的贡献表示感谢时，我们就在帮助他们发展对自己能力的信心。

话家常26：美的瞬间

晚上回到家，女儿从书桌前站起来，说：妈妈，今天的作文《美的瞬间》我不会写。

妈妈：哦，关于这篇作文你都想到了什么？

女儿：我没思路！

妈妈：生活中只要你感觉美的都可以写啊！比如，一家人一块儿吃饭，一起玩……

女儿：可是那都是整个过程啊，老师让写美的瞬间！

妈妈：过程都是由无数个瞬间组成的啊，你可以把你感觉美的画面拍成一张照片，让美的那一瞬间定格下来！

女儿：你这么说，我倒想起来今年夏天去青海湖时，当我看到一大片一大片油菜花时，我简直感觉到美得窒息了！

妈妈：那你就可以写那一瞬间啊！

女儿：可是，老师要求至少要写600字以上，那一瞬间怎么能写600字呢？

妈妈：那容易啊！你想想，当你看到油菜花时，你的五官是不是都在工作？那一瞬间你看到了什么？闻到了什么？听到了什么？喊了什么？脑子里想到了什么……等都可以写啊！其实任何时候人都是带着自己的五官在感受着生活，只要你留心，任何一瞬间你都可以写出你自己独特的东西来的！

女儿：就是啊！我知道该怎么写了！妈妈，我原来一直以为要写人的高尚的品德呢，感觉太矫情了，所以不想写！我怎么就感觉不到人的品德的美呢？

妈妈（笑）：是吗？心里有什么才会感觉到什么？难道你认为自己的品德不高尚吗？

女儿：是啊，我就觉得自己的品德不高尚！

妈妈：哦？你怎么会觉得自己品德不高尚呢？

女儿：我感觉我从来都不助人为乐。

妈妈：真的吗？你仔细想想，从小到大，你都没有干过一件助人为乐的事吗？

女儿：我感觉我没有。

妈妈：助人为乐就是帮助别人，比如说你为××带伞，帮××复印卷子……

女儿：那都是好朋友啊，再说那也都是小事！

妈妈：原来你认为助人为乐要分大事和小事啊？只有做了大好事才叫助人为乐，如果做了一件小事，就算是帮助了别人，也不能叫助人为乐？

女儿：是啊！

妈妈：如果有一天，你在公交车站要坐车回家，可是一摸兜，你一分钱都没有，而那里离家又比较远，走回家要好长时间，正在你焦急万分时，你的一位同学正好路过，他借给了你一元钱，记住，是借给你一元钱！你说，对你来讲你的这位同学是不是帮助了你，你认为是一件小事吗？你同学认为是一件大事吗？

女儿：嗯，是不一样！我以前也经常借钱给朋友，看来我也是个助人为乐的人啊！（呵呵）

妈妈：还有什么问题吗？

女儿：没了，那我去写作文了！

（作者：宋红利）

3.5 让孩子自控、自律

人生总有着无穷无尽的欲望，但是由于客观条件的限制，人的很多欲望无法得到满足。针对这个问题，《颜氏家训》的作者颜之推写道："周穆王、秦始皇、汉武帝富有四海，贵为天子，不知纪极，犹自败累,况士庶乎?"

也就是说,周穆王、秦始皇、汉武帝这些人,贵为天子,他们不知道约束自己的欲望,结果还是会出现问题,那么一般民众,如果不约束自己的欲望,那么就会更失望、更痛苦。

儿童天生是以自我为中心的,他们一生下来,感触最深的就是寒冷、饥饿与不舒服,因为跟子宫内温暖的羊水、提供一切营养的脐带等舒服的环境比起来,出生后的世界太难受,一切都要靠自己来,"饭来要张口,衣来要伸手",太不舒服了。

同时,随着年龄的增长,孩子们的欲望会越来越多,如果不加以限制,如果缺乏自控和自律能力,那么孩子肯定会一事无成,甚至成为罪犯。自律、自控能力,是儿童发展过程中的关键能力!

话家常27:延迟满足

20世纪70年代,Walter Mischel和同事们在美国斯坦福大学附属幼儿园基地内进行了著名的"延迟满足"实验。实验人员给每个4岁的孩子一颗好吃的软糖,并告诉孩子可以吃糖。但是如果马上吃掉的话,那么只能吃一颗软糖;如果等20分钟后再吃的话,就能吃到两颗。然后,实验人员离开,留下孩子和极具诱惑的软糖。实验人员通过单面镜对实验室中的幼儿进行观察,结果发现:

有些孩子只等了一会儿就不耐烦了,迫不及待地吃掉了软糖。他们被称为"不愿等待者";有些孩子却很有耐心,还想出各种办法拖延时间。比如,闭上眼睛不看糖、或头枕双臂、或自言自语、或唱歌、或讲故事……成功地转移了自己的注意力,顺利等待了20分钟后再吃软糖。这部分儿童被称为"延迟满足者"。

后来,参加实验的孩子们到了青少年时期,研究人员对他们的家长及教师进行回访调查,发现:"不愿等待者"在个性方面,更多地显示出孤僻、易固执、易受挫、优柔寡断的倾向;"延迟满足者"较多地成为适应性强、具有冒险精神、受人欢迎、自信、独立的少年。两者学业能力的测试结果也显示,"延迟满足者"比"不愿等待者"在数学和语

文成绩上平均高出20分。

实验说明，那些能够延迟满足的孩子自我控制能力更强，他们能够在没有外界监督的情况下适当地控制、调节自己的行为，抑制冲动，抵制诱惑，坚持不懈地保证目标的实现。

控制自己的欲望，延迟满足是一个人走向成功的重要心理素质之一。自控和自律能力的个体能够为了更有价值的长远结果而主动放弃即时满足，他们的心理能力更强，更容易得到社会的奖赏，更容易成功。

3.5.1 接受孩子的欲望或情绪，控制孩子的行为

人有欲望是正常的，欲望得不到满足，不高兴，也是正常的。但是，一个自控能力强的人，即使欲望得不到满足，即使不高兴，仍然也能够控制自己的行为，不去伤害自己或冒犯他人。但是，一个自控能力差的人，则会在欲望得不到满足、情绪不好时，伤害自己或他人。为什么会出现这种情况呢，一个很重要的原因就是，自控能力强的人，能够区别欲望、情绪与行为的关系，他们知道，即使自己想要某种东西，即使自己不高兴，也要在一定的规矩范围内行动。而自控能力差的人，则往往认为，自己的欲望和情绪是自己行为的直接原因。

为什么会出现这种情况？家长往往是一个重要原因。因为家长常常在不经意的时候阻碍了孩子自控能力的发展。

例如，孩子害怕一个人睡，怕黑暗，家长常说："真是孩子气，怕黑的孩子不是勇敢的孩子"；父母的这种说话，其实就是把孩子的感觉、欲望、情绪和行为混淆了，让孩子不知如何是好。父母正确的说法是："怕黑，不愿意一个人睡，很正常。很多人小时候都这样。但是，你长大了，必须一个人睡。另外，在黑暗中，心里害怕，还一个人睡，会让你越来越勇敢！"这样的表达，让孩子了解了情绪、欲望和行为之间的关系，会变得越来越有自控能力。

又比如，孩子想要买一个玩具，父母没有给买，孩子很生气，大哭大叫，父母往往批评孩子："闹什么闹，就你爱生气！"这句话其实也是错误的。谁的欲望得不到满足，都会生气，所以爱生气没有错，但是

生气就大哭大闹是不对的。所以明智的父母会说："我要是你,也会很生气。但是,一个好孩子,一个聪明孩子,就是在生气的时候也不大哭大闹,而是跟父母讲道理。"

话家常28:只要有感情,谬论也管用

午觉小睡了一会儿,轻声叫醒宝贝:"要上学喽!"孩子动了动身体,随之就搂住我的胳膊:"妈妈,抱一下。"我毫不吝啬地给了她一个大大的、温暖的拥抱。

"我送你上学,还是让爸爸去送你?"我上班前会把她捎到离学校差不多一站地的小区口,从二年级开始,如果家里没有人有充裕的时间来接送她的话,她就自己上下学了。

"你送我吧。"

"好的。不过我很奇怪,爸爸今天在家呢,为什么不让爸爸送呢?他可以直接把你送到学校啊?"

"不要,他老是吵我。"孩子说。

"哦?"

"今天他去接我的时候,我就在回家的路上,用手动了动路旁的四季青,他就吵我'别动了!不嫌脏!'"孩子一边说,小嘴已经翘起了老高。"爸爸经常为一些特别小的事儿来吵我……"

女儿在放学的路上会摸一下路旁的小树叶子;看见哪个阿姨推着婴儿车,非要和咿咿呀呀的婴儿神一般的对话后,两条腿才听使唤……

她在用心地感受着这个世界的美好,在她丰富自己的内心世界的时候,我们作为父母会做些什么呢?会有什么样的反应呢?

"呵呵。"我没有再说什么,只是继续抱了她一会儿。看来孩子已经对爸爸一贯以严格、严厉、严肃(有时稍微缺乏一点点包容和爱)的教育开始有了不同的想法。(呵呵,哪里有压迫哪里就有反抗)

我这时的脑子里在想,怎么样来安慰这个小家伙,或者对她解释点儿什么,却不知从何说起。

没有为了和爸爸统一战线,跟她讲一大堆的道理,告诉她爸爸是为

了她好,别乱摸那些脏的东西,爸爸是为了……"

"宝贝儿,你有几只耳朵啊?"

"啊?……两只啊。"孩子有些疑惑。

"你看,我们的这两只耳朵,一边一个,爸爸的或者别人的一些建议、看法或者说法从我们的这只耳朵里进去,如果我们同意他的看法,我们就会把那只耳朵关上,这样呢,我们在谦虚地听取了别人的建议后,我们就会更快地成长起来;如果不同意呢,我们就要把那只耳朵的门打开了,让它飘出去就行啦!如果我们都听取了,耳朵岂不是会越长越大吗?"

也许我的观点也不太正确,但今天的这几句貌似开玩笑的言语,却逗得她哈哈大笑,好像爸爸责怪她的话已经抛得远远的。她边笑边说:"妈妈,今天上午我在学校里吃奶片了,老师奖励给我的,说我写的成语又多又好……妈妈,老师说做课间操的时候我也得带队……"

"妈,你快上班走吧,别迟到了。一会儿我让老爸送我。"

"……好,晚上见。"

两只耳朵的故事讲完了,但我知道在孩子成长的过程中,还会有续集。目前对于8岁的女儿来讲,也许这个故事还勉强能够让孩子听一会儿,对于一切未知的续集,我们父母的成长远比孩子的成长重要。

感恩我的宝贝。看来,只要感受、接纳了孩子的情绪,瞎编的故事,似乎也有点作用。

(作者:任文庆)

3.5.2 体验、确认、分析、总结

每个孩子每天都会有种种经历和体验,这些经历和体验,都是孩子的财富。如果父母能够引导孩子说出来,或者创造一个环境,让孩子进行总结,对于孩子的自控、自律能力的发展,将会非常重要。

例如,一个被人揍了的孩子,他打架吃了亏,他可能会想:上次我感到生气的时候,我是通过打架来表达我的愤怒的。结果是什么呢?我被别人按在地上揍了一顿。下次我生气的时候,如果我不想挨揍,我应

第三单元 家庭教育的核心

该怎么办呢？除了吵架之外我能做什么呢？孩子们在看到感觉与行动、行动与后果之间的关系后，他们的自控能力就提高了。在这一过程中，孩子们会理解：我感到……我做了……我受到……。下一次我要再有这种感觉，我就改变方式，结果可能就不一样了。

但是，如果在自己家的孩子骂了或揍了别人，别人要来揍他时，护犊子的父母把自己的孩子救走了，那么情况就会有所不同。

又比如，一个学生，上课的时候，没有带书本，结果他只能跟别人一起用，别人要用的时候，他还不能用，结果很不舒服。他可能就会想：我从家里走得很匆忙，忘了带一个课本，结果很不舒服。如果我想舒服，不求别人，怎么办呢？那么就要每次都认真地收拾书包。

但是，如果父母把这一切都替他包办了，他的"体验、确认、分析和总结"可能就不一样了。

话家常29：有那么多"如果"在盘旋……

吃晚饭时，和女儿聊起了包头动通特训营的事，女儿眉飞色舞地说："你还记得我在第一天下午的课堂上提了一个问题吗？当时有位大哥哥没等老师回答，就自作主张地帮老师回答的事？"

我说："是不是他的回答让你很有收获？"

女儿："我当时的问题是，老师布置家庭作业太多做不完时，怎么办？他说他是班里的第1名，年级第100名，只要他把成绩考好了，作业不写完，老师也不怎么找事！"

我微笑着说："这个回答对你有用吗？"

女儿："当然没用了！"

我："那你为什么不反驳？在动通课堂上，每个人都有自由发言的权力啊！"

女儿嘻嘻一笑说："我不反驳，是怕大哥哥难堪！"

我："这个原因倒是我没想到的，详细说说？"

女儿："你看他说他是班级第1名，年级第100名的成绩，不完成作业，老师就可以不找他的事，而我不完成老师的作业，老师就找我的

事,这不分明说我是个'学渣'吗?"

我哈哈大笑:"还真是!"

女儿继续道:"他说他是全班第一,如果他万一不幸碰到了全校第一名,或者全省第一名的学霸,他该怎么办?所以从这件事情上我收获到的是:在不了解别人背景的情况下,千万不要盲目张口说话!"

我若有所思地说:"还真是!你不反驳,我原以为是你的低调在起作用,现在看来还有你的善良啊!"

女儿轻笑一下:"也不全是善良!大哥哥在不知道我和我们老师性格的背景下贸然给建议,引起了我的这个反思;我现在也还不知道这个大哥哥的更深的背景,再说他是高中我是初中,我们的成绩也没有可比性!这个时候如果我贸然开口,我岂不也成了傻瓜了!"

……

有点内向的女儿在这样的陌生课堂上能站起来大胆地提出自己的困扰,我感觉这个行为本身对她来说已经是很大的收获了,没想到在互动过程中她还能有这么缜密的思维在流动,没想到她的小脑袋里有那么多"如果"在盘旋……

(作者:宋红利)

3.6 让孩子学习负责

3.6.1 穷人的孩子早当家

在艰苦岁月里,一家人都在为生存而奋斗,甚至一条狗都要为家庭作贡献,更不要说孩子。如果一个孩子被安排去挤奶,而他忘了在3天内做这件事,那么除非家里的奶牛再生小牛仔,否则所有家人就没有牛奶喝;如果孩子们忘了为菜园浇水、除草,那么在几个月内就没有蔬菜可吃;如果他们忘了去收鸡蛋,那么早餐就没有鸡蛋吃……

因此,在艰苦岁月里,孩子们的每种行动都有其目的、意义和重要性,都和他们的日常生活息息相关,因此孩子们的能力就自然而然地提高了，他们的责任感、价值感、自豪感都会随之提高！

在富裕的日子里，家务活可能交给了在家庭中地位相对较低的保姆，孩子们对生活的本质可能完全曲解了。在他们的心目中，关于成人生活的图象可能是这样的：

——爸爸妈妈是干什么的？

——是晚上回来在家里看电视的（他没有看见过父母上班辛勤工作的样子）。

——钱是从哪里来的？

——是从商店旁边的一个机器里拿出来的（他看到的就是父母带着他从自动取款机里取钱消费）。

——干活的是什么人？

——是仆人。主人是不干活的（这就是他们的家庭场景）。

——人是怎么成功的？

——在电视上唱歌、打球，让人知道你，就成功了（电视就是这样塑造成功的人的）！

——怎么样才能让人喜欢你？

——只要你穿××牌的皮鞋、××牌的衣服、吃××牌的口香糖，人们就会喜欢你（电视广告就是这么说的）。

因此，现代富裕环境下的年轻人，他们对生活、对"真实"的感觉是不真实的，他们缺乏关于耐心、勤奋、延迟满足的训练，他们缺乏责任感！

3.6.2 自 然 结 果

"天若有情天亦老，人间正道是沧桑"，现实或者说上苍对任何人都毫无偏爱或者说毫无感情，对孩子也不例外。没有东西吃就会饿，生病了就会难受，没有礼貌就会招人讨厌，打了人往往会遭到报复，挨了打就会疼！不爱学习成绩就会差，老师往往就不太喜欢。大自然，是最好的老师！它平等、公平地对待每一个人！

对于幼儿园的孩子们来说，他们如果理解了系鞋带与鞋子不掉之间

的关系,他们就少了很多烦恼,他们可以慢慢学会把自己松了的鞋带系好;对于小学生来说,他们如果知道了骂人与被骂、甚至挨揍的关系,他们在张嘴骂人时就会小心很多。

所以,做父母的,在保证孩子生命安全的情况下,给孩子自由的空间,让孩子去探索,让孩子去接受自然界和社会中其他人自然的奖赏和惩罚,是培养孩子责任感、促进孩子成熟的最好方法!

话家常30:孩子不爱吃饭怎么办?

在家庭教育咨询中,孩子的吃饭问题,尤其是三四岁孩子的吃饭问题,常常是一个焦点问题。有很多家长都这样反映:我的孩子看起来比较瘦弱,但是吃饭时又非常挑剔、非常麻烦,常常要妈妈、奶奶甚至爸爸、爷爷等围着、哄着,变着花样劝他,才能勉强吃一点东西,这样下去可如何是好?

其实,上述现象是现代独生子女的一个常见问题,对于这一类型的孩子,父母首先应该保持一种平静的心态,不要再为了让孩子吃饭而围着他转。

我们知道吃饭是一种本能,孩子从呱呱坠地那一刻起就具有吃的能力。新生婴儿饿了,就会哭,就会主动寻找奶头;如果吃饱了,就会停止吮吸,就是吸了,也会吐出来。所以吃饱是儿童天然的能力,是本能的反应。

但是为什么孩子,尤其是三四岁的孩子,会让家长哄着吃饭呢?这通常是因为家长对孩子吃饭问题过度关心造成的。父母常常因为孩子不吃饭或者因为吃的量没有达到所谓科学的标准而焦虑,甚至产生某种罪恶感,认为自己不关心孩子,愧为父母,因此对孩子吃饭的量过于关注。孩子对父母的行为也是非常敏感的,有研究表明,从孩子10个月起,他们就能辨别父母,尤其是母亲的情绪状态,他们会根据母亲的情绪状态调整自己的行为,如微笑或啼哭、安静或活动。因此,如果家长对孩子的吃饭问题过分敏感,孩子自然是会觉察到的。另外,三四岁的孩子正处于自我意识快速发展的阶段,他们到处试探自己的控制范围和

第三单元　家庭教育的核心

活动区间，如果让他们发现自己的吃饭问题是控制父母的关键，就会用吃饭来控制父母，使自己成为注意的中心，他们自然是会乐此不疲的。

纠正孩子这种错误饮食习惯的最有效方法就是"随"他吃，不管他。如果他不吃，父母千万不要把这当个问题，而应保持平常的随便的态度，不要勉强他或哄他。在每个人都吃完后，像平常一样（这的确也就是平常的事）把剩下的汤菜收拾好，让孩子知道他这一餐饭没有在正常时间吃是很正常的。在收拾完后，如果孩子要吃饭，妈妈要平静地对他说："孩子，你饿了吗？我们真不忍心，可是午餐要12点才能准备好；咱们都要等到那个时候，你忍一忍好吗？"在这期间，就像什么都没发生一样，该对孩子怎么样，就怎么样，千万不能提他刚才没吃饭的事。下一餐吃饭时，如果孩子还是不吃，同样还是大家吃完将餐桌收拾好。这种态度其实就是肯定孩子的能力，也是告诉孩子"如果你要吃，那么就在就餐时间吃，如果你不吃，那就表明你不饿"。

小孩子饿一两餐不会出什么毛病。如果父母想改变孩子不良的饮食习惯，那么在孩子不吃饭时，父母千万不能有什么良心上的内疚，不要责备或惩罚孩子，也不要用糖果点心来贿赂孩子，更不能在这期间冷落孩子，仍然像什么事都没发生一样对孩子的其他行为充满关心。在这种情况下，孩子有时还可能主动发问："为什么你们都不管我吃饭了？"父母这时一定要忍着满腹的爱怜之心，平静地对孩子说："好孩子，为什么要让别人管呢？你能让自己吃好饭，不是吗？"

在采用这种方法的过程中，最忌讳的就是家长主动去跟孩子议论吃饭这件事，如父亲可能忍不住去一本正经地告诉孩子："乖孩子，快点吃啊，要不然你会饿的，而且下一餐饭前也不许吃东西。"这样做就会告诉儿童，父母是非常关心孩子吃饭的，父母不相信孩子会老老实实地吃饭，因此在用饥饿来威胁自己，他更看出父母非常担心自己挨饿，因此他会故意不吃，来让父母难受，从而恢复原来的状态——由父母围着自己、哄着自己吃，使自己回到家庭中心地位，使自己体验控制父母的快乐。

所以父母必须要让孩子明白，吃饭是他自己的问题。他必须自己解决。吃或不吃，饿与不饿，是他自己的选择，他必须为自己的行为负责，承担自己行为的后果。如果我们以哄骗、以精巧的玩具、以委屈自己等行为来换取儿童的合作,来按时吃饭,等于告诉他吃饭不是他的事,等于告诉他按时吃饭是一件非常困难的事,等于告诉他没有吃饭的能力,这也会使儿童产生挫折感。

在教育孩子的过程中,我们应形成这样的信念,无论多么大的孩子,都跟我们是平等的人,我们有义务教育、引导他们。但是我们一旦确定儿童已经具有了某种行为选择的能力,我们就没有权利强迫他们接受我们的选择,同时我们也有义务引导他们对自己的行为负责。所以,如果孩子选择了不吃饭,那么就不要在他有能力控制和选择的行为上打扰他,让他饿着吧,但要继续关心那些他现在还没有能力进行选择的行为,如一切像在家里平常做的那样,给他读读书、讲讲故事等。

根据这样的原则——做父母的充满爱心、耐心和理智,让孩子对自己能负责的行为负起责任,我们不仅会得到一个吃饭津津有味的孩子,而且还会最终得到一个健康、快乐、有能力并勇挑重担的社会中坚分子。

3.6.3 逻辑结果(跟孩子定规则)

逻辑结果不是自然而然地发生的,它是由家长和孩子讨论之后形成的一个约定。例如,孩子星期天早上想跟妈妈一起去外婆家,但星期六晚上又想看动画片,他们达成的协议就是如果第二天早上7点钟孩子没起床,那么妈妈就自己去外婆家,留孩子自己在家里跟父亲或阿姨在一起。逻辑结果有三个特点,称为逻辑结果的3R。

1)跟行为有关:晚上看动画、早上起床、去外婆家,是相互影响的。

2)对孩子和大人都很尊重:星期六不强迫孩子几点睡,也不强迫母亲等孩子。

3)对孩子和大人都很合理:孩子想看动画片,母亲想早上7点走。都达到自己的目的。

有的家长问:"孩子犯了错误,我打他屁股,打屁股可不可以说成是犯错误的逻辑结果呢?"

回答是否定的。虽然打屁股跟犯错误的行为有关,但它不是对孩子的尊重，也很难说是合理的，所以它并不是逻辑结果，如果硬要说是的话，那么它可以说是一种"强权逻辑"。

4岁以后的孩子可以很快地理解逻辑结果，并从中学到很多东西，所以在制订逻辑结果时，应该尽可能地让4岁以上的孩子参与进来。当孩子体验到符合3R的逻辑结果后，尽管他们可能不高兴，但是他们仍然体会到了自己选择的力量，体会到自己的责任。

话家常31：谁是家里的司令官？如何在家中发号施令？

谁是老大？谁该在家中发号施令？

这些问题听起来就觉得陈腐，让人联想到"一言堂""办事不合理""不民主"等。许多年轻父母回想起自己小时候在家中受到的严厉惩罚，以及自己当时的委屈和挫折感，可能还想到有一篇文章说到"教育，爱，从倾听开始"等，所以答案是非常肯定的——父母和孩子是平等的朋友关系，家中的事应共同决定。

如果你是这样想的，那么请你设想如下情况：家中来了重要客人，但你5岁的孩子却哭着闹着不让你得到安宁，你怎么办？夜里11点了，你8岁的孩子却还要坚持看电视，你怎么办？该上学了，你15岁的孩子却和一帮孩子在家里打牌，你怎么办？

自己当孩子时受到的粗暴对待至今让你记忆犹新，你想严厉管教他，但又怕伤了孩子，于是你温和地劝他，可是没有效，这时你不知道怎么办才好，由于怕犯错误，你放弃了，不跟孩子发生直接冲突，你希望孩子自己领悟自己的错误，对自己的行为负责，慢慢地学会好的行为。

后来，你可能会发现，5岁的孩子成了小皇帝，凡事都要按他的意愿才行，否则就要大哭大闹，也可能发现8岁或15岁的孩子经常地逃学，甚至还养成了偷窃的毛病。

你伤心欲绝，扪心自问："老天呐，我做错了什么，我避免了我父辈的粗暴，我充满了耐心，我按书上告诉我的方法来教孩子，可为什么结果会是这样？"

为什么？

因为你放弃了做父母的责任，因为你当了父母，你就不能犹豫不决，三心二意，你必须快刀斩乱麻，果断地作出决定，你必须为自己、为别人的行为负责。这个"别人"，不是别人，正是你年幼的还不成熟的儿女。

我们试想孩子来到这个世上，他们是多么的无知和幼小，周围有多少事需要他们去学习、去了解，有多少事需要他们去适应、去同化。正像我们只身来到一个遥远的陌生神秘的地方，有荒凉的沙漠，有没顶的沼泽，有我们一无所知的原始部落，甚至还有到处出没的狼群。

我们多么希望向导给我们指点迷津，然而向导由于心虚，却借口让我们自己去探索，这是一种多么可怕绝望的景象呀。也许我们最终找到了出路，然而有大部分人会在沙漠中迷失了方向，或陷入了没顶的沼泽，或被狼群所吞噬，再也走不出来了。

父母是老大！家长是司令官！作为父母，你必须发号施令。生活中有很多很多"必须"，你必须让孩子知道。如果你不能填平湖海，你就必须禁止孩子随便跳入。如果你不能让所有的汽车停开，你必须让孩子当心汽车。如果你不能杜绝所有客人的到来，你就应当告诉孩子适当的礼貌。

作为父母，想教导孩子如何度过充实幸福的人生，你的确要发号施令。当然发号施令也是有原则和技巧的。

发号施令的技巧——1：倾听。首先，应当了解孩子，了解情况。这就是上文中所说的倾听的工夫。只有有了这样的基础，才能减少冲突；并且真正冲突来临的时候，你也有了快刀斩乱麻的根据而不至于心虚。

发号施令的技巧——2：出于公心。其次，发号施令必须出于公心。生活中可能有这样的场面，有一天父母想看球赛，不想让孩子看"米老鼠"，或者上班时心情很烦躁，回家后不想让孩子打扰，于是你可能不加解释而对孩子发号施令"你必须到你的小屋做功课，不许看电视"。这样的命令在孩子心目中有什么效果呢？只能让孩子觉得父母自私和武断，降低家长的威信。

发号施令的技巧——3：以身作则。再次，发号施令必须以身作则。命令不仅仅是针对孩子的，同时也是针对父母的。试想一个打麻将上瘾的父亲或母亲命令孩子不许玩牌会有什么效果？俗话说"近墨者黑，近朱者赤"，只有自己对命令身体力行，孩子才能更自觉地接受。

发号施令的技巧——4：少而精。最后，谁也不喜欢经常有人在旁边唠叨，孩子们也一样。发号施令只应该出现在最需要的时候：

1）当孩子有迫在眉睫的危险时。例如，绝不能让6岁的小孩在车流量很大的马路上玩。

2）当损害他人利益、冒犯他人尊严时。例如，家长绝不能让孩子向别人吐口水、扔石头，也不能让孩子在商店乱扔商品、推倒柜台。在这类情况下，必须采用马上而干脆的措施停止孩子的行动，道理可以过一会儿再讲。

3）当未来注定有不可挽回的坏结果时。例如，家长不能任由孩子偏食、挑食，也不能容忍孩子懒惰不干分内的活儿。当然偶尔一次的挑食或者偷懒，并不是大问题，但是长期如此就会成为问题。对这种问题，最有效的教育方法是制订规则，分清哪些是分内、哪些是分外，哪些是必须做的，并且家长要以身作则，而不是暴跳如雷。

4）当孩子年龄还小，还不能防止不好的自然结果时。例如，3岁的孩子还可能想不到冬天外出要穿厚衣服，当他不想穿时，要强迫他穿上。

其他可管可不管的事，或者自己做不到的事，就别要求孩子、管孩子了。如果父母能够这样发号施令，你就会得到一个负责、善良的好孩子！

话家常32：小格言

孟子：

可以取，可以无取，取伤廉。可以与，可以无与，与伤惠。可以死，可以无死，死伤勇。

道德经：

太上，不知有之；其次，亲而誉之；其次，畏之；其次，侮之。
悠兮其贵言。功成事遂，百姓皆谓我自然。
俗人昭昭，我独昏昏；俗人察察，我独闷闷。

其政闷闷，其民淳淳；其政察察，其民缺缺。

我无为，而民自化；我好静，而民自正；我无事，而民自富；我无欲，而民自朴。

人法地，地法天，天法道，道法自然。

3.7 让孩子学会与人交往

3.7.1 与人交往的能力

人类最重要同时也最麻烦的活动之一就是与人的交往，因为人不可能一个人活在这个世界上，人总是在跟他人交往、跟他人的合作中度过自己的一生。同时，人的行为模式是在家庭中打下根基的，父母之间的交往方式、父母与孩子的交往模式，会成为孩子心目中人际交往的"原型"，影响孩子一生。

美国心理学家安斯沃斯等1971年的一项研究发现，母亲与孩子的接触模式，影响孩子的长远发展，并进而影响孩子跟其他人的人际交往。在研究中，安斯沃斯等对母亲与孩子的沟通模式进行了3个维度的区分：

1）敏感—迟钝：母亲如何细心协调婴儿发出的信号和信息？她能否从婴儿的视角看问题？她是否更多地以自己的内部需要而不是以孩子的信号来调整她自己的愿望、情绪及行动？

2）接受—拒绝：母亲在多大程度上接受孩子的"婴儿气行为"，包括那些让她感到不愉快的事情？她在多大程度上能接受照看孩子的责任而不抱怨自己的行动被限制了？

3）合作—干涉：为了尽可能地不干预和约束孩子，母亲能在多大程度上通过改变环境和自己的日程来避免将自己的意志强加于孩子？她能创造条件让婴儿愉快地接受自己的要求吗？她是否能将自己的婴儿看作一个独立的人？她是否会不考虑孩子的情绪、愿望或正在进行中的活动而武断地干涉孩子？

结果发现，接受自己的孩子（无条件地爱孩子）、对孩子的信号比较敏感、愿意配合自己的孩子（合作）的母亲，她们的孩子更容易与母亲形成安全依恋型关系，在上学后更容易适应学校的生活，学习成绩更优秀，更容易得到老师和同伴的喜爱。

话家常33：干涉与拒绝

周末，几家亲戚相约小聚。D兄和D嫂夫妻驱车接我一起去L家。上车后发现D兄的宝贝孙女小C也在——大半年前我们曾一起参加一个活动，小家伙能歌善舞，特别讨人喜爱。不等我打招呼，D嫂便鼓励孩子叫"爷爷"。

这个3岁左右的宝贝儿，似乎一时没拿我这个"爷爷"和记忆里某张熟悉的脸对上号，瞪着眼睛盯着我，怯怯地思考，D兄和D嫂一边诱导小朋友"礼貌地打招呼"，一边举例帮助孩子回忆此前我们相聚的情景，但都是徒劳……

一路上孩子自顾和D兄这个货真价实的"爷爷"游戏玩乐，根本没把我这个半路杀出的"爷爷"当回事儿。

L家早已备好油桃、甜瓜、西瓜、茶水等，大家相互寒暄后落座，根据自己的口味儿或吃或喝。当L发现我们还带去了新鲜的橙子时，用盘子托出，首先递给小朋友一个。D嫂不失时机地剥开橙子，继续诱导坐在他们两夫妻中间的小宝贝分别"给"（让，只象征性分享）现场的成人吃。于是聪明的小朋友在人群中选择亲近的人：爷爷、奶奶和主人，其余人等一概拒绝。

尽管D兄和D嫂挖空心思劝导孩子给我"面子"，小朋友都能及时识破"诡计"，为了正确区分我和D兄之间的差别，防止我这个"爷爷"冒名顶替，最后索性把泛指的名词"爷爷"抛弃，直呼D兄大名（具体化），……众人在惊奇于孩子的敏锐和坚持，又拿孩子的坦诚率直无计可施时，似乎担心我丢了面子"下不来台"，多少感觉到了尴尬。

如果不能和这个小朋友建立良好关系，估计午饭也吃不出应有的热烈。在大家规劝的当口，我对小朋友说："你可别给我吃！我害怕酸！

你让橙子离我远点儿……"一直把橙子抱在胸前似乎生怕被人抢走的小朋友闻言,很快把橙子拿出来对我说:"给你吃!"而且一脸幸灾乐祸的样子(明显是玩笑)。

我缩着手继续说:"你就坐在那边,别用橙子吓我,更别到我身边来……我害怕酸!……"小朋友愈加来了兴趣,挣脱爷爷奶奶跑到我身边,坚持同我坐一个沙发,还把橙子丢在我身上,自己乐得"咯咯"笑。我俩顷刻间有问有答,不再陌生。众人释然。

话题自然引入小朋友曾给我印象最深的歌舞,却不料孩子又重现"不上当"的机敏,就是不给表演……我不去劝她唱,自己故意把"两只老虎"唱成"一只","跑得快"唱成"跑得慢"……小朋友边听边认真纠正。此时小朋友的爷爷不露痕迹配合,打开手机存入的幼儿舞曲,孩子听到熟悉的旋律,不再和成人纠缠,跑过去有板有眼载歌载舞。

欣赏着孩子扭动屁股和肩颈、专注投入的神态,禁不住离开沙发去模仿孩子的动作,孩子每表演完一个节目,都开心地为她鼓掌喝彩。近一个小时的"演出",小朋友大汗淋漓、余兴未尽,下楼去酒店时,还兴致勃勃哼着曲子。此时,她主动牵着我的手,已经把我当成值得信赖的亲人了。

午饭开始,入座后,小朋友席间别无他顾,频频劝我吃菜喝酒,但不让多喝酒,后来不让喝真酒,和我干杯时"酒"都用水果食物替代,她自己喜欢吃的,一定挑选出传给我一些,而且眼睛一眨不眨盯着到我口中……一顿饭,小朋友成了真正的主角儿,大家被她调动得想不开心都难!结束时,一位当老板的朋友总结说:"哄孩子,真实不虚!这顿饭有这个孩子真开心!"我反问道:"你说是哄孩子呢,还是孩子哄大人?"

写到这里忽然想学习孩子的直率真实。小朋友C在沟通中用行动告诉了我许多观点:

1)人,包括未成年人(当然含幼儿),不喜欢被人指手画脚——在别人的命令下,即使举手之劳、顺水人情都不情愿执行。

2)正常人(包括幼儿)都有基本的防御意识(或者理解为基本觉察力),能读懂沟通对象的善意和恶意。

3)善意的"游戏",即使明白对方是"圈套",也不忍拒绝,但前提是欣赏和肯定。

4）安全开放的背景，可以让人自由表达。

5）信任、尊重、伴随，是安全和亲近的基础和前提，诱惑和干涉，都是把家长的意愿强加给孩子，在孩子的火眼金睛和天真童心面前，自然会被拒绝。

（作者：郭长连）

3.7.2　关注自己的孩子

注意力是世界上最宝贵的资源。企业主花了大量的金钱，广告商设计了无数的方法，就是为了得到人们的注意。人的注意投向哪里，哪里就会有发展和改变的机会。如果父母关注自己的孩子，对孩子敏感，孩子长大后，往往也会善解人意，对他人的想法和意图会比较敏感！

话家常34：教养方式的四种类型

根据家长对孩子是否倾听（关注）和是否发号施令（负责），可以把家长对孩子的教养方式分为四种类型（图3-2）。

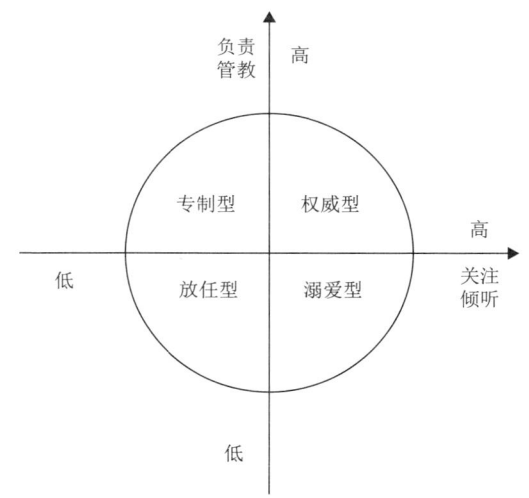

图3-2　教养方式的四种类型

权威型：既关爱孩子，又对孩子负责；既能倾听孩子，又在必要的时候发号施令。这个方式对孩子的成长最有利。

专制型：不能倾听孩子，只会对孩子提要求，强迫孩子执行。这样的孩子容易起逆反心理，形成亲子对抗。

溺爱型：只关爱孩子，尽力满足孩子的一切愿望，很少对孩子提要求。这样的家长容易培养出"小霸王"。

放任型：家长对孩子很少过问，既不关注倾听，也不提什么要求。这样对孩子成长最为不利，孩子容易退缩、胆怯，或者形成反社会性格。

话家常35："人来疯"的孩子是怎么回事儿？

在家庭中我们常常会看到这样的情况：平常挺安静、挺听话的孩子，一旦来了客人或者带他到别人家时，他就变得很任性、不听话；平常不太听话的孩子，来了客人更是会无理取闹、撒野，弄得做父母的很难堪、很尴尬。那么为什么孩子会出现这种现象呢？在这种情况下家长应该怎样办呢？

我们知道，儿童，尤其是小学低年级的孩子或幼儿，在家里没有特殊事情时，常常是父母关注的中心，他们的要求也往往能得到父母快速的反应和答复。儿童也能感觉到他们在父母心中这种至高无上的地位并且已经习惯了这种地位。但是，在家里来了客人或者到别人家里做客时，父母的注意焦点发生转移，把精力主要放在招待或应付客人上了，对孩子的行为或状态自然没有平常那样敏感，孩子对于自己从中心的"宝座"上下来感到很不适应，因而要通过任性、不听话等手段来引起父母、客人的关注，这种过度的表现，即俗称的"人来疯"，常常要占用父母很多精力或注意，而这时父母本应是要和别人进行正常的交往或应酬的，所以孩子的这种行为常常会讨人嫌。

基于上述原因，在家里来客人前或者去别人家做客前，家长一要对孩子的上述心理状态有所准备，不至于在孩子不听话时手忙脚乱，或者感到丢了面子；二要让孩子有所准备，要给孩子讲清楚父母要照顾客人或者不能给别人家添乱，要注意适当的礼貌等。

第三单元 家庭教育的核心

当然，有了上述的准备并不是就万事大吉了，孩子毕竟是孩子，他们一方面需要大人的理解，另一方面也需要家长的注意。当客人到来时，还要给孩子适当的注意，并时不时地对孩子礼貌、懂事的行为进行表扬，让孩子感到父母仍然在关注着他，从而使小家伙觉得很安全，并在这一过程中使得他的良好行为得到强化，养成礼貌、懂事的习惯。

但是也有例外，如果孩子的胡闹、撒野过了头，就要态度明确地对他们进行批评或处罚。很多家长不愿意在客人在场时、或在大庭广众之下处罚或纠正孩子的言行，因为怕自己的管教方式引来客人的劝解或非议。所以平常自己和孩子在家时，会严格地要求孩子遵守规矩，可是周围一旦有外人时，就无所适从。儿童对父母的心态和行为很敏感，不久他们就会发现自己在有客人在场时胡作非为是安全的，因此开始更为放肆地胡闹。

对于孩子类似的行为，父母应该有一种明确的认识，应该知道正是自己在过去类似的场合下犹豫不决导致了孩子的胡作非为。所以在这种情况再次发生时，父母要态度坚决地把孩子带到没人的地方，如卫生间、门外、卧室等，像平常没有客人一样，该怎么教育他就怎么教育他，该怎么处罚他就怎么处罚他。

当然这时你会发现想把小家伙带到那个隔离区是非常困难的，他会想尽千方百计不跟你去，如躲在客人背后或大哭大闹等，以期待有人来阻止你的惩罚，这时家长千万不能生气，更不能放弃，坚定地把孩子带到你预先找好的隔离区，做你平常该做的，然后真诚地告诉孩子你是多么爱他，告诉他你相信他会是一个懂礼貌的孩子。通过这番行为，孩子就会知道，无论在哪里都没有胡作非为的庇护所，更重要的是他知道你爱他，也知道自己还能成为一个懂礼貌的好孩子，父母并没有因为他刚才的胡闹而生他的气，从而树立起信心，成为一个真正懂事、明理的好孩子。

其实孩子的行为问题往往不单单是孩子的问题，这是一个家长和孩子互动的过程，而孩子的"人来疯"现象也是家长、客人、孩子三方面共同影响产生的，所以家长在这一过程中要让孩子明白父母是关心他的，同时父母也希望他关心父母及客人的感受，这才是问题的本质。

3.7.3 亲子对话

在一个充斥着电视、电话、互联网的时代，面对面的对话似乎丧失了必要性，变得很稀缺，人与人之间的关系也变得相对冷漠。我们知道，只有在觉得安全、温暖、充满信任的气氛中，人的认识才有改变的可能性。这种温暖、安全和信任的氛围，往往只有在面对面的对话中才能实现。所以，在亲子对话中，家长作为孩子的抚养者和教育者，父母的态度对于亲子对话的成功是非常关键的。在对话中，父母应该对孩子持有一种真诚的兴趣，用接受、支持、平等的心态来倾听孩子，引导孩子自己探索和思考。

人与人之间信任和爱这类亲密关系的建立，离不开以下三种认识：
1）这个人愿意听我说话；
2）我可以自由地表达我的认识和感情，而不会被对方扭曲；
3）这个人对我所做的事，让我觉得自己很重要、很有价值。

没有这三种认识，我们不可能信任别人，也不会相信他说的话，在他们面前，我们也会掩饰自己。

因此，作为父母，作为教育者，要多抽出时间，创造温暖的氛围，用睿智宽厚的心态与孩子对话吧。

话家常36：父子对话

有一天，我从外面回来，看见卡尔独自一人坐在院子里出神，他的表情看起来有些忧伤。因为儿子的性格一直比较开朗，他今天的举动让我感到奇怪。于是就向他走了过去，蹲在他的面前，问他发生了什么事。

儿子抬头望了望我，轻声地叹了一口气，又重新埋下了头。

"卡尔，怎么啦？有什么事令你那么不高兴？"我问道。

儿子仍然一言不发。

"儿子，爸爸最爱你了。你有什么事不应该瞒着我。你每次有困难

第三单元 家庭教育的核心

不都是爸爸帮助你的吗?"

我看见儿子今天的模样,断定他一定有什么事憋在心里,或许还是一件对他来说挺大的事。

"卡尔,爸爸对你最大的希望,就是想要你成为一个快乐的人。其实,无论什么问题都能解决,只要你有一颗快乐的心。"我继续对他说,尽力通过语言去开导他。

"爸爸,我觉得我不是个男子汉。"卡尔终于说话了。

"为什么?"

"因为我遇见了肯特尔,是村里一个农夫的儿子。他嘲笑说我不够健壮。他还脱了上衣冲我显示他的肌肉,他说像他那样的才是男子汉,而我不是。"

其实卡尔的身体一直很好,非常健康,但确实不算是非常强壮的孩子。本来这不是一个问题,但他却在这方面受了伤害。弄清楚孩子不高兴的原因,我就开始给他讲一些关于男子汉的道理。

"卡尔,你要知道,一个男子汉并不只是身体强壮。真正的男子汉需要有智慧,有坚强的毅力。并且敢于承担生活中的一切困难和挫折,应该有超人的勇气。

"你仔细想一想,你现在还是个孩子,就已经掌握了那么多的知识,又懂得那么多的道理。等到你慢慢长大,这些知识和道理就会慢慢转化为智慧。而且从我的眼光看,你一直是个勇敢的孩子。虽然你的身体在孩子中不算是最强壮的,但也很健康。肯特尔是个农夫的孩子,每天要帮助家里做很多活儿,而且他的年龄比你大,他比你健壮是正常的。我想,等你再长大一点,平时又坚持锻炼,以后肯定会比他更强壮的。

"肯特尔这样对你说话是非常不礼貌的行为,你干嘛要理会他呢?还有,你作为一个男子汉最重要的就是要有独立的头脑,这样才不会轻易被别人的评论所干扰。"

卡尔听到我这么说,顿时欢欣鼓舞起来。起初的烦恼是由于听了别人的评价而对自己某个方面产生了自卑感,而他想通了其中的道理后,自信心又重新被找了回来。(引自《卡尔威特的教育》)

3.7.4 家庭会议

家庭会议给家人创造了相互交流、彼此合作和妥协的机会。在家庭会议上，孩子们可能第一次了解到家里的其他人对于同一件事情，可能有不同的想法、愿望、感受，从而增强了人际交往和合作的能力。在孩子5岁以后，甚至在孩子3岁以后，就可以成为家庭会议的平等成员，甚至轮流坐庄，成为家庭会议的主持人。

如果要举办家庭会议，需要注意以下事项：

1）家庭会议的安排要常规化，不能随着家长或孩子的心情而随意举办。每星期或每两个星期一次。

2）家庭会议要认真准备，加强神圣感。家庭会议要成为一种重要的仪式和传统，许多家庭在开家庭会议的时候，会拔掉电话，事先告诉朋友不要在这时来做客、串门，从而加强家庭会议至高无上的感觉。

3）家庭会议的重要内容是回顾这一段时间的家庭生活，表扬和承认每一位家人的贡献，交流家人的想法，为下一步的家庭生活提供新思路。

4）家庭会议上，每个人都是平等的参与者，只有主持人具有掌握时间和安排他人发言顺序的权利。为了锻炼孩子的能力，最好让孩子有机会主持家庭会议。

第四单元 家庭教育的四种模式

　　每位家长在与孩子接触时都有自己的风格和行为方式,这些风格和行为方式都有自己特殊的个性化的烙印,千差万别,充满了变化。但是,我们仍然可以从父母千差万别的行为方式中找出一些共性,以便予以分析和总结。

　　有人说,任何比喻都是蹩脚的,因为在生活中没有完全相同的两种事物。但是,人们又喜欢运用比喻,因为比喻是说明问题的一种简洁但又含义丰富的方法。"殉道者""警察""好伙伴""运动教练"这些词用来形容需要投入大量精力和爱心的亲子关系,肯定是不恰当、不准确的,但是通过这些词,我们想表达这样的含义:

　　家庭是一个充满快乐、艰辛、挑战和冲突的场所,家庭教育更是考验着父母的胸襟和智慧,只有父母带着"凝视的眼神、环视的目光",认真准备、不断学习、不断总结,才有可能在家庭教育中成为一个成功者!

4.1 殉难者模式

4.1.1 模拟情景

丁宁是一个小学五年级的男孩子,平时就身体弱、胆子小,愿意跟女孩一起玩,班级里的同学有点瞧不起他。爸爸嫌这孩子缺乏男子汉气概,总是鼓励孩子去跟那些勇猛的男孩子玩,去跟他们打闹。但是母亲总是担心孩子会出事,总是希望孩子留在身边,以便照看。

快放暑假了,学校要组织一次去外地的为期一星期的夏令营。老师让孩子们征求家长意见。丁宁既想跟同学们出去,又怕离开家,心里没底。

"妈妈,学校要组织暑期夏令营,到外地一个星期,我特别想去。"

"要出去几天?到哪里呀?要交多少钱?"

"到……,去……,交……"

"都有哪些老师跟你们一起去呀?"

"有刘老师、张老师、王老师。"

"有没有医生呀?"

"有,我们的校医,另外,还从医院聘请了一个医生,和我们一起。"

(以上这些对话都在正常范围,属于"了解信息",下面的对话就有问题了。)

"小宁,出去这么长时间,你不害怕吗?"

"嗯……我不知道,不过我想去……"

"可是,妈妈有点担心。你不知道,现在在外面吃饭,多不卫生呀,就是大人,出差回来都要生病,拉肚子。还有,现在的汽车那么多,好多司机开得特野,老有翻车的、出事的。"

第四单元 家庭教育的四种模式

"妈妈,我想去嘛。好多同学都报名了,人家的妈妈就不担心。"

"别人是别人,你是你。你看,你身体本来就弱,一直都没有离开过家,这次一个人出去这么长时间,怎么让人放得下心呢?要不我跟你一起去。"

"可是,这次夏令营没有说让家长陪同。"

"那样的话,过两天妈妈休假,咱们自己出去旅游,你说去哪儿?"

"哎呀,好吧,好吧。老是跟你们一起,烦死了,烦死了。"

4.1.2 模式分析

很多家长会说:"为孩子做什么都是不会过分的。只要有好处,我愿意为孩子做一切事。"尽管他们自己没有意识到,这样的家长可能就采用了一种殉难者模式。

对此,孩子们健康的反应是反抗。谁也不可能在父母的眼皮底下生活一辈子。家长的"一切为了孩子"的做法,不仅对他们自己是个沉重的负担,也是孩子的一个沉重的脚镣。所以一个健康的孩子会本能地反抗殉难型的家长,挣脱掉脚镣,到外面去寻求正常的生活。

但是,殉难型家长的孩子在这样做的时候,他的心理负担是沉重的,因为殉难型父母做的一切看起来都是为他好的,但是他"狠心地"拒绝了;另外,其他孩子在自己自主地探索时背后有父母的鼓励,但是殉难型家长的孩子如果摆脱了父母则必须孤身一人面对世界,而且还可能背上家长的埋怨:"看看你都对我做了些什么?想想我是怎么对待你的?"

4.1.3 家长误区

误区一:一切都为了孩子。通过这番对话,我们可以看出,丁宁妈妈虽然担心孩子的饮食卫生问题、交通问题、安全问题,可这些并不是重点,丁宁妈妈希望的是孩子时时在她眼前,以便随时保护,保证安全。丁宁妈妈自身已没有任何生活乐趣,而是以孩子为生活中心,孩子是她生命中的一切。

误区二：过度保护。殉难者模式的家长常常害怕孩子会出什么事，总是担心孩子可能会遇到什么伤害，总想为孩子创造一个绝对安全的环境。但这又是不可能的，所以这类的家长只要孩子不在眼前，他们就会战战兢兢，孩子在眼前，他们就会过度地限制孩子的自由活动。

误区三：家长的罪恶感。生活中充满了意外，孩子的伤病也是防不胜防。其实孩子身体上受些伤，或者心灵上受些挫折，也可能是好事，这样可以丰富孩子的经验，提高孩子的抗打击能力，变得更加成熟。但是，殉难型的家长不这么想，他们把孩子遭到的任何挫折和伤害都看作是自己的失误，从而产生罪恶感。这类家长的口头禅是："唉，都怨我，要是我那样就好了。"说得多了，听起来会有点类似鲁迅笔下的祥林嫂，在儿子被狼吃了后，痴痴呆呆地逢人就讲："我明知道山里有狼……"

误区四：生命力和自主性被销蚀。一个对殉难型家长从来不作反抗的孩子可能是一个病态的孩子，这孩子身上的生命力和自主性会慢慢地消失殆尽。

正像前面例子中的那个孩子丁宁，他有他的欲望，他想跟同学们一起玩，他想跟同龄人一起去探索生活，但是他也有他的担心，担心不受同学欢迎，担心离开了父母会吃苦，担心出意外……而能力的增长和心智的成熟正是在种种担心之下仍然去探索、去开拓的结果，但是丁宁由于胆怯（他需要的是鼓励），也由于顺从了母亲（母亲正好加重了他的胆怯），他放弃了成长的机会，也就是说他的生命力和自主性被销蚀了一部分。

4.1.4 应对方法

原则一：父母要意识到自己生活的目的（也就是基于系统的原则的第一条），意识到孩子之外的自己的生活空间和心灵空间，只有当家长和孩子双方都有自己的生活时，双方的生活才可能更好。

原则二：父母要意识到挑战与机遇并存。独立的生活是有风险的，家长在自己还是小孩子的时候，也是对世界进行了探索、体验了风险的。哪种生活没有风险呢？体验风险不是盲目地让孩子去冒险，而是在提供了相应的保护措施后，在安全的前提下，让孩子自己去经历成长中的必要过程，积累属于自己的人生体验。

原则三：学会放手。孩子是属于他自己的，孩子不是家长的私人物品，不能天天攥在手里。家长要学会逐渐放手，但是这个改变是一个艰难的过程，尤其在孩子对家长过度依赖、家长对孩子过度保护已经成为习惯之后。这种改变需要家长有极度毅力，此时家长的焦虑是甚于孩子的。

4.2 警察模式

4.2.1 模拟情景

汪洋上初中一年级了，考试后不久有一天，爸爸叫住了他。

"汪洋，考试成绩出来了吗？"

"怎么了，爸爸？"

"我问你考试成绩出来了吗？"

"出来了。"

"你考多少分呀？"

"65分。"

"最高分多少？"

"不知道。"

"最低分多少？"

"不知道。"

"你怎么什么都不知道？我怎么就听说×××考100分，听说你的分数最低呢。"

"你都知道了，为什么还要问我？"

"你这孩子，说话怎么这样？我为什么就不能关心你？你怎么是这个态度？考试成绩不好你就不感到脸红？"

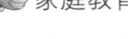家庭教育手册——动力沟通之家庭教育篇

"……"

"怎么不说话了?我早就告诉过你,要用功学习,向×××看齐,不要看电视,不要跟×××玩,可是你怎么样呢?今后你必须……"

4.2.2 模式分析

有些家长认为,作为家长的任务就是不让孩子犯错误,他们会像个警察一样,花很大精力监视或盘问自己的孩子,对孩子任何一点违规的行为说"不",他们希望通过监视和控制来让孩子走上正确的成长道路,至少不让孩子给他们做什么"丢脸的"事,但结果常常事与愿违。

警察模式常常具有如下特征(当然,真正在生活中,警察本人作为家长常常是很慈爱、很成功的,我们在这里只是借用这个词的某些含义而已):

特征一:孩子的口头禅是"不知道"或"忘了"。警察模式的家长的目的是避免孩子犯错误,因此他们感兴趣的是发现孩子的错误并进行"教育",如果某一天孩子没有犯错误,或者没有发现孩子犯错误,那么这一天就会平平淡淡,没有任何"教育意义"。久而久之,孩子就会发现,在跟这样的家长对话时,最安全的回答就是"不知道""忘了",不提供任何信息,以避免家长对自己发生兴趣。

特征二:孩子对家长持有敌意。融洽的关系只有在相互尊重的气氛下才能产生,而警察模式的家庭教育缺乏的正是尊重。家长由于担心孩子不懂事、会闯祸,常常把温柔的爱心隐藏起来,板着面孔教训孩子;孩子害怕家长了解自己的隐私,并且因为感受不到家长的爱心,因而变得冷漠。家长与孩子之间的沟通越来越困难、越来越少,家长越来越恼恨孩子不跟自己交心,而孩子越来越恼恨父母武断地干涉自己,因此家长与孩子之间的敌意则越来越强。

4.2.3 家长误区

误区一:沟通不良。警察模式的家长与孩子的对话常常是以盘问开

始,以责备为高潮,然后以定规则为结束,孩子在对话过程中则是尽力以"不知道""忘了"作为抵抗手段,真有点警察审嫌疑犯的味道呢。这种沟通模式是高高在上,是充满审视、充满不信任的,让孩子非常不自在。

误区二:价值判断。对别人的意见只有接受、不接受两种选择。此类家长的价值判断多为不接受,觉得孩子不成熟,必须接受自己的价值观。

误区三:追根究底。依自己的想法不断地追问或探查别人的隐私。

误区四:好为人师。依自己的经验提供忠告。

误区五:投射过度。总是根据自己的行为与动机衡量别人的行为与动机。

4.2.4 应对方法

原则一:平等原则。家长要不断改善自己的认知,意识到孩子和家长是平等的人,作为家长的责任是在孩子还不能独立生活的时候照料他们的物质生活,并把自己的生活作为一个样板展示给孩子,让孩子自由地选择自己的生活道路。

原则二:接纳、理解与尊重。接纳的态度是基于"人具有无上的价值与尊严"这个前提上的,人的尊严是所有价值清单中最至高无上的;人有权利为自己作任何决定,有权利过自己的生活;每个人(无论他刚出生还是100岁)都具有能力或潜能去作明智的抉择,同时也有能力过充实、自我实现及对社会有益的生活;每个人都必须为自己的生命负责。父母所需要做的就是认真观察自己的孩子,接纳、理解自己的孩子,给孩子做助手。

真正有效的家长会真心尊重孩子,会保护孩子的尊严,不会讽刺、贬低孩子。他们知道,尊重会带来尊重,而蔑视只会带来蔑视。尊重孩子选择的权利,就是尊重孩子成长的权利,尊重孩子的人格。作为一个社会性的人,每个人都渴望被人理解和尊重,理解和尊重本身就能激发一个人内在的活力。

4.3 好伙伴模式

4.3.1 模拟情景

贾斌是一个不爱学习、爱逃学的孩子,妈妈知道贾斌有这个特点,但是总不忍心跟孩子发生冲突,总是希望给孩子自由,让孩子有朝一日自己觉醒。下面是他们一天早上的对话。

"妈妈,我今天头痛,不能去上学了。"

"斌斌,好好的怎么会头痛呢?不上学可怎么好吗?"

"我就是头痛嘛,去上学又听不了课,又有什么用呢?"

"那我陪你上医院吧,我现在就给单位打电话,也给你们老师打电话请假吧。"

"妈,你去上班吧,我睡一觉就好了。你给我们老师打个电话就行了。"

"斌斌,这样做行吗?要不要我陪你呢?"

"妈妈,没事,打完电话你就上班走吧,我休息一下就好了。"

"那好吧,中午你想吃什么呢?……"

4.3.2 模式分析

人们谈到家庭,常常谈到"代沟"这个词,很多人认为代沟的存在,使得家长和孩子不能相互理解,而产生了种种矛盾和冲突,所以很多现代家长试图超越"代沟",完全从孩子的角度出发,采用孩子的思考方式,不给孩子提出任何成人社会的要求,跟他们做好朋友。

仅仅看上面这番谈话,似乎还没有什么问题,似乎还表明了母亲与儿子之间的相互信任,可是随后发生的故事却表明儿子和母亲之间似乎没有什么信任:母亲上班走后,儿子贾斌一骨碌爬起来,快速地出门,上了游戏厅,进入了激烈的游戏场景。

所以,父母是否要给予孩子无限的信任,是要看孩子的行为表现的，就上面"假病"的例子说，如果这个孩子自理能力非常强、非常热爱学校学习，偶尔出现这种情况，父母是可以信任孩子的；如果孩子平时就不爱学习，学校老师甚至经常反馈说孩子逃学，那么"假病"孩子的母亲这样做，就是不负责任。她这么做，典型地体现了好伙伴型的家庭关系的特点：父母对管教孩子缺乏信心；在家庭中孩子缺乏挑战自己的机会；孩子主要从同龄群体中接受影响。

4.3.3 家长误区

误区一：父母对管教孩子缺乏信心。好伙伴型的家长常常对自己就缺乏自信，再加上认为自己不了解孩子，因此基本上放弃了"管教"孩子的权利，放手让孩子决定自己的事。

误区二：剥夺了孩子挑战自己的机会。只有经常面临超出自己能力范围的问题，人的能力才有发展和提高的机会。但是，好伙伴模式的家长经常站在好朋友的立场上保护孩子，所以孩子在家庭中很少有机会面临挑战。

误区三：同龄群体成为影响孩子的来源。孩子无法从家长身上得到指导，只好向其他人群学习，主要从同龄群体中接受影响。家长与孩子由于年龄的差异，同时由于家长养育孩子的义务，所以家长与孩子从来都不是真正意义上的伙伴。由于家长不了解孩子，同时由于家长从来不对孩子提出什么要求和挑战，所以孩子主要从同龄群体中寻找乐趣和挑战，接受同龄群体的价值观。

一般的孩子尽管也接受同伴的影响，也接受同伴的价值观，但是他们有父母作为自己的顾问，知道父母和社会对自己的期许，因此他们更容易适应社会，更容易走向成熟。但是，好伙伴模式家长的孩子就没有这样的机会，同龄群体的影响成为了他们的主要渠道，因此他们会更胆怯，也更容易冲动，更不容易适应社会。

4.3.4 应对方法

核心一：增强家长本人的自信心，补充关于孩子心理发展的知识，使他们敢于和善于对孩子提出要求和挑战。

核心二：父母是孩子的监护人，父母是孩子的领导，父母要对孩子的行为提出必要的要求。

4.4 运动教练模式

4.4.1 模拟情景

女儿要选择上大学了，父亲给孩子寻找了各个大学的资料，跟孩子分析了不同大学的特点，然后让孩子自己去决策。

女儿：爸爸，那我应该怎么办呢？

父亲：孩子，这是只有你自己才能作的决定。

女儿：爸爸，一直都是我在作决定，你为什么不能就替我作这一次决定呢？

父亲：我是如此地爱你，以至于不忍心把决定权从你那里夺走。你自己的决定，有好有坏，可这毕竟是你的决定呀。只有你自己作了决定，体验了决定不同的后果，你才能越来越会做出更好的决定。

女儿：爸爸，我知道你爱我，也尊重我的决定。我想让你帮我分担我内心的冲突。

父亲：是的，我知道你有冲突，要是我面临这么多选择，我也会很冲突。所以，不管你作出什么决定，无论你选择什么大学，我和你妈都永远支持你！

4.4.2 模式分析

好的父母就像教练一样，他们知道：师傅领进门，修行在个人。

1）教练不参加比赛，比赛是运动员的事。比赛一旦开始，不管输赢，都在于运动员的表现，教练只是一个旁观者。家长也一样，生活是孩子自己的生活，家长的愿望无论怎样迫切，都不能替代孩子。

2）在训练中，教练给运动员提供技能上的榜样、情感上的支持和鼓励。家长也一样，通过行为熏陶，为孩子树立榜样，通过感情交流，让孩子觉得安全和温暖。

3）在训练后，教练员和运动员是朋友，运动员尊重教练，教练爱护运动员。家长也一样，随着孩子成长，家长的权威角色越来越淡化，朋友般的亲密与信任关系越来越强烈。

我们知道，生活是孩子自己的事情，生活是一场马拉松，是一场孩子自己的马拉松，明智的父母会陪伴孩子一段路程，会教给孩子必要的技术和规范，会为孩子参加训练和比赛创造比较好的条件，然后就充满期待地关注着孩子的表演。

但是，往往有一些不明智的父母，他们代替孩子做运动员，一直陪着孩子，甚至背着孩子参加比赛（殉难者型父母），结果使孩子丧失了能力和活力；还有一些家长，自己替孩子作选择、作决定，认为自己的决定和选择比孩子的决定和选择明智，结果使孩子丧失了决断力（警察型父母）；还有一些父母，他们不对孩子提出任何要求，不教给孩子任何技巧，不给孩子提出任何挑战（好伙伴型父母），结果使孩子丧失了很多发展的机会。

话家常37：她生气、我暴躁

此刻，我不到8岁的女儿正在厨房给我4岁的儿子洗草莓，而这之前的几分钟，女儿正在替我拖地。这让我感觉到"幸福"：通过7年多来的无数奉献、情感表达、说教、各种好的和坏的教育方法，到今天，我已经收获了一个会"爱"的孩子。当我沉浸在这种幸福之中时，就会觉得：这样美好的一个孩子，为什么还要去责备她？可是，当我看到她因为一段曲子弹不好而把钢琴书扔到地上，坐在那里嚎哭的时候，又完全不能抑制内心的怒火，冲她咆哮。

说起这不算太短的几年的教育孩子经历，可以用两个字来描述：纠结。就这样在怒和乐之间纠结着，不知道该怎样化解。读了很多育儿书，也获得了不少智慧，可是经常带来的是波动性的影响，当自己的愤怒被点燃的时候，头脑和嘴巴被本能支配，一切来自书籍的智慧都靠边站了。

上完动力沟通版的家庭教育课程的第一天晚上，我拉着老公，躲开孩子，把我的笔记跟老公进行了分享。在这之前，我们对于家庭成员"共同成长"一直有着共识，父母高度决定了孩子的高度（当然不只是遗传学的意义）。并且我们从理智上坚定地认为，孩子只是借我们的身体来到这个世界上，他们其实并不属于我们。但是现在自省，其实我们的成长速度，没有匹配上孩子的成长速度，所以才会纠结；因为爱上他们而将他们据为己有了，所以才会纠结。

可能是因为内心深处有着对纠结的困惑和一定的反省，所以课程中，非常打动我的一句话是：

"教育的本质就似乎是，在孩子伤害他人时，代表社会和他人惩罚孩子，同时不要用责备的方式让孩子变好（父子之间不责善）。责善，是在阉割（心理学术语，指把自己的意志强加于他人）孩子。"

说来容易做来难。女儿学习钢琴已经两年多了，随着难度加大，孩子的抵触情绪也水涨船高，直至每天的练琴时间成为我家的噩梦时刻：孩子哭、大人叫，完全无法"共度充实愉快时光"。

我家的钢琴练习经过了这样的历程：从孩子喜欢，蜕化至学一门乐器，提高音乐修养，又蜕化至锻炼孩子意志品质。

伴随着孩子的抵触，我也曾经想过放弃，并咨询授课老师的意见，但会商之后的共识是：将课程内容调回一年前，重新学习简单的内容并重新打基础。教材和教学方法彻底更新。经过调整，孩子的练琴状态可以说有了逆转，但是仍然不能说是"喜欢"。

今天的家庭教育课程结束后，我跟孩子进行了一次交谈。

我：宝贝，你喜欢练琴吗？

女儿：不喜欢！

我：你愿意那些优美的曲子能够从自己的手中弹出来吗？

女儿点点头。

我：那你为什么不喜欢弹钢琴呢？

女儿：太难了。

我：你是因为难才不喜欢弹琴，还是不喜欢弹钢琴这件事本身？如果弹琴没这么难,你还是挺喜欢的,对吗?

女儿又点点头。

这次对话,使我觉得有理由和孩子一起再坚持一阵子。"难"是一种心理感受,我今后的重点,也许该落脚到如何让孩子在这种"难"中也能有快乐的体验。

她生气、我暴躁的局面只能使她更觉得弹琴的时光很艰难,而过去我所反对的弹一支曲子、吃一些水果的做法,现在看来,也未必不可取了。如果我自己都是一边写稿子一边吃东西,又怎么能要求孩子有我希望的所谓"良好习惯"呢?

就像王老师在说到"好教练"时提到的:"只要符合自己的良心和理性,符合运动员发展的需要,符合现场氛围(观察到的特点),可以违背社会准则、职业操守等。不要被规则和社会准则阉割。"

也许对于王老师提倡家庭教育的教学内容,我的理解存在偏差,但是也许我偏差的理解,恰好可以治疗我家育儿方面的"病",不管怎样,值得试试。

(作者:王 旗)

> 从时刻准备上场与孩子较劲、教训孩子的角色,退回到教练的位置,把孩子当朋友,研究孩子,设身处地,帮助孩子分析处境,激发孩子的动力,这位妈妈正在尝试做一个好的运动教练。

话家常38:绞杀与成长

热带森林的植物界中有一种绞杀现象。柔软的植物通过支柱植物依附、缠绕、包裹、吸收,从而把支柱植物杀死而让自己成长和繁荣。通常是绞杀植物的幼苗附生于"支柱植物"上,长出气生的网状根系包围树干并向下扩展,直到伸入地下生成正常根系。从土壤中吸收养分后生长加快,网状根膨大并愈合为网状茎,支柱植物则被绞杀致死。

这种现象可以用来解释很多家庭教育的现象……

成人对儿童的绞杀

成人对儿童的绞杀也是一种常见现象。

一些成年人,为了自己的面子,为了自己未实现的理想或梦想,把儿童当作工具。儿童以他们幼小的心灵、头脑和身体,扛起了家长的面子和理想。

有一种家长,叫"警察型父母",成人在跟孩子接触时,事事以成年人自己的想法为标准,对孩子进行评价和指责,似乎一天不批评孩子,孩子这一天就会不成长或者出问题。

有一种家长,叫"殉难型父母",生怕孩子出意外,把孩子拴在自己的"裤腰带"上,结果满足了家长保证孩子安全的焦虑心理,但是,可能阻碍了孩子的自主发展。

所有这些做法,都是丧失了对孩子需要与个性的觉察,都是家长把自己的想法和愿望依附在孩子柔弱的身体和天真的心灵上,让孩子满足家长自己的需要和面子,这是对孩子的典型"剥削"或"绞杀"。

儿童和年轻人的成长

成人是儿童天然的、合乎道德的"绞杀"对象。在儿童对成年人的"依附、包裹、利用、吸收"中,文明得以继承和发展……

儿童依附家长、教师,像海绵一样吸收家长的注意、精力和智慧,最后"沉舟侧畔千帆过,病树前头万木春"……

在儿童成长的过程中,明智的家长和教师,会让孩子"绞杀"家长的智慧和精力,让孩子更加繁荣。

但是,他们也会"绞杀"孩子的一些"自我中心"并且"伤害他人"的天性。当孩子的要求对他人、对社会造成伤害时,家长也会毫不留情地进行批评。

一位对孩子有着深刻研究的心理学工作者曾经讲过这样一个例子:

当你四五岁的孩子因为愿望没有满足,躺在小区的人行道上大哭时,你会怎么办?

很多人回答:

1)不理他,让他哭去。苦累了,他就不哭了。

2)把他抱走,但是不能满足他的欲望。

3）告诉孩子，快起来，别受凉了。

……

但是，这位心理学工作者建议的答案是：

非常认真严肃且冷静地对孩子讲：快起来。这里是公共的走道，你躺在这里会影响大家走路。你不能因为你的行为，影响大家。

这么说，孩子往往就会停止哭声，跟着家长走了。如果这时孩子不走，继续哭，就可以强行控制孩子了。因为，这时的强制，不是为了家长自己，也不是为孩子，而是为了大家，为了社会……这可能就是对孩子身上缺点的"绞杀"吧。

但是在绞杀缺点之后，马上和善地对孩子说："刚才，妈妈（或爸爸）惩罚的是你身上的错误。现在把错误惩罚走了，你还是妈妈（爸爸）的好孩子。妈妈（爸爸）永远爱你。"然后，继续默默地关注孩子，作为孩子成长的背景，让孩子踏着自己的精神躯体成长，让孩子"吸收、消化"自己……

人活着，不是被别人在精神上"绞杀"，就是在精神上"绞杀"别人。若拥有一颗年轻的心，最合理的方式，就是坚持对自己、他人和环境的觉察，站在巨人的肩膀上，"绞杀"巨人（如伟人，如肩负教育年轻人义务的家长和教师等），从而为更多的人作好服务，作出贡献，并期待被更年轻的心"绞杀"。

话家常39：谁是父母，谁是孩子？

动力沟通提出，在身体上，孩子是父母的孩子；在精神成长方面，孩子是父母的"父母"，父母是孩子的"孩子"。

这个听起来有些"颠覆"的观点，基于以下的理由：

1）身体上孩子是父母的孩子，这个似乎好理解，也不存在异议。家长给予孩子肉体之身，在孩子身体的成长上，父母做到了充分满足，及时满足。

2）在精神成长方面，孩子是父母的"父母"，父母是孩子的"孩子"。在动力沟通核心理论自我金刚模型中，每个人都是一个家庭。这个家庭是一个金刚石模型（详见第一单元，图1-3）。构成金刚石底座三角形的三个点分别是身体（父亲）、感性（母亲）和理性（孩子）。在这个模型里，所有的符号系统内容（即理性），包括语言、概念、逻辑、思维、分析、判断、推理、计划、总结等，都以孩子作为意象。而无法言说的感受以母亲为意象，身体行动则以父亲来象征。

在一个家庭里，使用着语言、概念、逻辑的，恰恰是父母们，而孩子们却是只用行动和感受来体验自己、体验与父母的关系、体验世界的。现实中的孩子，在自我金刚模型里承担着父亲（身体、行动）和母亲（感受、体验）的角色。所以现实中的父母们，以理性"孩子"的角色，不断向作为"父母"的孩子，提出要求，讲规划、谈设想，并从现实中孩子的行动（父亲）和感受（母亲）的无言反馈中获得精神上的成长。

3）孩子和父母谁大的问题。孩子和父母同时"出生"。孩子出生前，父母不是父母，他们仅仅是夫妻或是成年已婚男女，孩子出生后，夫妻、成年已婚男女升格为父母。同时父母在孩子出生时，就欠下孩子一份情，因为是父母"硬"把孩子带到这个世界的。

4）针对目前普遍存在的家长对孩子"厌学"的抱怨现象的几点思考。在学习等儿童的精神成长领域，孩子是父母的"父母"，父母是孩子的"孩子"。"孩子"在向"父母"提要求，制订规划和设想时，要考虑"父母"的实际情况，考虑"父母"有无能力和条件满足自己的要求，达成目标，应该同"父母"协商而非命令。

然而，现在常见的情况是：年富力强的"孩子"不断向年幼的"父母"提出要求，不断地替"父母"规划和设想，并要求"父母"严格按自己的要求、规划和设想去做，一旦年幼的"父母"怠慢或是流露出不满，就会引来这些成人的"孩子"们的不满、抱怨，给自己精神上的"父母"贴上各种标签——不听话、不主动、不感恩……甚至于完全按照自己的想法，为自己精神上的"父母"报各种培训班、学习班，寻医问药，完全不顾及年幼的"父母"的感受！

试想，如果你的孩子是这样，你内心早在骂这是逆子了！哪有心思按照他说的去做！但是，我们的家长在要求孩子学习时，却常常犯了同样的毛病。

第四单元　家庭教育的四种模式

　　让我们再次强调：家长，只是孩子身体上的父母！孩子们的精神世界，是由他们自己去丰富、去提升的！家长，只是孩子精神成长的观察者和享受者！

第五单元 夫妻向父母的过渡

当两个个体脱离原生家庭组成一个新的核心家庭时，大多数都面临着一个新的社会任务，即生孩子，并养育孩子，完成向父母角色的转变。本单元讨论夫妻为什么愿意要孩子及胎教的问题。

第五单元　夫妻向父母的过渡

5.1　夫妻为什么愿意要孩子

医学的发展给当代人提供了一种前所未有的选择机会：要不要孩子和什么时候要孩子。生理原因已经几乎不再成为年轻的夫妻要不要孩子的理由，要孩子成了夫妻主动选择和计划的事。那么夫妻想要孩子的动机是什么呢？原因可能有很多，如孩子给夫妻带来很多新的体验，使年轻人满足了自己父母的期望等。具体说来，有如下一些原因，它们共同影响、共同作用，使得夫妻作出了自己的选择。具体来讲，人们选择要孩子，主要是基于下列一些原因。

第一，完成社会的期待。目前，生孩子是人类繁衍自身的最重要手段，从社会的一般期望来讲，作为夫妻，有了孩子才算"功德圆满"，自己也有一种成就感。社会传统也鼓励夫妻要孩子（表5-1）。

表5-1　传统的观点

类别	有孩子的夫妻	没有孩子的夫妻
道德	抚养孩子似乎是夫妻的一种道义上的责任。	不要孩子似乎是在拒绝一种道义或宗教上的责任。
自然	有孩子的家庭显得很自然。	没有孩子的家庭显得不自然。
性能力	有孩子是夫妻性能力的证明。	没有孩子似乎有暗示性无能的可能性。
婚姻的价值	孩子赋予了婚姻意义，避免离婚，可能增加婚姻生活的满意度。	没有孩子似乎降低了婚姻的意义，增加了离婚的可能性，降低婚姻生活的满意度。
心理健康	做父母显示了社会性的成熟和人格的稳定。	没有孩子似乎表明了社会性的不成熟和情绪的不稳定。

第二，两个人连接起来的感觉。孩子是夫妻双方共同的创造，通过孩子夫妻双方感到彼此融合在一起了。他们不仅共同造就了孩子的生命，还要一起抚养孩子，一起教育孩子。总之，孩子是双方结合的结果，也给双方的结合创造了更多机会。

第三，生命有"后"的感觉。孩子带着自己的基因和影响生存在这个世界上，使脆弱、短暂的人体体会到生命的延续及永恒的意义，使为人父母者更能勇敢地面对生活。因此，英国哲学家培根关于孩子对夫妻的意义，曾经写下了这样的文字：

父母的欢欣是秘而不宣的，他们的忧愁与畏惧亦是如此。他们的欢欣他们不能说，他们的忧惧他们也不肯说。子嗣使劳苦变甜，但是也使不幸更苦。他们增加人生的忧虑，但是他们减轻关于死亡的记忆。由生殖而传种是动物同有的。

第四，清楚的人生目标，感到自己被需要、有价值。做了父母之后，夫妻成了爸爸、妈妈，成了孩子的保护人，孩子的需要成了父母的需要，父母必须保护、抚养、指导孩子，因此人生的目标更为实际和明确。心理学家阿德勒曾经对人的这种需要进行过深刻的描绘：人们渴望生存，但人们更渴望被人需要，这种对生存价值的需要比生存本身更为强烈。人是唯一会因为活着没有意义、失去生活目的而去自杀的物种。

因此，父母能够被孩子需要，会给父母带来更多意义和价值。也正是因为这个原因，当孩子长大了，离开了父母去组织了新的家庭，有的父母还会感觉到失落。

第五，孩子可以帮助父母体验新的生活。自己的孩子从降生到幼年，从幼儿园到中学，从青年到他们又成家，父母目睹着孩子这系列成长过程，心中时时会产生喜悦、惊奇或迷惑，从而产生了被赋予新的生命、又活了一次的感觉。这么近距离、这么长时间地观察另外一个人的生命，这是只有父母才有的机会和权利。

心理学家也研究人，有的也研究婴儿，但是心理学家要研究人，是需要付费的。在美国，心理学试验的被试费往往要一小时50美元；在中国，往往也要一小时10~50元人民币。但是，作为父母，你可以不用支付费用，密切地观察孩子，这是一种多么珍贵而又丰富的研究和体验机会呀！

第六，经济上的原因。中国有句老话，"养儿防老"，的确在过去以农业生产为主的自然经济条件下，老人在自己失去劳动能力后主要依靠家庭，依靠孩子照顾自己。正如《家庭论》中所描述的：

中低等收入的父母和孩子之间往往有一种隐含的契约——父母对孩子进行投资，孩子以赡养年迈的父母作为回报，这种契约不全靠社会制裁来得到执行……父母和孩子都能因为这种契约而生活得更好一些。

但是，在当今的城市中，"养儿防老"的观念基本上消失了，当代的城市父母都知道自己的老年主要是靠自己、政府和社会，孩子经济上对家长进行回馈的希望可以说基本上没有了。相反，经济的原因成了很多夫妻不要孩子的理由，因为在城市抚养孩子不仅需要投入精力，而且还要花费大量的金钱。

父母要了解自己要孩子的动机，随时反思自己与孩子的关系，这样才能在与孩子的接触过程中保持理智，增强家庭教育的效果。

5.2 胎 教

胎教这个词最早出现在汉朝刘向所著的《烈女传》中，其中描写了周文王的母亲在怀孕时候的行为："大任之性端一诚庄，唯德之行。及其有娠，目不视恶色，耳不听淫声，口不出敖言，而生文王。文王生而明圣，大任教之一而识百，卒为周宗。君子谓大任为能胎教。"

大意是，周文王的母亲人品很好，在怀周文王时，非常注意周围的环境，说话也非常温和。因此文王生下来时，非常聪明，教给他一件事，他能够联想到100件事，后来终于成了周朝的开国宗主。因此人们都夸周文王的母亲大任能够进行"胎教"。

汉朝的《大戴礼记》也记录了大任的孙媳妇，也就是文王的儿子武王的媳妇在怀成王时，也注意了胎教："周后妃任成王于身，立而不跛，坐而不差，独处而不倨，虽怒而不詈，胎教之谓也。"

大意是：周后妃怀成王时，站着不踮脚尖，坐的时候不叉着腿，一个人的时候也不傲慢，发怒的时候也不说恶话，这就是胎教呀。

因此，纵观古人的观点，我们认为，所谓胎教，就是通过各种措施提高妊娠期母亲的心理健康水平，过一种平静愉快的生活。

为什么在孕妇怀孕时一定要采取各种措施提高孕妇的心理健康水平，让她们过一种平静愉快的生活呢？这是因为怀孕是一种应激事件，会给孕妇带来很多生活习惯的变化并产生较大的心理压力，如果不注意，会影响孕妇的健康，并进而影响胎儿的健康。因此，在孕妇怀孕期间，我们建议采取如下胎教措施：

1）丈夫及周围人的细心照顾，减轻孕妇的心理压力；

2）孕妇自己的心理调节，做一些自己喜欢的轻松的事情，如散步、听一些舒缓轻松的音乐，从而保持一种愉快、轻松的心态；

3）戒除不良习惯，如抽烟、喝酒、熬夜等；

4）不接触有毒、有害的化学物质，不接触放射性物质等。

话家常40：生活事件量表

为了评价生活事件的变化对个人心理和生理健康的影响，Holmes和他的助手制作了一个记分量表，来评价压力增加时人们的健康危险性。在使用这个量表时，要求把个人去年一年所有的生活事件的生活变化指数加起来，把总数跟下面的标准进行比较。

0~150：没有明显的问题

155~199：轻微的生活危机（疾病的概率为33%）

200~299：中度的生活危机（疾病的概率为50%）

300或300以上：严重的生活危机（疾病的概率为80%）

根据下面的社会再适应量表的具体项目可以看出，与怀孕有关的压力事件就有9项之多（加星号的项目），生活变化指数累计高达240，属于中度的生活危机，身心疾病的患病率达到50%，这一危机事件需要夫妻双方的高度重视，以及有关的亲戚、朋友和各种社会服务机构的热情帮助才能顺利渡过。

1）配偶死亡100

2）离婚73

3）夫妻分居65

4）囚禁63

5）亲密家庭成员的死亡63

6）受伤或生病53

7）结婚50

第五单元 夫妻向父母的过渡

8）失业47

9）婚姻调解45

10）退休45

11）家庭成员的健康状况变化44

*12）怀孕40

*13）性行为困难39

14）新家庭成员的到来39

15）事业重新调整39

*16）经济状况的变化36

17）亲密朋友的死亡37

18）工作种类的调整36

19）跟配偶争吵次数的变化35

20）为了大宗买卖而进行贷款或抵押31

21）贷款或抵押的结清30

*22）工作责任的变化29

23）孩子离家29

24）法律上的麻烦29

25）卓越的个人成就28

26）配偶开始或停止工作26

27）学期开始或结束26

28）生活条件的变化25

*29）个人习惯的改变24

30）与老板有麻烦23

*31）工作时间或条件的变化20

32）居住地的变化20

33）学校的变化20

*34）娱乐的变化19

35）教堂活动的变化19

*36）社会活动的变化18

37）两万美元以下的贷款17

38）睡眠习惯的变化16

39）经常住在一起的家人数目的改变15

*40）吃饭习惯的变化15

41）假期13

42）圣诞节12

43）小小的违法行为11

注：*表示跟怀孕有关的生活事件。

动通加油站

> 动力沟通追求：对沟通多方共同有利；对沟通多方的现在有利；对沟通多方的精神成长有利。
>
> 动力沟通是由有责任感的尊重理性和道德的成年人实施的，服务于一切阶段一切人的一种沟通方式。通过沟通，促进沟通双方的合作，达成共识，共同劳动和创造，从而在自己精神成长的前提下，创造新的物质和社会财富。

第六单元 不同年龄阶段的家庭教育

家庭是长远教育和终生教育的场所。一个孩子经历出生、成长,在不同的年龄阶段呈现出不同的生长规律,既有方向性、顺序性,又有不平衡性,既有普遍性又有差异性,家庭教育策略也需要随之灵活变化以适应并促进孩子的生理成长与精神成长。本单元在荟萃儿童发展心理学的主要理论的基础上,提出了从零岁开始的不同年龄段的家庭教育策略。

6.1 不同阶段儿童的年龄特点

儿童的心理发展是连续性与阶段性的统一，不同的心理学家根据自己的研究兴趣的不同，提出了不同的阶段划分，目前受到广泛接受的是皮亚杰、艾里克森和科尔伯格的相关理论。

6.1.1 皮亚杰的儿童发展阶段论

皮亚杰从儿童认知发展的角度研究儿童的心理发展过程，他把儿童的心理发展划分为四个阶段。

（1）感觉运动阶段（0~2岁）：这个阶段儿童主要凭借感知和运动之间的关系获得动作经验，儿童的智力主要以动作来体现，在他们动作发展的过程中，这些活动逐渐内化在大脑中形成了一些的心理模型（图式），以此来适应外部环境，并在适应中不断促使大脑中图式逐渐发展和变化。在1岁以前，婴儿手的抓取和嘴的吸吮是他们探索世界的主要手段。9~12个月，儿童逐渐获得了客体永久性，即当某一客体从儿童视野中消失时，儿童知道该客体仍然存在，并且有可能试图去寻找。

（2）前运算阶段（2~6、7岁）：这个阶段儿童的主要特征是把上一阶段中获得的感知运动图式内化为表象系统，具有了符号功能，开始能够运用语言或符号来代表他们经历的事物，但还不能很好地掌握概念的概括性和一般性，具体表现有：

1）泛灵论：认为外界的一切事物都是有生命的。

2）自我中心：不能从他人的角度看待问题，认为所有的人与自己都有相同的感受。

3）思维的不可逆性：认为a>b和b<a说的是两件完全不同的事情，认为"朝三暮四"和"朝四暮三"有本质的不同。

4）未掌握守恒：守恒是指不论事物的形态如何变化，儿童都知道其本质是不变的。如同样多的水，无论倒在细长的量筒中还是倒在低矮的盘子中，水都是一样多的。但处于前运算阶段的儿童还不能掌握守恒，表现为儿童在作出判断时只能从一个维度（如高度或底面积）考虑问题，不能同时运用两个维度。这一阶段的认知活动处于表象思维水平。

（3）具体运算阶段（6、7岁~11、12岁）：这个阶段儿童的主要特征是获得了守恒概念，思维具有可逆性，可以进行逻辑运算，但仍需具体事物的支持，因此，这一阶段的认知水平处于依靠具体经验支持的逻辑思维水平。

（4）形式运算阶段（11、12岁~14、15岁）：这个阶段儿童的主要特征是思维摆脱了具体内容的约束，使形式从内容中解脱出来，能够提出假设，凭借演绎推理等形式解决抽象问题，其认知活动达到抽象逻辑思维水平，并且思维的逻辑性达到了成年人标准。

除一般性的认知发展外，皮亚杰还对道德认知的发展进行了研究。根据研究结果，他把儿童对道德认知的发展分为三个阶段。

（1）前道德判断阶段（4~5岁）。这个时期儿童尚不能判断，他们直接接受行为的结果，属于前道德判断阶段。

（2）他律道德判断阶段（4、5岁~8、9岁）。他律道德判断是指儿童道德判断受他自身以外的价值标准支配，这个阶段儿童对行为作出判断时，主要是依据行为的物质后果，而不考虑行为者的主要动机。

（3）自律道德判断阶段（8、9岁以后）。在自律道德判断阶段，儿童的道德判断开始受他自己的主观价值标准支配。

6.1.2 艾里克森的人格发展八阶段理论

20世纪40~50年代，新精神分析学派兴起，其突出的代表人物是美国的著名精神分析理论家艾里克森（E. Erikson）。艾里克森的人格发展学说既承认性本能和生物因素的作用，同时更强调文化和社会因素的作用；艾里克森认为，在个体发展的不同时期，社会对个体提出不同的要求，在个体自身的需要和能力与社会要求之间就出现了不平衡现象，这种不平衡给个体带来紧张感。艾里克森将社会要求在个体心理中引起的紧张和矛盾称为心理社会危机。

根据个体在不同时期的心理社会危机的特点，将个体人格发展过程划分为八个阶段。每个阶段都有其特定的发展任务，每个阶段都存在着特有的心理危机。他认为，个体人格的发展过程是通过自我的调节作用及其与周围环境的相互作用而不断整合的过程。人格发展任务完成得成功或不成功，就会产生人格发展的两个极端，属于成功的一端，就形成积极的品质，属于不成功的一端，就形成消极的品质。教育的作用就在于发展积极的品质，避免消极的品质。艾里克森的人格发展八个阶段的发展任务和所形成的良好人格品质分别是：

1）婴儿前期（0~2岁）：这一阶段的主要发展任务是获得信任感，克服怀疑感；良好的人格特征是希望品质。在这一阶段，抚养者的核心任务是让孩子觉得舒适和安全。

2）婴儿后期（2~4岁）：这一阶段的主要发展任务是获得自主感，克服羞耻感；良好的人格特征是意志品质。在这一阶段，抚养者的核心任务是在保证孩子安全的前提下，减少对孩子的约束和限制。

3）幼儿期（4~7岁）：这一阶段的主要发展任务是获得主动感，克服内疚感；良好的人格特征是目标品质。在这一阶段，抚养者的核心任务是鼓励孩子的想象力，让孩子获得主动性。

4）童年期（7~12岁）：这一阶段的主要发展任务是获得勤奋感，克服自卑感；良好的人格特征是能力品质。在这一阶段，父母和教育者要培养孩子努力工作、取得成就并得到社会认可。

5）青少年期（12~18岁）：这一阶段的主要发展任务是形成角色同一性，防止角色混乱；良好的人格特征是诚实品质。在这一阶段，父母和教育者要帮助孩子整合自己的不同角色，获得自我同一性。

6）成年早期（18~25岁）：这一阶段的主要发展任务是获得亲密感，避免孤独感；良好的人格特征是爱的品质。在这一阶段，青年人的核心任务是要与人建立亲密关系，增加与人的联系。

7）成年中期（25~50岁）：这个时期的主要发展任务是获得繁衍感，避免停滞感；良好的人格特征是关心品质。在这一阶段，成年人要取得成就、抚养孩子，以便看到自己对社会的影响。

8）成年后期（50岁以后）：这一阶段的主要发展任务是获得完善感，避免失望或厌恶感；良好的人格特征是智慧、贤明品质。在这一阶段，成年人主要是避免遗憾，取得一种平静的心态。

6.1.3 科尔伯格的道德发展阶段论

科尔伯格（L. Kohlberg，1927—1987）是美国发展心理学家，他在皮亚杰认知发展阶段论的基础上，用道德两难故事法研究人的道德发展。在科尔伯格所编的故事中，以"海因兹偷药"的故事最为有名：

欧洲有个妇人患了特殊的癌症，生命垂危。医生认为只有一种药能救她，就是本城药剂师最近研制的一种新药。配制这种药成本为200元，但药剂师却索价2000元。病人的丈夫海因兹到处借钱，最终也仅仅凑得1000元。海因兹迫不得已，只好请求药剂师便宜一点卖给他，或者允许他赊账，但药剂师说："我研制这种药，正是为了赚钱。"海因兹走投无路，撬开了药店的门，为妻子偷了药。

针对海因兹偷药的行为，科尔伯格向被试提出了一系列的问题，如海因兹该不该偷药？为什么？假如海因兹不爱他的妻子，他是否应该去偷药？为什么？假如不是海因兹的妻子，而是他的朋友得癌症快要死了，他是否应该去偷药？为什么？等等，借以分析被试在回答问题时是如何进行推理的。科尔伯格对10多个不同国家的被试进行研究，发现尽管种族、文化和社会规范等各方面都不相同，但人的道德判断随年龄发展而发展的趋势却是一致的，大致可分为三种水平，六个阶段。

1. 前习俗水平

第一阶段：服从和惩罚的道德定向阶段。处于这一阶段的儿童，对成人或规则采取服从的态度，以免受到惩罚。

第二阶段：相对论者的快乐主义定向阶段。处于这一阶段的个体，在进行道德判断时开始比较行为和个人的关系，认为每个人都有自己的意图和需要，开始学会投桃报李：你对我好，我就马上对你好；你对我不好，我就马上要报复你。

2. 习俗水平

第三阶段：好孩子定向阶段。处于这一阶段的儿童认识到必须尊重他人的看法和想法，考虑到他人和社会对一个"好孩子"的期望和要求，并尽量按这种要求去做。在这个阶段，儿童已经开始从关心自己的需求发展到较全面地关心别人的需求，从而为自己塑造一个社会赞同的形象。

第四阶段：维护权威和社会秩序的定向阶段。处于这一阶段的个体开始从维护社会秩序的角度来思考什么行为是正确的，认识到每个社会成员都应当遵守全社会共同约定的某些行为准则，即强调对法律和权威的服从。

3. 后习俗水平

第五阶段：社会契约定向阶段。处于这一阶段的个体认识到法律不再是死板的、一成不变的条文，是可以通过共同协商和民主的程序来改变的。如果一个人感到法律有失公平，就有权利通过正当途径说服别人改变法律。

第六阶段：普遍道德原则的定向阶段。处于这一阶段的个体，其认识超越了法律，认为除了法律以外，还有诸如生命的价值、全人类的正义、个人的尊严等更高的道德原则。

科尔伯格认为，儿童道德发展的先后次序是固定不变的，这与儿童的思维发展有关。环境和文化的影响只能决定发展的速度或改变其道德的内容，但不能改变它的发展顺序。在生活中，要让儿童不断接触道德环境和道德两难问题，以促进儿童道德的发展。

话家常41：针对不同思维发展阶段的沟通

人的思维，经过这样几个发展阶段：

行动思维：用动作代替思维，所行即所思。新生儿或婴儿，就是处于这个阶段。

形象思维：头脑中开始出现一些意象，如"爸爸的胡子""妈妈的白衬衫"，孩子可以用这些词和意象，来描述他们看到的类似的事物。

概念思维：儿童开始能够使用一些概念，如"水果"来代替具体的"苹果""梨"，用动物来涵盖"猫"和"狗"等。

辩证思维：儿童，尤其是11~12岁以后的儿童，看到事物，开始能够看到两面性，有好就有坏，具有强烈的思辨和理想色彩。

实用思维：在成人后，成年人要担负起养家糊口的责任，要完成社会上的任务，因此，必须采用有利于"任务完成、自己和家人生存与发展"的行为方式。

处于不同阶段的人，面临不同的任务，需要不同的沟通措施和手段。

1. "辩证思维"的空想阶段

这个阶段的重点是明白自己的任务，明白自己要为谁服务。

如果是学生，就是孝敬父母（因为父母花精力养育了自己），就是在学校里表现好一些（因为教师、同学为自己创造了一个相对安全的、丰富的环境，避免了在社会上打工的伤害及一个人的孤独），从而在为父母、教师、同学的服务中，发展了自己。

如果是个缺乏危机感、不知道要为谁服务、只知道开玩笑、耍贫嘴的成人，那就收他的钱（咨询费），让他产生危机感，促进他为社会服务，并从为社会服务的过程中，找到自己发展的空间。

服务手段：通过觉察和呈现，帮助对方了解自己和身边的人，发展自己的能力，提高服务质量；同时对于青少年来说，自己的发展，就是对父母和老师的最好报答。

2. 对于"概念思维"阶段的小学中高年级学生，如何沟通呢？

核心任务：明白自己的独特性。

"概念思维"阶段的小学中高年级学生（8~12岁），非常容易用别人的标准判断自己，非常容易丧失自信心，非常容易用固定的标准攻击自己和别人。动力沟通者重点要让这个阶段的孩子，了解每个人都是不一样的，不能强求别人按照自己的观点行动，也不能强求自己按照别人的观点行动。

接受工具世界的残酷性。每个人都要靠艰苦努力取得成功。客观世界的任何一点改变，都需要人为之付出极大的努力。想学习好，要努力；想把教室的地打扫干净，要努力；想弹好钢琴、敲好架子鼓、吹好小号，都要努力；想玩好航模和游戏，都需要努力。想不劳而获，是不可能的。

及时发现每个人的努力，并及时强化，使他们的努力成为习惯。

很多成年人，其实就因为小学中高年级没有顺利度过，思维仍然停留在这一阶段的负性层面：希望不劳而获，让别人为自己服务；要用自己的观点约束别人，或者用别人的观点约束自己。

3. 对于"形象思维"阶段的幼儿园及小学低年级学生，怎样开展动力沟通呢？

鼓励孩子发展他们的想象力和自主性。这时的孩子，都是梦想家。所有的活动，对于孩子来说，都是一种游戏。他们可以在心中创造无数的意象和结局，他们的一点点动作，都具有无限的可能性和意义。

父母和老师要尊重他们的内心世界，尊重他们的意象。

父母和老师在尊重孩子意象的基础上，要鼓励孩子呈现他们的意象，并完成他们的意象。但是当孩子表现出不愿意继续某个自己的意象时，不要过于强迫他们。让一切，都自然发生。

4. 对于"行动思维"阶段的婴儿，怎样开展动力沟通呢？

给婴儿创造一个安全的环境，让他们吃好、睡好，能够自由活动。

观察婴儿，向婴儿学习。"大人者，赤子之心者也。"婴儿是最善于学习的，我们观察他们，向他们学习，就是最好的动力沟通。

与婴儿套近乎，看他们需要的时候，给予身体接触，照顾他的身体需要，是最好的向孩子学习的机会，而不要认为照顾孩子的生理需要是个麻烦。

5. 对于同样处于实用思维阶段的成年人，怎样开展动力沟通呢？

在行动上，尊重对方的物质利益和社会地位，不侵犯对方的身体、财产和社会声誉。

在心理上，承认、接受并觉察对方必然存在的思想观念上的差异、冲突和矛盾。

通过觉察与呈现、扰动与植入，共建属于双方的新的心世界，合作创造，共享利益。

6.2 新生儿的家庭教育

按照儿童心理学的传统观点，0~18岁阶段的个体，统称儿童，并且0~18岁的儿童根据他们年龄阶段，也可以划分为不同的时期，如新生儿期、婴儿期、先学前期、学前期、学龄初期、少年期和青年早期。

新生儿：出生后第一个月。

婴儿期：一个月到第一年。

先学前期：1~3岁，又称"学步儿阶段"。

学前期：3~6、7岁，又称"童年初期"。

学龄初期：6、7~12、13岁，也称"童年中期"。

少年期：12、13~14、15岁。

青年早期：14、15~17、18岁。

新生儿阶段（俗称坐月子），这是一个忙得人仰马翻的阶段。婴儿的母亲从分娩中康复，新生儿从分娩创伤中恢复，其他家人在忙乱中适应。这个阶段的主角新生儿，最核心的任务是适应子宫外的环境。胎儿是非常舒服的，宫内温暖的羊水，舒服的环境，充足供应的脐带，可以保证胎儿真正"无忧无虑"的生活，但是分娩使胎儿的这一切完全中断，新生儿必须有一番艰苦的适应，才能生存下来，这些艰苦的适应包括：呼吸、体温的维持，开动本能的吮吸反应，启动消化功能等。所以有人认为，胎儿变为新生儿是人生遭受的一次最重大的打击，是一个从子宫中的王子到现实世界的平民的降级。

6.2.1 新生儿的个体差异

从一出生起,不同新生儿的行为差异就非常大,而孩子的不同行为方式又会影响到母亲对孩子的反应。Anneliese Korner曾经研究过刚出生4天的新生儿的行为,发现他们在以下五个方面存在显著的差异:

1)自发的啼哭的频率和持续时间;
2)被安抚和平息的难度;
3)对抚养者身体上的配合程度;
4)自发的口腔动作或发声行为;
5)通过口腔动作或发声来得到安慰。

新生儿在这些方面的差异会极大地影响母亲或抚养者对待孩子的方式,从而影响到孩子本身的需要得到满足的程度。

例如,那些经常哭并且不容易平息的孩子,那些被抱起来后身体挣扎和僵硬的孩子,那些不会通过嘬手指和咿咿呀呀来自我安慰的孩子,这样的新生儿,往往被称为"麻烦的孩子",他们会给第一次当母亲的人带来很多困扰,消耗母亲或抚养者更多的精力,使他们更加疲惫,从而对孩子的照顾更加不周到,对自己照顾孩子的能力更加失去信心;相反,那些不经常哭,对母亲的拥抱比较配合、会自我安慰的孩子,他们被称为"省心的孩子",这样的孩子则可能让母亲更加自信,对孩子的照顾也更为尽心。

6.2.2 新生儿的养育措施

基于新生儿的这些特点,父母为了更好地渡过这一个忙乱的时期,就要采取一些相关措施:

1)事前的精神准备。夫妻双方在孩子诞生前的一两个月就要了解孩子出生后带来的变化,了解新生儿的一般需要和活动规律,掌握照料新生儿的一些基本方法,如如何为孩子洗澡,如何抱新生儿等,这样不至于在孩子出生后手足无措。

第六单元 不同年龄阶段的家庭教育

2）丈夫要通过请假或其他手段，保证每天用一定的时间跟妻子、孩子接触，为妻子提供人力和心理上的支持，分担妻子巨大的心理压力。

3）丈夫与妻子等抚养者应观察新生儿的特点，根据新生儿的反应速度、适应性的强弱采用不同的方法，使新生儿的生物节律逐渐适应成人的生活，如白天清醒的时间多一点，晚上睡的时间多一点。另外，如果发现自己的孩子属于"省心的孩子"，当然要"谢天谢地"；同时，如果发现自己的孩子属于"麻烦的孩子"，则一定要更加有耐心，不要因为挫折感过强而丧失与孩子建立良好关系的信心。

4）建立社会支持系统。例如，请产妇的母亲或婆婆帮助照料孩子和产妇，提供指导和帮助；跟妇产医院或保健院建立固定联系，定期请医生上门或者到医院去检查和指导；产妇的同学、朋友或同事经常上门沟通信息，进行情感上的交流和安慰。

总之，新生儿的诞生对年轻夫妻来说不仅仅只是一种初为人父母的欣喜，它更是一种严重的生活危机，它不仅需要夫妇双方鼓起勇气、调动情感、运用智慧来应付，也需要社会各有关方面的支持。

话家常42：新生儿的社会敏感性

人是社会性的动物，人生来就对人敏感。研究表明，出生刚一天的新生儿听到别的新生儿哭时，自己也会同情地哭起来，但是，播放人工合成的哭声，新生儿则不会对之作出哭声的回应（当然，要是把他们吓着了，可能也会哭起来）。出生不到一周的新生儿，就会主动寻找并特别专注地注视大人的眼睛，并能够模仿大人的表情。当成人向这些孩子眨眼、吐舌头，新生儿就会模仿并作出这些动作。

美国还进行过一个有趣的实验，表明新生儿会跟随成人说话的节奏活动自己的身体。在研究中，给刚出生12~24小时的孩子播放这样的录音，有意义的英语、有意思的汉语、无意义的音节和纯粹的噪声，结果发现，这些刚出生的美国新生儿会随着英语或汉语节奏的变化，活动身体，而无意义的音节和噪声则不能引起相应的反应；用人对孩子发出这样的声音，结果也一样，有意义的语言会引发孩子按照语言的节奏进行活动,而无意义的声音则没有这种效果。可以肯定的是,那些进行上述实验的刚出生的美国孩子是不懂英语和汉语的,但是他们的反应表明,他们能从音调中区分出哪些是有意义的,哪些是没有意义的。

也有研究发现,出生6~10天的新生儿就能把头转向沾有母亲乳汁的乳罩,这表明这么大的新生儿已能辨别母亲的气味。出生两个星期的孩子,如果一个陌生人和母亲同时出现在他眼前,新生儿会更多地注视母亲。

总之,现代的很多研究发现都证实,新生儿对人类,对具有社会意义的声音,对抚养他的母亲,会进行特殊的注意,发出特殊的反应。这些反应从生存意义上讲,也是非常有价值的。如果一个新生儿对成人的任何东西都没有反应,无论母亲做什么对他没有感觉或没有反应,那么抚养者或母亲可能会感到沮丧,并且有可能会减少跟这样的孩子的接触。

6.3 婴儿期的家庭教育

对于0~1岁的婴儿,按照皮亚杰的观点,主要是发展孩子的感觉和动作,通过发展孩子的感觉和动作,来提高孩子的智能;按照艾里克森的观点,婴儿期最主要的心理社会发展任务就是建立基本的信任感,而婴儿的信任感最主要的是来自他与母亲的关系。因此,婴儿期的核心任务,就是在母亲或抚养者的保护下,安心地吃、睡和玩。具体地讲,父母对婴儿,主要保证如下几个方面:

1)让婴儿身体舒服:父母要关心婴儿的生理需要,让他吃好、穿好、洗好澡、及时换尿布等。但是同样重要的是也要关心他的情感需要。这就意味着,他哭的时候抱抱他;他不高兴或发火的时候安慰他,而且还要冲他微笑,同他说话。

2)给婴儿色彩鲜艳的卡片、小汽车和球之类可提供视觉刺激的玩具:钟、铃、音乐盒、录音带之类可以刺激其听觉,硬木、橡胶等无毒材料做成的可以含在嘴里的玩具可以刺激婴儿的口腔,并帮助他探索物体的硬度、形状和味道。这样的玩具能鼓励婴儿去探索、去征服环境,也有助于建立其创造性思考技巧。另外,健康、活跃的婴儿对你的搂抱、谈话、唱歌都有反应。在有很多与人的交流和大量刺激的情形下，他们会迅速成长。做父母的职责就是要保证婴儿生活的环境有趣、有刺激，并且同他的发育水平相吻合。

3）父母自己过一种让婴儿可预期的生活：孩子越小，他们的心理世界越脆弱，越依赖父母给他们提供安全保证，并且他们会根据父母的行为方式逐渐建立自己的行为方式。当父母每天的行为方式大致一致时，孩子就有一种安全感，更容易与父母或抚养者建立信任的关系。因此在新生儿阶段，父母要以一种可预见的方式对孩子作出反应。举例来说，这可能意味着每天上下班、陪孩子吃饭、洗澡和玩游戏的时间大致相同。这也意味着父母的情绪不能大起大落。

4）给婴儿建立规矩："教妇初来，教子婴孩。"在婴儿期，尤其是在孩子6个月以后，父母也要树立自己的权威形象，要让孩子开始学习一些规矩。当他的行为越规时，你一定要给予处理。例如，当他拉扯你的眼镜时，或者拧你的鼻子时，如果你不想让他把你的眼睛或鼻子当作玩具，你可以说"不"，并温和地把他的手从眼镜上拿开，以让他知道什么事是不允许干的。

话家常43：婴儿动作发展的规律性

婴儿动作发展遵循着一定的规律性，主要表现为：

1）从整体动作向分化动作发展：从全身反应到局部反应。

2）从不随意动作向随意动作发展：从一种自反的动作，如无条件反射动作（如吮吸、抓握等无意识动作），到有意识的行为，如寻找或使用工具。

3）具有一定的方向性和顺序性，具体表现为如下三个特点：

a. 头尾原则：从上到下，即从头部开始向脚部发展。

b. 近远原则：从中心到外周，即从身体的中轴部位向周边部位转移。

c. 大小原则：粗细指向，即从粗的动作向精细的活动发展，从大肌肉动作向小肌肉动作发展。

6.4　学步儿阶段的家庭教育

初学走路的孩子有探究事物的强烈冲动。和婴儿期相比，学步儿有更强烈的自我意识，什么事情他们都愿意自己去尝试，他们迈着稚嫩的步伐，到处去寻找自己感兴趣的东西，他们翻箱倒柜，扔掉玩具，打翻茶杯等，所有的这些行为也许让父母感到很头疼，但他们却觉得很得意。

按照艾里克森的观点，学步儿阶段处于自主对羞怯和疑虑的关键阶段，如果父母给孩子创造一个安全的环境去探索，孩子就会有自主性，在长大成人后，会成为一个有决心和毅力的人，否则，孩子可能会变得羞怯或者怀疑自己。

同时，自我意识的出现，是学步儿的一个重要成就。在1岁半左右，学步儿往往会开始用"宝宝""妞妞"等父母称呼自己的词称呼自己，在两岁时，学步儿往往能够用适当人称代词（如我、你）称呼自己和他人。这是个体自我意识发展的第一个飞跃，这个小小的"我"字的出现，标志着人，真的开始成为人！基于学步儿的这些特点，父母在教养时要注意以下措施：

1. 创造安全的环境，鼓励孩子去自主探索，发展主动性

从婴儿时期的只会爬行，到学步儿时期开始走路，对孩子来说虽只是跨出一小步，对其整个人生来说却是迈出一大步，因为从此他的活动空间扩大了，可以探索的事物就更多了。这时候，如果父母要想"限制"或者"禁止"孩子的探索，往往只是徒劳。

明智的父母能够做的，就是改善家庭中的环境，把可能危害到孩子安全的物品（毒品、刀子）尽量放到孩子接触不到的地方，提供给孩子一个安全的环境，然后陪伴着、关注着孩子去探索。所以，父母必需体谅学步儿自主探索的需要，愿意忍受这段吵闹和混乱。

2. 训练孩子的大小便

学步儿阶段是孩子从动物向人过渡的一个重要阶段，其中一个标志是

第六单元　不同年龄阶段的家庭教育

"我"的出现，另外一个标志就是大小便的训练。大小便的训练通常是在两岁到两岁半之间开始，让孩子逐渐到一些固定的地方进行大小便。

敏感的善于观察的父母往往能够根据孩子吃饭、喝水的时间及孩子的表情，把握正确的时机，为学步儿准备好便盆，慢慢地培养他大小便的良好习惯。刚开始有些学步儿可能不配合，但是只要父母足够耐心和敏感，逐渐就会培养起孩子正确的大小便习惯。但是，如果父母过于粗暴或粗心，大小便的训练往往会成为孩子罪恶感的一个来源。

3. 陪孩子说话或唱儿歌，发展孩子的言语能力

学步儿阶段是语言能力发展的关键时期。学步儿在1岁到1岁半之间获得第一批词汇，词汇量约50个。此后，词汇量迅速发展，到3岁能达到1000个左右。同时，1岁半到2岁半这一阶段是学步儿获得母语的基本语法的关键时期。其发展过程如下：1岁到1岁半能使用不完整句，从单词句、双词句到电报句；1岁半到2岁的句法结构多属完整的简单句和一定程度的复杂句。3岁儿童基本上使用完整句。

因此，父母在这一阶段，要多跟孩子讲话，同时注意不要使用过多的儿化语，而要用清晰、标准的成人语言，这样对孩子的言语发展更为有利。

另外，包括学步儿在内的所有人，都喜欢有韵律的语言，所以父母对利用学步儿语言发展的这一关键阶段，把对孩子的要求转化成儿歌，让学步儿在学习儿歌的过程中掌握行为规范。例如，

听故事，不讲话，好孩子，快坐下。

玩具满地扔，爸妈好心疼，玩具收起来，爸妈笑起来。

其实，我们都知道的《三字经》，就是为学步儿设计的。富有心计的古人，甚至把行为规范和哲理，都变成了韵律文字，让学步儿在充满韵律的语言中，提前学习了人生哲理："人之初，性本善，性相近，习相远……"

4. 帮助学步儿学习表达及控制情绪

学步儿充满了主动精神和探索精神，虽然他们与襁褓中的婴儿相比，能力已经有了很大的发展，但是在这个充满了意外的世界上，他们是会经常受到种种挫折的。

因此，愤怒是学步儿比较普遍的情绪。恐惧和害怕也是他们常见的情绪。但是，由于学步儿的注意力不稳定，他们的情绪往往也来得急去得快，常常使父母摸不着头脑，所以很难处理。不过，如果学步儿的情绪经常得不到有效的处理，往往会影响学步儿的安全感，进而影响他们心理的健康发展。所以，父母要对孩子的情绪保持敏感，并在处理学步儿的情绪时，注意下列原则：

1）对学步儿的情感有所反应。在学步儿出现明显的情绪变化时要予以关注，让孩子知道你在关注着他，并且试图去理解孩子。千万别对孩子的情绪表现大惊小怪，或者予以嘲弄。要试图站在学步儿的角度，去跟他分享同样的情绪体验。

2）当孩子愤怒或害怕时，绝对不能屈从于孩子的要求或通过贿赂以让他们平静下来，这只会助长他们发脾气的气焰。不能因为孩子害怕或愤怒，给孩子提供你本来不愿意提供的服务或好处（如购买玩具、给孩子当马骑等），而要给孩子正常的安抚和安慰，如讨论原因、探索方法等。

3）父母要对自己的情绪状态保持敏感。儿童对成人的情绪有一种天生的洞察力，父母的情绪对学步儿具有很强的感染力。儿童都是镜像自我，他们会根据父母的情绪状态对自己作出判断，如果父母处于负性情绪中，学步儿往往觉得可能是自己的罪过，并进而感到害怕或愤怒。因此，父母要随时反省、分析自己的情绪状态，不能让自己的情绪状态影响了学步儿对自己的判断，并进而影响他们的情绪。

5. 利用学步儿的心理特点，提供选择

学步儿正处于感觉运动阶段向前运算阶段过渡的时期，注意的维度比较单一，同时比较容易转移，另外，他们也愿意显示自己的主动性，所以，父母在对孩子提出某种要求时，如果采用强迫的方法，往往事与愿违，但是，如果给他们提供选择，孩子则更容易配合。比如，

你两岁半的女儿不肯穿衣服，你可以说："你是先穿上衣，还是先穿裤子？"

你正拜访一位朋友，到该告辞的时候了，而你一岁半的儿子玩兴正浓，他说："不回家！"你抱起他，他开始大叫："放我下来！放我下

第六单元　不同年龄阶段的家庭教育

来！"你可以说："你想要我抱着，还是让我拉着？"

话家常44：心理学家的教子故事

两岁的孩子马修参加狂欢节不愿意离开，并且表现得非常恼火，但是时间到了，又必须离开，于是这位心理学家父亲一边抱着儿子往回走，一边以孩子的经历和感受为主题，讲故事：

从前，有个小孩名叫马修·巴巴拉。他喜欢参加狂欢节，喜欢乘船。于是，有一天，他的爸爸妈妈带他去小镇参加狂欢节。他骑旋转木马、坐船、乘飞机、参加快乐房子之旅等。但是，当爸爸巴巴拉说"到回家的时间了"的时候，马修·巴巴拉并不想回去。他说："爸爸，求求你，我能不能再坐一次飞机？"爸爸说："我知道你非常想再坐一次飞机，马修，但现在是回家的时间了。时候已经不早了，而且妈妈和我都累了。"马修·巴巴拉感到非常伤心。他哭起来，大滴的眼泪滚过脸颊和下巴。爸爸抱起他，搂在怀里，并将他放进汽车。马修将头靠在父亲的肩膀上，他觉得越来越困……在梦中，狂欢节又来到了镇上。

这位心理学家父亲通过这样的故事，试图对马修在那一刻的感受有所反应，因此，这时的故事总是围绕着孩子的经历或类似的某一件事情来讲。这位心理学家发现，这样的故事散发着一种能使人平静下来的魅力——这种魅力一直持续到马修大约5岁的时候。那时他宣布："我再也不想听马修·巴巴拉的故事了！"在这么说的时候，马修还看了父亲一眼，似乎在说："爸爸，我知道你在做什么。你不要指望用老一套的马修·巴巴拉的故事糊弄我了！"

话家常45：如何跟两三岁的孩子说再见？

对于两三岁的孩子来说，与父母，尤其是经常照顾自己的母亲的分离，不管是15分钟，还是一天，都是一种难以忍受的焦虑情景，但是，父母上班、会见朋友等行为是不能时时刻刻都带着孩子的，如何克服孩子的这种焦虑，如何跟孩子说再见呢？下面的方法可以减弱孩子的焦虑感。

1）事先找好照看孩子的人或地方。两三岁的孩子是需要人照顾的，所以不能把他们单独放在一个地方，一定要事先找好照看孩子的人。这个人必须是孩子已经认识并且喜欢的人。当然也应该是父母自己可信赖的人。如果你要把孩子放在别人家或托儿所，最好在这之前要带孩子在那里玩上几次，不再觉得陌生。

2）走得堂堂正正。在你离开前一刻钟左右，不妨告诉孩子：待会儿你要离开。一般不要偷偷走开，当面跟孩子说完再见然后再走。不要刻意抑制孩子的情绪。在父母要离开自己时，孩子难受、哭闹都是正常的，不要在这时责备孩子。但是也不要为孩子的眼泪打动而改变了要走的决定，或花很长的时间安慰他；如果父母这样做了，孩子尝到哭闹的甜头，他就会变本加厉，父母大概再也不能轻易离开家门了。

3）可以安慰，不能贿赂。如果孩子对你的离开非常不安，可以用一些常规的物品安慰孩子，如帮他拿下一个他非常爱玩的玩具，或者留下你不用的手包、照片等，在他拿着这些熟悉的妈妈用的东西的时候，心里会有一种安全感。但是如果孩子这时提出什么要求，如要给他买玩具什么的，不能随口答应，如果这时答应孩子，等于是贿赂孩子，既不利于孩子认识到亲子之间的分离是正常现象这一事实，孩子也会借此要挟。

4）主动参与，按时回来。在离开时，最好让孩子也主动参与，如让孩子帮你递一下包、外套等，让孩子给你挥挥手，说再见等。通过这些行为让孩子产生参与感和成就感。同时，要出门时，告诉孩子回来的时间，如"时针到6时，妈妈就回来了"。并且在第一次与孩子分手后，回来时千万不能迟到，就在孩子习惯后，也一般不要在接孩子时迟到，实在不得已也最好打电话通知一下。在回来后，见到孩子也要兴高采烈地对孩子说："妈妈回来了，又见到乖宝宝了。"并亲热地抱抱他，让孩子知道你也非常想见他。

通过上述这些步骤，既让孩子了解父母离开是正常的事，但是父母不会把孩子扔下不管，同时也非常想见到孩子，这样孩子就会有安全感了，也会慢慢适应每天必须的分离。

第六单元 不同年龄阶段的家庭教育

6.5 幼儿期的家庭教育

6.5.1 幼儿期的特点

幼儿期的年龄范围是3~6岁，按照皮亚杰的理论，幼儿期的思维处于具体运算阶段。幼儿思维的主要特征是以具体形象思维为主，幼儿思维所反映的内容属于事物的外部特征和非本质联系，具有丰富的形象性，想象力比较丰富，但是往往具有不清晰、不确切、缺乏连续性和易变性等特点。同时，幼儿思维的具体形象性，使得他们不会从不同角度看问题，因为显得比较"自我中心"，很难理解他人的不同观点。

按照艾里克森的人格发展阶段论，幼儿期的关键任务是主动对内疚。如果幼儿表现出的主动探究行为受到鼓励，幼儿就会形成主动性，这样幼儿在将来就有可能成为一个有责任感、有创造力的人。相反，如果成人讥笑幼儿的独创行为和想象力，那么幼儿就会逐渐失去自信心，这样，幼儿在将来就更倾向于生活在别人为他们安排好的狭窄圈子里，缺乏自己开创幸福生活的主动性。如果幼儿的核心问题得到解决，当儿童的主动感超过内疚感时，他们就有了"目的"的品质。艾里克森把目的定义为："一种正视和追求有价值目标的勇气，这种勇气不为幼儿想象的失利、罪疚感和惩罚的恐惧所限制。"具有了目的感的人，就会更勇于承担责任，在学龄期就会更勤奋，更容易取得成就，得到认可。

在道德发展上，皮亚杰认为幼儿往往处于前道德阶段，他们缺乏道德标准，只是根据行为的结果来判断行为的好坏，如果得到奖赏，就是好的行为；如果受到惩罚，就是坏的行为。

在弗洛伊德的精神分析理论中，幼儿期也是一个重要阶段，被称为"性蕾期"，他认为在这个阶段，幼儿开始对性器官和性别问题感兴趣，形成与年龄、性别相适应的许多人格特征，开始认同父母的价值观，并逐渐形成自己的道德观（超我）。

同时，随着自我意识的发展，儿童自主欲求也逐渐提高。所以，幼儿阶段，尤其在三四岁的时候，会出现所谓的"第一反抗期"，在这个时期，幼儿往往更难于跟父母或其他成年人合作。所以，托马斯·里克纳（Thomas Lickona，1983年）认为，幼儿阶段在行为表现上具有如下特点：第一，非常自我中心。尤其在发生冲突时，幼儿往往只从他们自己的角度看问题。他们认为的所谓"公平""合理"，就是按自己的意愿行事，满足自己的愿望。第二，爱自我表现，说脏话，或者故意作出其他使人生气的、越轨的行为。

6.5.2 父母针对幼儿的家教策略

1. 与孩子一起玩游戏

幼儿在游戏中学习，在游戏中成长。游戏对幼儿心理成长的促进作用是全面的。可以说，幼儿的主要学习或工作形式就是游戏。因为，幼儿正处于形象思维阶段，游戏，无论什么样的游戏，如过家家、捉迷藏或者是一起垒积木，都会对儿童有所帮助。一方面增进了亲子感情，更重要的是孩子从中会学到很多东西，如对规则的认识，对于克服自我中心很有帮助。

游戏中的"规则意识"：

1）所有的游戏，尤其是涉及其他参与者的游戏，都有一定的顺序和要求，都要按照顺序和要求来玩。

2）所有游戏参与者，不管是成年人还是孩子，必须遵守同一规则。

3）如果不遵守规则，游戏就不能进行下去。

游戏中的这些规则，对于以自我为中心的幼儿，具有很好的促进作用，促使他们考虑不同的观点和看法，变得更容易跟人合作。

2. 父母要保持理智、冷静和耐心

处于第一反抗期的幼儿，非常以自我为中心，他们会不断地试探父母的底线，不断地想出新的方法来激怒父母，因此，父母在跟幼儿接触时，必须保持理智，保持冷静和耐心的态度。你要让孩子意识到，你对

第六单元 不同年龄阶段的家庭教育

孩子的不合理要求和行为，会采取如下态度：

首先，你不会让步，也不会让他们来操纵你。

其次，你会平静、耐心地等他们发完脾气，只要没有太大的危害（如摔东西、骂人），你就不会太在意，以免加剧其强烈程度。

再次，不论他们如何撒泼发浑，他们依然要完成你原先要他做到的事。

最后，你要让孩子知道，你仍然爱着他。你惩罚或忽视的是孩子不合理的行为和要求，但是你仍然无条件地爱着自己的孩子。

只要幼儿明白你是无法被驾驭、被威胁的，而且你还会在他发脾气时，保护他、保护你自己和你的财产不受损害，他就会尊重你，并且逐渐会配合你。

3. 管束孩子不要说脏话和骂人

幼儿正在体验使用语言的乐趣，他们尝试着使用自己以前从没有使用过的字眼，这其中包括脏字和下流话。任何能够使人情绪上有所反应的语言，他们都会尝试。

所以，经常有幼儿的家长反应，自己的孩子使用的语言很可怕。比如，"我要杀人"、"我要自杀"，或者经常在有客人或吃饭的时候，使用一些肮脏的字眼，如"屎尿"、"鼻屎"等，搞得家长很尴尬。

其实，正是因为父母的紧张、尴尬或不知所措，加强了孩子这样说的动机。如果父母保持冷静，不为所动，孩子往往就丧失了这样说的兴趣。如果父母这样冷淡或理性的态度，仍然不能纠正孩子这样的语言尝试或语言习惯，那么就可以给予适当的惩罚。

对于幼儿，"一分钟责备法"是一个有效的方法。具体的做法就是，在幼儿犯了严重的错误时，父母要马上予以惩罚（批评、罚站、隔离等），让孩子难受、痛苦，让孩子认识到自己的错误，在这之后，父母马上再告诉孩子，刚才惩罚的是孩子的错误，而孩子永远是自己可爱的好孩子。正如下面提到的犹太人的家庭教育原则说的，"用右手处罚孩子，左手抱起来"。"一分钟责备法"正是强调这样一个道理：孩子犯了错，要马上惩罚，然后，让孩子知道，父母尊重和爱他/她这个人，这样，既然孩子认识到了错误并将来可能避免犯同样的错误，同时也感受到了父母对自己无条件的爱，从而照样可以保持自尊和勇气。

4. 跟孩子讨价还价，让孩子为家人提供服务

人具有种种的愿望和要求，但是由于道德的限制，很多愿望和要求在提出之前都被抑制了。但是，幼儿的道德正在形成阶段，缺乏对自己愿望的抑制能力，因此，有时幼儿会显得"贪得无厌"，所以，父母要跟幼儿讨价还价，以限制幼儿的不合理愿望，并让幼儿为自己的愿望付出努力。

比如，孩子要买很多很贵的玩具，要吃很大很贵的冰激凌，父母可以根据孩子的要求，对幼儿提出相应的要求：做一定数量家务，然后奖赏一定数量的钱，让孩子自己挣钱去买自己喜欢的东西。

因为幼儿处于自我中心阶段，他们不了解也不愿意了解其他人的想法和愿望，父母对孩子的讨价还价，会改变孩子的自我中心，让孩子了解他人，让孩子为家庭服务，从而增加孩子心智的成熟度，同时增加孩子的自主性和自豪感。

5. 根据幼儿的特点，对孩子开展有针对性的性教育

幼儿开始对性器官和性别角色感兴趣，经常会问父母一些与性器官、生殖等问题有关的话题，这时，父母同样不能慌张或尴尬，要尽量根据孩子的理解能力，给予合理、科学的回答。

例如，如果你4岁的女儿问你，"为什么男孩子有小鸡鸡，而女孩子没有？"

你可能会怎么回答？

答案1：是啊，所以做女孩子比较吃亏。

答案2：没有就没有啦，别这么多事。

答案3：因为男孩子生下来就跟女孩子不一样。告诉你，女孩子有子宫，男孩子就没有。

第一个答案，可能让女孩子感到自卑；第二个答案，让孩子的好奇心受到挫折或打击；第三个答案，既给孩子一个科学的回答，满足了孩子的好奇心，又不会让孩子对不同的性别产生"尊卑"意识。

第六单元　不同年龄阶段的家庭教育

话家常46：这个女孩怎么了？

在家里，5岁的小莉刚吃完了一个冰糕，然后跟爸爸、妈妈一起出门散步，门口有一个卖冷饮的小商店，小莉又嚷着要吃，爸爸、妈妈都不同意，但是一番争执之后，妈妈不太情愿地给买了一个小号的。但是拿过来以后小莉嫌小，要让妈妈去换了，重买个大的。爸爸、妈妈都不同意，小莉就一口也不吃，一步也不走，看着冰糕一点一点地融化。父母很生气，不理睬她，自己起身走了，小莉开始躺在地上大哭，哭得死去活来。结果引来许多邻居来围观，父母很不好意思，不得不又给小莉买一个大冰糕，这次冲突才暂告结束。

故事中的小莉是有错误的，错在哪里呢？错在"与父母争夺权力"。我们说，"人来疯"的孩子是"争取注意"，小莉的错误在于"争取权力"。争取注意和争取权力，是幼儿阶段的两个特点。

我们知道，父母是家里的司令官，父母是家庭中权力的代表，为什么孩子会"犯上作乱"、追求权力呢？原因仍然在于父母，他们做错了事情，丧失了司令官的尊严！

小莉的父母，在这短短的几分钟内，至少犯下了如下三个重要错误：

第一个错误，规则不明晰，给了小莉反复试探的空间。说不给买，小莉哭闹后给买了小的；小莉不吃小的，父母非常生气，小莉长时间哭闹后，又给买了大的。

当孩子降临到这个陌生世界时，他们一无所知，他们要尝试，他们需要我们的规则及我们期望的清晰的信息，以便他们学会怎样使自己的言行举止被接受。他们依赖我们提供这样的信息，他们也会有意或无意地犯规，遭受许多冲突、挫折、责备和其他大量来自他人的负性反应，从而知道界限在哪里。孩子们需要家长坚决果断，给他们设定的限制明确可信，这样他们才有安全感和稳定感。限制提供安全保障。限制得到尊重的过程本身就给孩子们传递了许多有力的信号：我是你的父母，我是有力量的与可胜任的，你要相信我能够为你提供正确的指导。孩子们争取权力是因为父母软弱，没有提供稳定、明晰的规则，让孩子们觉得不安全，所以他们不再尊重父母，要自己做主。

第二个错误，父母剥夺了孩子的责任。孩子要吃冰糕，是孩子自己的事，应该让孩子自己去买，让她自己也动动腿，为自己的要求付出点劳动；自己动手，丰衣足食。另外，买冰糕要花钱，因此需要孩子为家庭服务。这是一个特殊的要求，因此父母要跟孩子讨价还价：你让父母为你的特殊要求花钱，那么你要为父母干点什么？

所以，孩子争取权力往往是因为父母过度地行使了权力，或者说是把孩子的事当成自己的事包办了。

第三个错误，让别人干涉自己教育孩子。孩子哭闹，别人围观，使自己不好意思。孩子哭闹、别人围观，家长不要怕不好意思而向孩子妥协，这种妥协是为了自己暂时的利益，不是为了孩子，也不是为了长远。合理的态度是坚决地将孩子带离这个是非之地，理智、冷静地进行惩罚或教导。孩子们争取权力是因为在其他人介入时，家长丧失了信心或耐心，放弃了权力。

正是因为父母犯了这么多错误，丧失了司令官的尊严，所以，小莉才"争取权力"，篡党夺权，成了小霸王。

话家常47：游戏中全面发展

前两年流行了一本家庭教育的书籍《卡尔威特的教育》，通常人们只注意了卡尔威特的父亲如何把儿子培养成了天才：八九岁时已能自由地运用德语、法语、意大利语、英语、拉丁语、希腊语等6国语言，通晓化学、动物学、植物学、物理学，擅长数学；9岁考入莱比锡大学，12岁发表关于螺旋线的论文，受到一些学者好评；13岁出版《三角术》一书；14岁由于提供卓尔不群的数学论文被授予哲学博士学位；16岁获得法学博士学位，并被任命为柏林大学法学教授……

但是，人们往往忽略了莱比锡大学校长对9岁的小卡尔威特个性的评价：

说到这个令人钦佩的少年的健康，与其他许多神童不同。他非常健康、快活和天真，也没有一点其他神童所往往表现出来的傲慢和无礼，真是个难得的可贵少年。只要今后继续进行教育，其发展是不可估量的。

第六单元 不同年龄阶段的家庭教育

这样一个健康、快活、讲礼貌、善于与人合作的天才,是怎么培养的呢?笔者在书中发现了下面的文字:

有时,卡尔会扮演主妇的角色,而让母亲当厨师。因为卡尔是主妇,妈妈是厨师,所以做厨师的妈妈就得向卡尔请示各种事情。如果卡尔下达的命令不得要领,那就失去了当主妇的资格而降为厨师。

这时,当上主妇的妈妈就发出各种命令。例如,命令他做某某菜,去菜园里取某种佐料等。如果卡尔拿错了佐料,那么接下来他就连厨师也当不成,只好被"解雇"了。

卡尔在3岁时,已经能够帮助母亲做一些简单家务:擦去桌上的灰尘,帮忙把餐具摆好等。随着年龄的增长,卡尔能够做的事也越来越多。

游戏是幼儿学习的重要手段,在父母与孩子一起游戏的过程中,孩子可以学到未来生活的技能,同时也学会了与人沟通和合作,从而培养孩子形成良好的性格。同时,让孩子做一些力所能及的家务活,可以增强孩子的价值感,让孩子体验到自己在家庭中的贡献,从而更加勤劳和自豪!卡尔威特的父母也正是这么做的,通过一起做游戏、做家务,来使儿子从中享受到生活和增长知识的乐趣。

话家常48:家长如何为孩子选择玩具?

现在商场的儿童专柜可谓是玩具的海洋,并且常常用鲜艳的色彩和声光电刺激吸引着孩子们的注意力,使得孩子见了什么都新鲜、什么都想要。家长进去之后不知所措,无法挑选。家长怎么能用合理的价钱为孩子买到有价值的玩具呢?笔者试图提供几条参考标准,请家长朋友斟酌。

1)能不能使孩子主动玩而且可以发挥孩子的创造力、想象力?玩具是孩子认识世界并进行"实践"活动的工具,但是孩子的"实践"活动主要是通过想象来完成的。比如,一根竹棍在孩子的手里,一会儿成为金箍棒,一会儿成为机关枪,一会儿成了大马,所以这根木棍就成了非常好的玩具,而仿真的枪支玩具可能没有了这么多的作用,虽然它可能更吸引孩子购买时的注意力。当然,这只是一个例子,不是说枪支玩具不好,而是说家长在购买玩具时要从孩子玩玩具时的心态来考虑。

2）玩具的材料是否无毒、安全？玩具是孩子经常拿在手里、带在身上的，有时还要含在嘴里，所以它的材料的质地非常重要，一定要详细地看说明书，或者请教有关专家，保证材料本身没有毒性。

3）玩具的材料是否经得起孩子用它来探索玩各种玩法而不至于断裂、破损？孩子拿到玩具后是要对它反复动作的，可能会摔、踢、撕、拆、撞、打等，所以一定要保证玩具的质地性能，不至于马上破裂，或者破裂后不至于出现尖锐的棱角，以免割伤或扎伤孩子。

4）大人能否看到玩具对孩子的潜在意义？这种意义与孩子的能力、经验与兴趣是否符合？玩具本身体现了一种什么目的？它是设计来干什么的？它的目的是否与你孩子的年龄、兴趣相符合？这也是选择玩具的重要标准。所以在家长选择玩具时，一定要认真地阅读玩具说明书，同时结合孩子自己的实际能力和特点，看这个玩具是否能够发挥作用。

5）玩具的价格与使用期限是否相配？玩具也是一个商品，所以它的价格/性能比是否合理？这也是一个问题，家长在为孩子选择玩具时也不可出手太大方，无谓地增加家庭开支。

这是选择玩具的五个相对标准，希望家长能够为孩子选择到既能启发孩子的想象力，发展孩子的能力，又能经久耐用的玩具。

话家常49：儿童游戏与成人沟通

根据儿童游戏的社会性特点，可将游戏分为独自游戏、平等游戏、联合游戏和合作游戏。

1）独自游戏：儿童一个人玩，没有接近其他儿童的意愿。这是婴儿期的主要特点。

2）平行游戏：几个儿童一起游戏，玩具类似，但儿童之间彼此独立，无交往与合作。这是幼儿初期的游戏。

3）联合游戏：几个儿童共同玩一个游戏，期间虽有言语交流，但不受统一目标约束，也没有角色之分。

4）合作游戏：一组儿童有组织地进行游戏，且有一定的目的，儿童之间彼此协调合作。这种游戏始于幼儿期，如过家家，就是这样一种合作游戏。

动力沟通认为，在人际沟通中，成人都成了游戏的孩子。成人的沟通经历了如下非常典型的发展心理学阶段。

1. 从实物游戏到象征性游戏

我们最早认为，我们说的，都是真实的；最后，我们知道，我们说的都是对真实的某种模拟，某种比喻、隐喻或转喻。

2. 从个人游戏—平行游戏—共同游戏—观察介入游戏

第一，我们以为我们自己在互相说话，其实都沉浸在自己的世界里，不愿意出来，都是一个人自说自话，其实是一种个人游戏。第二，我们知道我们在自说自话，知道他人也在自说自话，彼此没有关系。第三，我们开始由于偶然的机缘，开始合作，进行了角色分配，如过家家等。第四，在任何一个游戏现场，我们都能够先观察，然后发现一个适合自己和对方的点，介入进行，成为其中的一个角色。

动力沟通，一直都在强调，在语言中，我们就是孩子，我们玩的就是游戏，一种象征性游戏，如果要想玩好，我们必须互动，并且需要系统观察后然后介入。

同时，动力沟通强调，我们必须长大，在游戏之后（语言之后），我们必须行动，以自己个人的更优化的行动，更融合到自己的生存背景中，同时，我们这些经常在一起"游戏"的"发小"，也在生活中开展互相配合的行动。

话家常50：以色列的家教原则

1）不是"要比别人优秀"，而是"要与众不同"。
2）用右手处罚孩子，用左手抱起来。
3）拒绝别人妨碍你教养孩子。
4）有父母的管教，孩子就不受外界的坏影响。
5）双亲的缄默是对孩子最重的处罚。
6）家人共餐是最好的教育机会。

6.6 学龄儿童的家庭教育

6.6.1 学龄儿童的特点

按照皮亚杰的观点，7~12岁的学龄儿童属于具体运算阶段。这时，儿童的智慧活动具有了守恒性和可逆性，掌握了空间关系、分类、排序等逻辑运算能力，但是仍离不开具体事实的支持，能在具体的和观察过的事物中进行逻辑推理，而不能把逻辑运算扩张到抽象概念之中。在纯粹语言叙述的情况下，进行逻辑推理就会感到困惑。

艾里克森对学龄儿童进行了非常详细的描述，他认为这一阶段是"勤奋对自卑"的阶段，儿童在这一阶段最重要的是"体验从稳定的注意和孜孜不倦的勤奋来完成工作的乐趣"。儿童可以从中产生勤奋感，满怀信心地在社会寻找工作；如果儿童不能发展这种勤奋，使他们对自己能够成为一个对社会有用的人缺乏信心，那么就会产生自卑感。

用艾里克森的原话，就是：

年龄变大了的儿童便将使自己进入梦想和游戏的驱动力忘掉了，或者说不如把他们"升华"了——也就是用之于具体的追求和社会承认的目标了。他现在学会了用制造物件以获得承认。他逐渐变得不屈不挠，使自己能适应工具世界的无机规律，并能成为生产情景中一个热情而专心致志的人。

本阶段的危险是产生一种对自己和自己任务的疏远，即众所周知的自卑感。这可能是以前的冲突未能得到适当解决而引起的：儿童可能仍然需要他的妈妈甚至于需要知识；他可能仍然愿意当家中的宝宝而不愿做学校中的大孩子——家庭生活可能没有为他的学校生活作好准备……直到目前他所学会的一切，在他的同伴和教师看来似乎毫无可取之处。此时他可能在某些方面有潜力可挖而脱颖而出。但如果得不到及时的诱导，也可能发展得很晚或根本得不到发展。

总之，学龄儿童开始成为了一个真正意义上的社会人，他们要通过自己的努力，得到社会的认可。幼儿是通过游戏、通过想象来发展自己的。7~12岁学龄儿童的核心任务是，通过努力，取得成绩，得到认可，从而来发展自己！

从道德发展水平看，小学生（7~12岁）通常可以分为两个阶段。小学低年级可能出于快乐主义定向阶段，你对我好，我就对你好，你对我不好，我就马上报复你。小学高年级学生往往处于好孩子定向阶段，开始尊重他人的看法和想法，开始考虑他人和社会对一个"好孩子"的期望和要求。

基于小学生的这些心理发展特点，我们提出了不同阶段的家庭教育措施，即小学低年级学生的家庭教育和小学高年级学生的家庭教育。

6.6.2 小学低年级学生的家庭教育措施

鉴于小学低年级学生的特点，我们提出如下几种家庭教育的措施：帮助孩子养成勤奋、努力的好习惯；提高亲子接触的质量，加深亲子感情；明确表扬孩子的良好行为；把爱扩展到家庭之外。

1）帮助孩子养成勤奋、努力的好习惯。小学生的核心任务是摆脱幼儿期的游戏和幻想，通过自己的勤奋、努力取得成就，得到社会的认可。所以，父母要为孩子成为一个勤奋专注的人创造条件，从而帮助孩子提高勤奋感和自信心。

2）提高亲子接触的质量，加深亲子感情。小学低年级学生往往对父母是斤斤计较的，父母在小学生心目中的分量往往有所降低，如果在这个时期亲子之间缺乏感情的交流，那么部分小学生为了达到自己的目的，甚至不惜对父母撒谎。因为他们这时道德判断的基础就是：你对我好，我就对你好；你对我不好，我就报复你。

所以，父母要利用一切可能的机会，如吃饭、休息、节假日等机会，加强跟孩子的交流，让孩子感受到父母对孩子无条件的爱，让孩子知道无论自己表现如何，父母在内心深处都爱他这个人，那么有了这样感情的小学生，更容易听从父母的合理建议。

3）明确表扬孩子的良好行为。小学生是需要得到他人的承认来增加自己的自信心的，因此父母要明确地鼓励或表扬孩子的努力。

例如，孩子一个人在星期天安静地看了一上午的书，父母可以欣赏地表达："今天上午你一个人安安静静地看书，真不错。"再比如，如果孩子帮你布置晚餐的碗筷，你也要当众表示感谢："你帮我摆好晚饭用的碗筷，谢谢你。"当然，也不一定如此机械，你可以拍拍他的头，给孩子一个欣赏的眼神或微笑，让孩子知道你欣赏、感谢他/她的努力就够了。

现在很多人提倡鼓励教育，动不动就对孩子伸大拇指，动不动就喊"太棒了"，如果孩子在这个过程中没有付出努力，或者教育者对孩子的努力没有明确的了解，那么这种廉价的笼统的所谓鼓励，只能让孩子倒胃口，甚至伤害了孩子的自尊心。

4）把爱扩展到家庭之外。家庭不是一个封闭系统，需要跟外界进行接触。小学生正是从他律的道德（根据结果来判断行为的好坏）向自律的道德（根据内在标准来判断行为的好坏）过渡的关键时期，因此要鼓励孩子为社会服务。很多聪明的家长，经常带着上学的孩子到邻居或亲戚家串门，帮助邻居或亲戚干一些力所能及的事情，甚至带着孩子一起扫雪、清除居住小区或村子的垃圾。如果这些行为是在愉快、积极的气氛中进行，那么这些行为对小学生道德的发展，以及人际交往能力的提高和自信心的培养都非常有价值。

6.6.3　小学高年级学生的家庭教育措施

11岁的丁丁带着一脸满足的笑容回到家里。

"怎么这么高兴呀？"妈妈问。

丁丁说："在从学校回家的路上，我看到一个盲人过马路，走得特别慢，我就过去扶着他走过了人行横道。"

"不错，确实是件好事。"妈妈说。

"就是，我想这样开车的司机也很高兴，盲人也高兴。"

小学高年级的学生，往往处在"好孩子定向"阶段，他知道自己应该帮助那些需要帮助的人，并会为此感到高兴，因为他们知道，社会对

"好孩子"有着这样的期望，他们要满足好孩子的期望。

在"快乐主义定向"阶段，比如一个七八岁的孩子，他可能也会帮助盲人过马路，他回家也可能很高兴，但是，他们的高兴原因可能是因为受到了司机、盲人或路人的夸奖，即马上就得到现实的利益或表彰。

所以，小学高年级的学生的道德行为，有内在的要求，但是标准是外在的，别人的期望对他们有着重要的影响。这种对他人观点的依赖，使得这一阶段的孩子们在面对同伴群体的压力时，他们表现得很脆弱。比如，如果同伴们都在吸烟，即使这位孩子知道吸烟是错的，即使他知道吸了很难受，那么他也跟着同伴们去吸一支。所以，小学高年级孩子的另外一个显著特点就是：从众！

鉴于小学高年级学生的特点，我们提出如下家庭教育措施：

帮孩子发展他的兴趣和能力，帮助孩子形成积极的自我观念；尽量使用合作信任的语言，帮助孩子形成家庭内部的认同感；帮助孩子改变尖酸刻薄的习惯；讨论独立自主的价值。

1. 帮孩子发展他们的兴趣和能力，帮助孩子形成积极的自我观念

正如艾里克森所说，小学阶段的孩子们通过掌握新技巧、取得成绩赢得赞誉并获得他们日后进入成人世界所必需的信心，如果他们对自己做事的能力感到绝望，认为他们命中注定就是不合格的人，那么他们就会产生自卑感，并进而形成对自己、对他人的敌意。所以，父母要发现孩子的闪光点，鼓励孩子通过努力发展能力、展现成就并得到认可。

2. 尽量使用合作、信任的语言，帮助孩子形成家庭内部的认同感

小学高年级的孩子，非常容易受同伴影响，并且容易跟家长讨价还价，因此对于父母来说，是一个严峻的考验。父母在与孩子对话时，要尽量采用合作、信任的语言，避免跟孩子"讨价还价"，同时，要依靠家庭内部的认同感，克服同伴可能带来的不良影响。

例如，你的孩子下午5点下课，但是7点钟才回来，你问他干什么去了，他不告诉你，反而恼怒地说："你不信任我！"你会怎么办？

如果你内心真的有下面这样的想法，那么你真诚的表达，肯定会对你的孩子有所触动：

信任不是目的。你在长大成人,但还不是成年人,你可能犯某些错误,但是有些错误对于一个成功的健康的人来说,是不能犯的,因为它会给你造成极大的伤害。我的职责就是帮你看清并尽力避免那些危害。所以我需要了解你在哪里,你在干些什么。但是父母也不是全能的,没有你的配合我不会了解这些;没有你的配合,我不能尽到一个负责的好家长的责任。希望你能帮助我,咱们配合好。

再比如,你要求孩子穿着要朴素,为人要诚实、勤奋等,你的孩子可能对你大喊:"为什么别人家的孩子可以穿品牌,可以到处玩、打游戏?"你会怎么办?

如果你在平时与孩子有很好的感情交流,如果你的家庭很有凝聚力,你自然会产生下面的想法并且会进行真诚的表达:

别人家的孩子是别人家的孩子,你是你,你是我们家的孩子,你跟别人家的孩子就是不一样。虽然别人家的孩子是那样的,但是你生在我们这个家,你值得我们对你有更高的要求和期待。

类似这样的语言,如果建立在平时深厚的亲子感情基础上,自然会帮助你的处于小学阶段的孩子抵御外部的不良影响。

3. 帮助孩子改变尖酸刻薄的习惯

小学高年级的儿童由于都想当别人心目中的"好孩子",他们对自己的评价缺乏内在标准,因此内心极度缺乏安全感,并且非常容易对周围人包括他们的同伴持尖锐的批评态度,成了严格的所谓的道德卫士。他们会抓住别人的缺点不留情面地进行攻击,互相给对方起恶毒的绰号,对彼此脆弱的心灵造成极大的伤害,对此,父母不应该视而不见,要针对这样的问题,跟孩子开展深入的交流。例如,你可以跟孩子在平静的气氛中,讨论孩子在家庭、学校中的遭遇:

在家庭中,如果父母总是讽刺你、贬低你,你的内心肯定会很难受,你也可能总是躲着父母,能不与我们说话就不说话;在学校里,如果老师总是讽刺你、贬低你,你自然也会很生气,一看见这样的老师就头疼,不爱学这样的老师所教的课程,甚至会到校长和法院告他们,因为这是心理虐待。对于其他和我们一样需要鼓励、讨厌讽刺的同伴,我们也同样要温和和宽容,为他人创造宽松的环境。

另外，也可以和孩子分析"尖酸刻薄"的坏处：

1）贬损他人是自己缺乏安全感的标志，把别人贬得一钱不值，往往是因为自己缺乏自信；

2）对他人的攻击，会带来报复，并且往往是最意想不到的地方受到报复或回击；

3）刻薄导致自己在别人心目中分量减低，而那些招人喜欢的孩子，往往都是宽厚、善良的孩子，他们会让跟他们接触的人感觉舒服；

4）年轻的心最脆弱并且最需要建立对自己的信心，刻薄的互相攻击恰恰对彼此的自尊心起破坏作用。

4. 讨论独立自主的价值

爱因斯坦说过："学会独立思考和独立判断比获得知识更重要。不下决心培养思考习惯的人，将失去生活的最大乐趣。"然而，对于小学高年级学生来说，其中一个危险就是丧失独立思考的能力，他们为了融入一个小团队，往往变得过于从众。他们有时候会合伙捉弄老师或者捉弄某一个学生，他们会整天痴迷某一个游戏以便达到某个级别。对于这些现象，父母也要心中有数并提前准备，防止这种现象的一个重要措施，就是培养孩子的独立性，让孩子认识到独立自主的价值。你可以跟他们谈论诸如此类的内容（当然这么做的前提仍然是亲子关系融洽，孩子愿意与父母在一起谈心）：

"做你喜欢做的事情，做你自己感兴趣的事情。如果别的孩子认为你有自己的主见，他们会更加尊重你。"

"每个人都希望得到别人的赞美，但是，更重要的，是要得到自己的赞美。如果你忠实于自己，你就会自得其乐。大部分人都喜欢愉快开朗的人，如果你喜欢自己，别人就更可能会喜欢你。"

话家常51：最苦与最甜的东西

在很久很久以前，有一个阿拉伯的国王，他的属下有一个号称最高智慧的大臣。国王想要测试这位大臣的智慧究竟有多高，便给这位智慧大臣出了一道题目，要他去找一样世界上最甜的东西。

智慧大臣接受任务后出去了，很快便带着一个银盘子返回了国王身边。他向国王呈上一个盖着盖子的银盘，侍从们帮着打开盖子，只见里面放着一个羊的舌头。国王纳闷地问他，为什么羊舌头是最甜的东西？智慧大臣回答："陛下，我不敢取下人的舌头，只好用这个代替。舌头是能够创造世上最甜美的事物的东西呀。"

国王对于智慧大臣的回答很满意，但是马上又给他出了一道题目，让他去找一样世界上最苦的东西来交给国王。这一次，智慧大臣用的时间更短，他出去后不久就回到国王身边，同样奉上一个银盘，上面盖着一个盖子。国王迫不及待地打开盖子一看，盘子里还是放着一个羊的舌头。国王勃然大怒，生气地说："你这样做是不是想愚弄我？难道我出的题目不值得你用心来回答吗？你必须给我解释清楚，否则我一定要给你重重地治罪。"

智慧大臣冷静而认真地回答到："陛下，我绝对不敢轻视您的问题！舌头，的确是世界上最苦的东西呀。我认为世上最甜的，以及最苦的一切，皆是由人们的舌头所发出来的。"

国王听了智慧大臣的解释，仔细一想也有道理，就赦免了智慧大臣。

言语对他人的心灵具有巨大的影响。真诚的交流、由衷的赞美，可以温暖一个人的心灵，使人感觉幸福、甜蜜；无情的嘲讽、恶毒的攻击，则可能重创人的心灵，使人觉得痛苦、绝望。

话家常52：父母如何帮助特别重视考试的孩子？

有一个刚上小学一年级的小女孩，自尊心特强，每次考试都要拿到第一。但是她的父母不是很在意孩子的分数。每次考试或者平时老师的随堂提问、小测验什么的，孩子觉得没有别人好，回来就哭。父母鼓励她下次考好就行，没有关系的，但小女孩还是不听，自己在作业本上把回答错的问题，重新写上好几遍，甚至几十遍，父母不让她写都不行。另外，父母一个好友的孩子也跟她同班，要是小女孩成绩没有小伙伴好，行为更加明显，非要加倍的努力不可。父母应该怎么正确对待这种孩子呢？

第六单元 不同年龄阶段的家庭教育

回答：

小孩子是在社会中跟人比较的过程中成长的，自己要与人比较、要表现优异，这是正常现象。要是孩子事事都不想去与人比较，不想引人注目，这倒是一种反常现象，需要引起家长和教师的密切关注呢。

但是，比较的标准可能是不同的。有的孩子跟人比较"谁的力气大"，有的孩子跟人比较"谁打扮得更漂亮"，有的比较"谁的朋友多"，有的孩子跟人比较"学习成绩"，孩子正是在各种各样的比较过程中，慢慢建立了自己的自信心，慢慢形成了自己的个性。

这个"总想考第一、总想表现优秀"的小女孩也正是这种情况，这是她在学习方面的上进心、好胜心强的一种标志，是一种正常现象。但是面对孩子的焦虑，家长看在眼里，急在心里：如果安慰孩子、不鼓励孩子学习吧，怕孩子对学习的积极性下降了，影响孩子的将来；如果鼓励孩子吧，总担心孩子压力太大，会形成焦虑心态。

那么，面对此类本身已经很关注考试成绩的孩子，家长应该怎么办呢？

第一，家长在遇到孩子情绪紧张时，一定要心平气和，从情绪上支持孩子。孩子自己认为表现不好，并为此难受或痛哭，家长不管心里怎么想（觉得可笑，或觉得着急等），都一定要保持冷静，同时要从心底重视孩子的情绪，并试图用孩子的眼光看待这件事。家长要耐心倾听孩子陈述，要让孩子感到自己的这种焦虑是正常的，就是家长遇到这种事可能也会很难过。同时，要让孩子知道，无论她表现如何，她都是自己的乖女儿，自己都会很爱她，并且相信孩子自己有能力解决这种问题，让孩子取得一种安全感和对自己能力的自信。

第二，家长在跟孩子说话时不要提及考试成绩，而要关注孩子的学习行为。像这位家长来信中提到的，"下次考好就行，没有关系的"这类话，它注意的焦点仍然是考试成绩，这种语言对孩子不仅起不到安慰作用，反而会让孩子对下次表现的要求和期望更高，因而会更紧张。正确的做法是：如果孩子愿意学习，就让她学，但要注意观察。家长如果感到孩子学得时间差不多了，效率下降了（如写字速度慢了，注意力不集中了等），就带孩子做做游戏、说说话，放松放松。

第三，发展或开发孩子多方面的兴趣，从多种角度培养孩子的自信心。在节假日或双休日，家长可以带孩子参加多种多样的活动，给孩子创造更多地展现自己的机会，丰富孩子的自我体验，以从多种角度培养孩子的自信心，从而减轻在学习成绩方面的表现压力。

总之，小学生的自信心就是在一次次努力后取得成绩、得到认可的过程中建立起来的。多给孩子创造通过努力取得成就的机会，孩子在努力的过程中会逐渐成熟的。

话家常53：孩子不爱学习怎么办？

差不多每次我做完关于家庭教育的报告后，或者在心理咨询的过程中，经常有人问我，我的孩子不爱学习，做作业特别马虎，这是怎么回事？应该怎么办？

这虽然是家庭教育咨询中经常面临的问题，可是也是非常复杂的大问题。这中间包括一系列有待澄清的小问题。可能是因为眼睛有问题，可能是因为智力障碍，可能是注意力缺陷综合征（多动症）等，但是这种情况所占的比例非常小，大部分孩子的问题都不是这类问题。所以家长千万别随便用什么"什么障碍""什么症"往孩子身上套。

我常常问家长，孩子不爱学习，那么他对什么感兴趣呀？有家长说，孩子爱看童话，一看几个钟头，吃饭都不情愿，童话中无论什么细节孩子都清楚，甚至能背得下来；有的家长说孩子爱做飞机模型，各种各样型号的飞机都清楚，俨然是个飞机情报专家。有了这些回答，我常常会对困惑的家长说，是呀，你的孩子没有问题，他对他感兴趣的东西就能专下心来，并且能掌握很多相关的知识，记住很多细节，这是非常可贵的现象呀。

但是这时候，焦虑的家长往往会着急地说，但是孩子不学学校的功课怎么行呢？不系统地掌握知识，上不了大学，什么都信马由缰，将来肯定是要被淘汰的。这可怎么办呢？

这时，我常常又会问家长，你是怎么成长过来的呢？

这时有的家长就说，我就是过去没有上了大学，现在感到很吃亏，

第六单元 不同年龄阶段的家庭教育

路子特别窄,因此无论如何也希望孩子好好学,将来上大学,有出息,但是孩子就是不懂事、不争气。

有的家长说,我上学的时候,那时没有这么多电视节目,也没有什么花里胡哨的歌星、影星,就愿意学习,所以还比较顺利,学习也不错,但是现在我的孩子又是看电视,又是玩游戏,还有什么球星、歌星要追,一天到晚被别人牵着鼻子转,看着真让人心疼,但家长又没有办法。

这时,我又会跟家长说,孩子不是橡皮泥,家长想怎么捏就怎么捏;孩子的头脑也不是水缸,家长可以把自己的人生经验往里面倒。孩子必须通过自己幼稚的头脑来观察、思考和吸收,因此所有的一切都必须通过他自己。孩子是通过错误来学习的,他们会摸索,会迷惑,会浪费时间,甚至会养成坏习惯,但这就是孩子,这是没办法的事,家长是急不得的。

说到这里,来问问题的家长都会有些失望,以为会问出来一些"灵丹妙方",但是却得到这样一种悲观的论调,一些性急的家长常常会出现一种悻悻然的表情,更有一些家长还会露出些许不屑的神态,以为所谓的"专家"也就是那么回事儿,净说一些不着边际的话。

但是,我还是会接着讲下去,学校的学习的确很重要,但不是每个人都要当科学家、学者,凡是有人群、有特定任务的地方,人总是要分出个好、中、差来的。就是每个人都很努力,由于素质等方面的差异,每个人的表现仍然会有差异。

"是呀,我也不求孩子学习多好,将来当什么科学家,只要他用功学习了,成绩好坏我们都不在乎,关键是孩子不爱学习,不爱做作业,这怎么办呢?"着急的家长常常是要打破沙锅问到底的,他们问的也的确有道理。"谋事在人,成事在天。"只要孩子对学习有兴趣,努力了,就行了,但是关键是孩子不努力呀。所以,这个问题,通常都是一个如何培养学习习惯、调动孩子的学习积极性的问题。对这个问题,我常常会提下面几个建议:

第一,不爱学习、不爱做作业因此成绩不好的孩子常常会缺乏自尊。学校、老师和社会都喜欢那些学习态度端正、学习成绩好的孩子,常常给予这些孩子更多的关心和鼓励,而对于那些所谓的"差生"及不认真的学生则批评得更多,甚至不理不睬,所以这些孩子常常有一种自卑感，因此这些孩子更需要家长的关心和鼓励，不能因为在学校表现不好，或者不爱学习而受到家长的冷落。

家长对孩子的爱是无条件的，学习努力、成绩好，他也是你可爱的孩子，不努力、不好，仍然是你可爱的孩子。让孩子知道不管自己表现如何，但是自己作为一个人总是有价值的。同时，要时刻发现、注意孩子身上的优秀之处、闪光点，培养孩子的自信心，这一条对于家长来说，我认为其重要性是压倒一切的。

第二，家长不能为了强调学习的重要性而把自己目前的状态归因到学生时期，而应让孩子了解父母当前的生活。

有的家长文化程度较低，对自己目前的情形不满意，经常给孩子讲"我过去没学好，结果现在很不成功，在单位不顺"等，因为你的状态孩子自然会看在眼里，如果你现在不如意，你把它归结到过去，那么孩子也自然可以把自己现在学习不好归结到"幼儿园"阶段，甚至归到娘胎里去。

另外，还有些家长因为目前比较顺利，经常给孩子讲自己上学时如何努力，希望孩子效法。俗话说，"好汉不提当年勇"，家长也不要经常拿孩子跟自己的过去比，自己过去如何用功、如何优秀那都是已经过去的事，是家长自己的事。因为时代变了，"过去"无论如何已经过去了，也因为你是你，他是他，不可随便比较。

所以，家长对孩子的最好教育就是在孩子面前自然、真实展现自己当前的生活，不要美化，也不要丑化。这样，孩子面前至少有一条生活的真实的道路，如果你有很好的知识或资本基础，那么套用一个传统的说法，"有智吃智"；如果你没有充分的知识或基础，那么"无智吃力"；这一切，不用家长讲，孩子都会看在眼里，愿不愿意沿着家长走过的路子走，就看他自己了。

第三，家长要控制自己，不要过分介入，因为学习毕竟是孩子自己的事。学习功课是孩子自己的事，学习不好也是孩子自己的事。但是现在的家长由于担心孩子将来的出路，或者怕丢面子，总是对孩子学习的事过度地关心。"你该做作业了吧。"一看见孩子来到自己身边，可能就冒出了这么一句。另外，孩子做作业的时候，父母两人都眼睛睁得大大的在旁边看着，指指点点，比孩子还上心。家长的这种表现自然让孩子觉得学习是家长的事，跟自己好像没有多大关系。难怪他们不爱学习、马虎了。

第四，创造条件，让孩子能够不受干扰地学习。正像孩子个子不高、骨骼发育不良，家长所能做的就是给孩子提供高蛋白、高钙的食物一样，但是不能替孩子吃下去，也不能替孩子长高。在学习方面，家长能够做的就是创造一个安静、温馨的学习环境。家长自己不要把太多的时间花在看电视上，更不能天天打牌、打麻将，因为过于喧闹的环境是不适合孩子读书学习的。

第五，榜样的作用是无穷的，想让孩子读书的方法是自己也拿起书（最好不要是什么武侠、色情故事，而是跟自己工作有关的书籍，或者是跟孩子有关的书籍，如儿童心理的科普读物，或者增进修养的一些经典读物等）来，潜下心来从中汲取营养，在你自己提高的过程中，你可能摸索到了教育孩子的新方法，另外，他说不定还模仿了你这个榜样呢。

第六，要了解孩子，就要了解孩子的需要和兴趣，了解孩子行为的动机，从而因势利导。这一条说起来简单，做起来复杂，要具体问题、具体分析。

比如，对爱看动画、卡通片的孩子，就从看动画入手，给孩子买一些制作精良、知识性强、有启发意义的动画片，让孩子在不知不觉间学习知识，受到教育和熏陶。如果家长有时间，可以陪孩子一起看，看完后跟孩子一起讨论，这样既增加了共同语言，融洽了亲子感情，同时也是一个教育的机会。

童话是讲故事的，童话中的主人公要成功无外乎这么几条：一是善良，所以关键时候他帮了别人或者是有人帮他；二是聪明，有知识，关键时候想出了巧妙的方法，解决了问题；三是努力，在别人玩和休息时，他仍然在努力练习。其实，在现实生活中，也是离不开这三点，成为一个好学生，也不开这三点。因此可以通过跟孩子的讨论，让孩子也模仿这样的行为，干好自己分内的事。学生的分内任务之一就是学习，鼓励孩子把童话中主人公的行为用在学习上。

对爱做飞机模型的孩子，如果条件允许的话，可以给他买一些与飞机制造有关的文字材料，培养孩子的读书兴趣。只要孩子养成了从书中汲取营养的习惯，他就踏上了正确的学习之路。读书是一种主动学习的能力，读书的过程，尤其是在读好书的过程中，孩子一方面汲取了知识，另一方面培养了孩子的注意力和思维能力。这些能力对于学习是非常必要的。

当然，孩子不爱学习、做作业马虎的原因还有很多，解决方法也很多。正因为问题的多样性，才有了学者们研究的必要，也有了诸位家长不断学习的必要，更有了家长不断地了解孩子的心理状态和身体状态的必要。

当了父母，就是一个终身职位，没有退休的那一天，我们只能不断观察孩子，不断学习新知识，不断摸索新方法，不断地总结新经验，这虽然是做一个好父母必须做的，不过，这正是生活的一种乐趣呢。

总结：

1）要时刻发现、注意孩子身上的优秀之处、闪光点，培养孩子的自信心，这一条对于家长来说，我认为其重要性是压倒一切的。

2）家长不能为了强调学习的重要性而把自己目前的状态归因到学生时期，而应让孩子了解父母当前的生活。

3）家长要控制自己，不要过分介入，因为学习毕竟是孩子自己的事。

4）创造条件，让孩子能够不受干扰地学习。

5）了解孩子的需要和兴趣，了解孩子行为的动机，从而因势利导。

话家常54：关于"聪明""懒""笨鸟先飞"的思考与讨论

勤奋是最大的荣誉，懒是最可怕的责骂！

老师和家长经常会对一些学习成绩不好、不努力学习的学生说："假使你更努力一点，你就会变成班上最好的学生"，"你很聪明，你就是不努力，你要努力了，你一定能够学好"，等。正是这样的话使这样的学生更不敢学习了。

你想想，一个班里有那么多学生，很多学生学习都很努力，学习的东西也有一定的难度,为什么这个学生努力了就一定能够成为"最好的学生"呢?所以,这个学生不用功学习,家长和老师这样说:"你很聪明,就是不用功","你要是不偷懒,一定能成为班上最好的孩子",他可以不费吹灰之力便获得殊荣,"班上最好的孩子""很聪明",那么他为什么要努力学习,而冒着失去荣誉的危险呢?很可能如果他不再懒惰时,人家便不会再认为他怀才不露了。如果他努力学习了,一时间没有成为"班上最好的孩子",还有可能被人家评价为"脑子笨"。

所以,老师和家长上述的评价,使一些孩子对于问题总是尽量逃避,也不肯轻易和人一较短长。别人多少都会认为,假使不是他这么懒的话,他一定能应付他的困难。

"懒"孩子自己也在这种想法里找到了安慰:"只要我肯做,哪件事我做不了?"而当"懒"孩子失败时,他也能够稍微保持一点的自尊,他会对自己说:"我只是懒,不是无能。"

"懒"孩子的另外一个好处是:当他做了一点点动作,表现出想学好的意思时,别人就会夸奖他。别人看到他好像改变了,便急着想刺激他痛改前非,给他很多奖励。同一件工作,假使是勤快的孩子做的,便不会受到这么多重视。

心理学家认为,每一名少年儿童都有一种追求进步、取得成就的愿望,他们愿意通过自己的努力取得进步和成就。但是,少年儿童也需要周围人的重视和关注,他们也害怕失败,害怕自己努力了,仍然得不到成就感,得不到好的评价。所以,家长和教师应该给孩子确立正确的观念,比如,

聪明=勤奋 "聪明就是为自己感兴趣的事情去操劳"

努力=幸福 "努力是获得自信和幸福的唯一源泉"

换句话说,对于孩子,根本不应该强调或提出"笨"和"聪明"这一类的概念。因为他们是正在成长中的人,只要他们努力了,只要他们在学习(各种各样的学习,不局限于文化课),他们就是幸福的人,就是成功的人。所以,如果要用聪明来形容孩子的话,就一样要把聪明的改变转化为勤奋,并且孩子真地取得成就去努力尝试了,他们就会感到幸福!

孩子们正是通过努力学习、发展能力、取得成就、赢得赞誉并获得自己独立面对世界和社会所必需的信心;他们也可能对自己做事的能力

感到绝望，认为自己不合格，并且因为自卑感而形成对自己、对他人的敌意。在上面所说的正确观念下，少年儿童才能够放心大胆地去努力、去操劳、去学习，而不用担心成为"笨蛋"、丧失自信。

少年儿童朋友们，改变别人是很困难的，如果老师和家长没有上面的正确观念，我们也不必非要去改变他们不可。我们只要自己确立这样的正确观念，我们为我们感兴趣的事情去努力，我们就能取得成就、快乐和自信。

我国有句成语叫作"笨鸟先飞"，家长和教师在教育中经常引用这个成语，其实从根本上讲，这个成语是错误的。在自然界中，最先发现危险和食物而最先飞起的大雁通常是最聪明的，首先发现偷袭的狮子并最先奔跑的头羊也往往是最机敏的、最强壮的。在人类社会中，也同样如此，把握先机、最先反应的人永远是有智慧的人，不知疲倦、辛勤工作的人也是最聪明、最幸福的人。

谈谈"笨鸟先飞"

在"笨鸟先飞"这个成语中，用了一个形容词，一个副词。这两个词，都是用来比较的。"笨鸟"和"聪明鸟""智鸟"相对，"先飞"与"后飞"相对。

在工作闲暇之余，我也经常琢磨这个家长和教师经常用来勉励孩子们勤奋努力的成语，似乎感受到了这个成语背后的某些担心或惊恐：由于我是笨鸟，为了赶上聪明鸟，我要先飞；并且，我尽量要"悄悄地干活"，甚至要迷惑聪明鸟，千万别把聪明鸟惊醒了！要是聪明鸟知道我在干什么，并且跟我一起干，那么我就没有什么优势了！

基于上述认识，我不赞同"笨鸟先飞"的说法，我坚信下面的观点：

1）人的能力有不同的维度和方面，每个人都是独特的，在这个世界上没有笨人！

2）进一步说，世界上的任何动物都有不同的能力，人虽然成为了世界的主人，但是昆虫、猪，甚至细菌，都有它们比人的优越之处，它们在很多方面超过了人。

3）由于每个人都是独特的，所以我们要努力发挥自己的能力，提高自己的能力，实现自己的价值！

心理学上强调这样的信念：人的智力不是固定的，不是一成不变的，如果你努力了，如果你跟自己相比不断取得进步，那么你就是在逐渐变得聪明起来！所以，世界上没有先飞的笨鸟，只有不飞的笨鸟！在不断努力的过程中，起飞并飞翔的鸟都会越来越聪明、越来越强壮！

总之，"聪明、强壮、笨、虚弱"这些词，是用来比较的，"勤奋、努力"是用来自我发展的。人，生活在社会中，经常要和别人比较，尤其是要跟比自己强的人比较，因为总是有比自己强的人，所以"人比人，气死人"，"人比人要死，货比货要扔"。比如，全中国几万、甚至上百万人参加乒乓球训练和比赛，但是4年只出一个奥运冠军，如果跟冠军相比，其他人都成了失败者。

所以，如果社会过于强调竞争和比较，对于很多人，尤其是不成熟的青少年，内心的压力往往是很大的。但是，如果教育者，或者父母，强调青少年自我的改进，强调自我发展，让孩子自己跟自己比，在自己身上下工夫，那么青少年内心的压力就会小很多，同时进步也会更快：我勤奋，我就聪明；我努力，我就幸福！每天勤奋、努力一点点，进步一点点，聚合起来，就是极大的成功！

这就是我想强调"聪明鸟先飞"，反对"笨鸟先飞"的初衷！

6.7 中学生的家庭教育

6.7.1 中学生的特点

我们知道，儿童的年龄和他们的心理发展阶段并不是严格对应的，每个人都有每个人的特殊性，因此，我们在本书中所列的幼儿、小学生、初中生、高中生的心理发展阶段也只是一种大概的或普遍的对应关系，具体到每个人，需要父母和教师"具体问题、具体分析"。

总体来讲，中学生（初中生、高中生）往往处于13~18岁这个阶段，按照皮亚杰的观点，已经进入了形式运算阶段，从此以后，儿童摆脱了具体内容的约束，可以通过假设推理来解答问题。

假设你来问一个小学生：如果太阳每天都从西面升起，那么，明天太阳从哪里升起？

大部分小学生（尤其小学低年级的学生）往往会毫不犹豫地回答：明天太阳从东边升起。

但是，如果你问中学生这个同样的问题，那么大部分中学生会干脆利索地回答：当然从西边升起。

由于逻辑思维能力的发展，这个阶段儿童也开始对理论问题感兴趣，他们摆脱了具体事物的束缚，开始瞻望未来，开始具有远大理想。

按照艾里克森的观点，整个12~18岁的阶段，儿童都处于自我同一性和角色混乱的阶段。这个时期，一方面，青少年第二性征的出现会带来一些心理问题；另一方面，更重要的是，青少年面临新的社会要求和社会的冲突而感到困扰和混乱。所以，这一阶段儿童必须思考所有他已掌握的信息，包括对自己和社会的信息，为自己确定生活的策略。如果对自己的形象、生活策略有了统一的看法，儿童就获得自我同一性，标志着儿童期的结束和成年期的开始。如果不能获得同一性，就会产生角色混乱和消极同一性。

艾里克森认为，青少年期，儿童为了获得自我同一性，会抓住一些救命的稻草，把一些细小的外在差异当作自我的本质予以保护和宣扬。同样，如果一个儿童感到他所生活的环境剥夺了他的自我同一性，那么他就将以令人吃惊的力量抵抗社会环境。在人类社会的丛林中，没有同一性的感觉，就没有自身的存在，所以，他宁做一个坏人，或干脆死人般地活着，也不愿做不伦不类的人，他自由地选择这一切。用艾里克森的原话，是这样表达的：

在这个阶段，甚至"恋爱"也完全或基本上不是一个"性"的问题。在很大程度上，青年恋爱不过是企图明确自己的同一性……这就是为什么许多青年人恋爱只是限于谈心了。另一方面，也可以用破坏性手段取得澄清。年轻人在排斥别人方面变得明显具有宗派性，不容忍别人，或残酷无情。他们可以以诸如肤色、文化背景、爱好和天资的各种"差异"，甚至以任意选取的服饰或姿势的微小差异作为"圈内人"和"圈外人"的标志。重要的是在原则上应当知道，这种不容忍性可以是对同一性丧失感的一种必要的补偿。

第六单元　不同年龄阶段的家庭教育

　　青年现在就在寻求一个机会，能自由地决定一条可以达到或者是不可避免地承担责任和义务的途径。但与此同时，他又极端害怕进行觉得是会被人讥笑或使人觉得是自我怀疑的活动。这也可以导致一种自相矛盾的心理，即他们宁愿作出无耻的、在年长者看来是出于自由选择的行动，而不愿作出羞怯的、在自己的同伴眼中看来是被迫而为的活动。

　　按照科尔伯格的道德认知发展阶段论，发展顺利的初中生往往进入了道德发展的第四阶段，即"法律与秩序取向"阶段，这时青少年注意的中心是权威或规则，他们从关注家庭、小群体转向关注社会团体。对于"好孩子"取向阶段来说，所谓的"好"意味着同伴和社会的期待，而对于"法律与秩序取向"阶段的儿童来说，"好"意味着履行自己所允诺的责任。

6.7.2　中学生的家庭教育措施

1. 在关注孩子的同时，给初中生更广阔的探索空间

　　十二三岁的青少年在生理上的急剧变化、身体的快速成长、性机能的快速成熟、逻辑思维能力的快速发展使初中生认为自己已经成了成人，觉得应该被家长、社会当成一个成年人来平等对待，渴望得到成人式的尊重和信任。同时，由于缺乏自我同一性，不了解自己是个什么样的人，内心又非常痛苦和胆怯，期望父母和自己信赖的成年人给予自己必要的帮助。这种矛盾心态，使得青少年行为相对反常，也使得这段时期被称为"第二反抗期"。

　　对于处于这个年龄阶段的孩子，父母要更加关注，同时也要更加宽容。关注孩子，在发现孩子有交流的需要、有寻求帮助的欲望时，就给孩子提供朋友般的帮助和启发；同时，给予孩子广阔的探索空间，只要不侵犯社会和他人的利益，要容许孩子做一些跟自己的价值观可能不一样，但是无伤大雅的与众不同的行为。因为通过不同的行为表现，通过对自己种种行为后果的体验、确认、分析和总结，青少年慢慢地确定自己的行为方式，整合自己的自我形象。

2. 引导孩子通过对伟人或成熟亲近的人的了解，探索自己的人生道路

在大千世界和茫茫人海中，如果一个人不了解自己是谁，不知道自己该干什么，那么他的人生肯定会非常失败；如果这样一个不了解自己的人，周围还没有一个可信任的人的陪伴，那么这个人的人生肯定是非常悲惨的，这个惨相可以用一个成语来形容：

盲人骑瞎马，夜半临深池！

恰恰从十二三岁开始，青少年就进入了这样一个状况，他们不知道自己是谁，但是他们也开始反抗父母，不愿听从父母的忠告。

但是，青少年的痛苦也有自己的补偿：他们的逻辑思维能力比较发达，思维中的理想成分比较鲜明，如果找到一个理想人物，那么对他们的人生将有重要影响。

基于青少年的这种特点，细心的父母可以创造各种条件，看似无意地购买一些伟大人物的传记和音像记录，吸引孩子通过自己的阅读和欣赏，找到自己的人生楷模。但是，如果父母在这么做得过于明显，教育目的过于突出，反而会引起孩子的逆反心理，最终事与愿违。

另外，青少年也需要成熟的、可信赖的朋友，了解这些成熟的、可信赖的朋友的生活，对于青少年也是一种知识上的补充和人生道路上的参考。因此，如果父母与孩子的感情很融洽，同时父母在日常交流中不带教育目的地把自己的日常工作、生活体验跟孩子分享，甚至主动征求孩子的意见，让孩子对自己提出意见，那么对于青少年的自我探索来说，也是一种非常有价值的补充。

3. 父母要以开明的心态，帮助青少年发展独立性

当青少年逐渐成熟并逐渐独立时，作为父母的心态也非常复杂：一方面看着孩子个头、体重和智力日益增高而欣喜，另一方面会因为孩子逐渐有了自己的活动空间和自己的主意，似乎越来越不需要他们了，父母觉得自己的生活似乎失去了意义。

所以，在青少年阶段，父母要做的就是控制住自己的感情，鼓励孩子独立，不要因为不能够继续在孩子的生活中起重要作用而感到愧疚，

反而要为孩子的日益独立而感到自豪和欣慰。

但是,青少年的心态也是矛盾的,他们一方面会寻求自主和独立,另一方面也会胆怯和依赖,在很多时候,他们似乎愿意让家长给他们出主意、下决断。这时候,父母一定不要上孩子的当。你可以通过沟通,给孩子寻找他们作决定的种种资料和依据,给孩子提供参考。即使父母非常强烈地希望孩子作出某种选择,这时候也一定要有所保留,父母必须要让孩子知道,最终作出决定的是孩子自己,孩子要为自己的决定负责。所以,父母通过与孩子的沟通,根据孩子的需要在提供了种种背景资料、利弊分析和可能路径后,一定要发自内心地对孩子讲:"你自己想一想,你自己决定你该怎么做。如果你经过思考作出了自己的选择,我一定会尊重你的选择。"

4. 帮助孩子了解社会,同时帮助孩子保护自己

孩子迟早要走出家庭和学校,独自去面对这个复杂的社会。因此,在青少年阶段,父母就要鼓励孩子去接触和了解社会。另外,现在的新闻媒体非常发达,父母要善于利用报纸、电视新闻、期刊等,跟孩子一起讨论社会中的现象,启发青少年的思考。

同时,青少年往往具有较强的社会责任感和理想主义倾向,他们在遇到社会上的丑恶现象时,往往会,或者内心期盼"路见不平一声吼",拔刀相助,甚至会对自己造成不必要的伤害。因此,父母可以在一种平静的日常氛围中,跟孩子讨论一些社会上的问题。

例如,假设你在一条偏僻小道上,发现两个男人在殴打一个妇女。你不认识这些人,如果你置之不理,马上走开,跟你不会有任何关系;但是,如果你上去制止那两个男子的暴行,你可能会被他们殴打。在这种情况下,你该如何选择?是挺身而出,还是走开?还是怎么样?你为什么要这么做?

通过类似的讨论,可以增加孩子对社会、对自己的了解,帮助孩子在履行社会义务时保护自己。

5. 鼓励孩子们向往大学教育

社会实践对于人的成长是非常重要的,但是不断地学习对于现代人

生活更是必不可少。在中国当前的教育背景下，初中、高中阶段的学习主要是在教师的引导下进行，而大学教育就是提供一个氛围鼓励学生自学，鼓励学生发展各方面的能力，所以大学教育对人的成熟、对人的自学能力的培养，是非常重要的一环。

父母可以通过孩子到大学参观、听专家讲座，让青少年感触大学生活的气息，培养孩子对于知识和学习的兴趣和热爱。

话家常55：价值观的培养过程

价值观是人们对自己生命意义的看法，是对自己要干什么而不干什么的一种判断标准，是决定人们的观察和行为的重要因素。譬如，人们比较容易倾向于那些自己认为有价值的、自己看重的事情、经验或人。所谓"古松三态"就是这个道理：在木匠看来，古松是一根梁；在画家看来，古松是美的，是风景的组成部分；在种地的农民看来，古松可以遮阳，是一方荫凉地。他们都从各自的角度看到对自己有价值的东西，并且由此可能产生不同的结果：木匠要砍树，而农民与画家则不然，由此也可能导致他们互相抱怨、互不理解。

随着社会的进步和改革的深入，人们不仅物质生活丰富了，精神空间也随之扩大，长辈们曾经奉若神明的一些金科玉律，在下一代很少见到了。长辈们的一些价值观是当时的社会条件决定的，正像过去到处流行的单一的灰衣服一样，他们那时没有多少选择的余地。而现在的年轻一代，则面对着在价值取向上的众多的方向和道路，感到无所适从，由此出现一些消极的现象，引起教师和家长的担心，这是不足为怪的，问题在于如何才能帮助青少年建立成熟的、合理的价值观。那么价值观是怎样形成的呢？心理学家认为价值观的形成可以界定为下列三个阶段：选择、珍视和行动。

价值观产生的第一个阶段是自由选择。这种选择的自由对于价值观的发展是最基本的，因为价值观不可能经由强制或压迫而获得，它是一种心甘情愿作出的选择，是在仔细考虑与衡量所有的选择途径及其可能后果后作出的决定。价值观渗透和贯穿着我们的生活，自由的选择使我们成为生活的积极参与者，而不是旁观者。

珍视是价值观形成的第二个阶段。因为价值观的形成过程不仅包括认识的过程，也蕴含着情感的层面。这种选择是自己所乐于接受的，并且是自己非常重视的。为了实现自己的选择，人们乐于付出很大的代价。所谓"砍头不要紧，只要主义真"就是如此，因为这种主义是先烈所珍视的。

但是，只空想或谈论自己的价值观是不够的，必须在行动中体现出来。价值观形成的第三个阶段就是行动。只有在行动中才能完全实现或体验到我们的选择和所珍爱的事情，体会其价值。譬如，造房屋、种庄稼或画画，一个人只有实际上造出了房屋、种了庄稼或画了画以后，才能说他的价值观得到了展现。

价值观的形成过程是青少年与人、社会、现有观念及各种事件交互作用的结果，要促进其价值观的形成，主要是靠青少年自己的学习，而不是靠家长和教师的包办。教师和家长应该做一个价值观的倡导者、促进者、催化者，而不应该是一个填鸭者。心理学家罗梅认为："催化者与学习者的相互关系中最重要的是，要把学习者看成一个人，而且要经常提供给他发展情绪、身体和智慧的机会。"价值观形成的最适当的环境是教师、家长和青少年之间具有良好的、互动的、支持的关系，我们认为有下列七种方式可以满足这样的条件，能够促进青少年价值观的形成和发展。

1）鼓励青少年自己自由发展。我们的家长及教师已经习惯于自己的权威，常是自己说了算，对儿童的自由选择不但不进行鼓励，反而可能会予以批评，这是很有害的。鼓励青少年按照自己的兴趣去无拘无束地探索世界，鼓励他们去发现并欣赏自己的独特性，将会使他们更健康地发展。

2）协助青少年探讨各种可能的选择途径。青少年正处于身心快速发展时期，本身还不成熟，他们对许多问题不一定能认识得很清楚。这时，家长和教师要协助他们，帮助他们认识各种可能的发展方向，而不是让所有的儿童都向一个方向发展。

3）引导青少年仔细权衡行为的后果，然后再作决定。青少年的行动具有一定的冲动性，他们容易仓促作出决定，由此可能产生不良的后果。家长和教师要适时地引导青少年思考行动的前因后果，使他们对自己的行动负责，这样一方面可以避免消极的后果，促进他们的心理早日成熟；另一方面，青少年在其行动产生积极效果后，会更有积极性。

4）鼓励青少年内向寻求，了解自己。家长和教师在鼓励青少年了解外部世界的同时，也要鼓励他们了解自己，使他们发现自己的兴趣、爱好及能力倾向等。这样，不仅会使他们更积极主动，也有利于挖掘他们的潜力，形成自己的个性。

5）给予青少年公开表示和讨论自己价值观的机会。青少年通过公开表示和讨论自己的观点，不仅会加强彼此的了解，增进友谊，而且也会使他们的价值观更加成熟和稳定。

6）鼓励青少年依据自己的选择行动。青少年在干自己想干而非家长和教师让他们干的事情的时候，他们是极为忐忑不安的。这时，如果没有教师和家长的尊重和鼓励，下一次他们一定不敢再去冒险。况且，青少年在行动过程中，难免会遇到这样或那样的困难，没有鼓励，他们很可能会泄气。

7）协助青少年在生活中一再地重复自己的正确行动。价值观的形成过程是探索自己、接受自己和强化自己的过程。在发现了自己的潜能、作出了正确选择以后，必须能够持之以恒，才能形成稳定的价值观。但是，青少年的心理特点是不稳定的，容易见异思迁，教师和家长应该加以引导，使他们的行动具有稳定性、连续性。

要真正地做到这七条是不容易的，家长和教师必须付出大量的心血和劳动。心理学家诺克玛曾经写道："作为一个价值观的催化者，需要奉献、弹性、参与和耐心。"为了下一代能拥有一种健康、积极进取并且富有意义的生活，教师和家长作出这样的付出，也是很值得的。

话家常56：如何对待爱批评人的老师？

问题：

您好！我是一名中学生。我们学校有位老师，特别爱批评学生，稍微发现学生一点错误，不管在什么场合，就会将嘲讽的话劈头盖脸地甩过来，并且总是揭老底和算总账，以前的错处都要数落一遍，才肯罢休，一点也不考虑学生的心情，我们真受不了，感到委屈，可又没地方说。如果跟家长说了，更挨骂，因为他们总认为老师永远是对的。遇到这种老师，您说我们应该怎么办？

回答：

读了你的来信，我深深地体会到了你那种苦闷和委屈的心情。中学生大多有一颗敏感纯洁的心灵，理应受到鼓励和保护；但是，在现实生活中，这颗幼嫩的心灵，却往往受这样或那样的压抑和挫折，有时，甚至遭到无理的打击，就像你信中所说的那样。遇到这种情况，我们应该怎么办呢？我想可以从以下几个方面来考虑：

1）分析这个老师的行为及后果，免得使自己受到过分的伤害。我们知道，为师之道在于循循善诱，正像一首诗中所说："随风潜入夜，润物细无声。"这是优秀老师常常采用的一种教学方法。但是，现实中也有一些老师往往有违于此，他们动辄发火或出口伤人，这不仅没有起到教育的效果，反而伤害了学生的自尊心，熄灭了学生的求知欲。要知道，这并不是学生的过错，这是老师的缺点。我们不必为他人的过错而使自己受到伤害，也不必因为老师不合理的批评而使自己感到过分内疚。你说是吗？

2）分析老师的心理，理解老师。凡事都是有原因的，从心理学的观点看，每个人都有自己的烦恼和压抑。经常处于烦恼与压抑的心理状态之中，人往往难以保持心理的平衡，会产生烦躁情绪，易发怒，甚至出口伤人。

我们知道，中学老师的压力是很大的，他们负担着繁重的教学工作，需要对全班几十名学生的成长负责，并要使他们走上成材道路，担子可谓不轻，遇到不听话的学生，常有"恨铁不成钢"的心理。另外，老师也是人，他们也有常人所有的生活烦恼。当然这不能成为老师对学生犯小小的过错就大发雷霆的理由，但老师心中的烦恼也可由此而知了。若是你自己处在这样的情景中，或许早向别人大喊一通了。人们常说，"理解万岁"，理解不仅可以避免双方互相伤害，并且通过理解，也可以消除对方心里的郁闷。对老师来说，学生的理解将对他来说将是莫大的安慰。

3）分析自己的行为及后果，使自己的行为符合社会规范和行为准则。前面说过，凡事都有其原因，老师向学生发火，有他不对的一面，但也可能有学生自己过错的一面，总是由于学生自己的行为在某方面不合乎老师的要求，才会出现你所说的情况。当然，老师的要求不一定都合理，但是自己的行为是否符合社会规范或行为准则呢？这是我们应该考虑的问题。在这些问题上，老师是我们的好帮手。听听他们的意见肯定会有好处的，他们的不满之处，可能正是我们的不足之处。

4）分析自己的心理，调整与老师的关系。人在受到挫折和打击以后，往往容易变得消极回避，或对对方产生抵触情绪，甚至产生逆反心理。譬如，觉得批评过自己的老师一无是处，对他教的科目也提不起兴趣等。我们要随时分析自己的心理状态，如果一旦发现这种抵触情绪，就要设法消除；否则，不但于事无补，反而对自己有害。

消除这种抵触情绪的方法主要靠理解，不仅要理解老师，也要告诉老师自己对他这种行为的感受，让老师理解自己，改变他的态度。同时也要坚持自己的正当行为和要求，不受老师的情绪影响，干自己该干的事，学好所学的全部课程等。

5）向校领导、家长或新闻机关等社会组织求援。青少年处于生长、发育的关键时期，应该拥有良好的环境，这是社会应尽的义务。所以，除了上述的自我调节的方法外，也可以向社会求助。如实地向家长、校领导或新闻机关反映老师的情况，也是对学校工作的促进。这样做不仅可以缓解自己的心理压力或怨气，也可以直接使环境发生改变，促进这名老师改变态度，关心和理解学生。例如，你给我们写信就是一个很好的选择。这样可以使你少受一些委屈或伤害，同时也是对我们工作的最大鼓励和信任，谢谢你。

愿以上几种方法能够对你有所帮助。祝你学习进步、心情愉快！

第七单元 特殊家庭与特殊儿童的家庭教育

所有人都希望有一个完美的家庭，希望夫妻恩爱，希望家庭和谐，希望给孩子一个正常的、健康的生长环境。所有人都希望有一个健全的、正常的孩子，希望孩子活泼可爱，聪慧过人，希望孩子幸福成长，小时候学业优秀，长大后事业有成。

然而，事实并不那么如意完美，生活中常有不尽如人意的事情发生，如离婚、配偶死亡、不育，甚至碰上5.12大地震这样的灾难等，使家庭结构和家庭功能必须调整，才能继续发挥其功能。孩子虽说是上帝赐给我们的礼物，但上帝也有赐错礼物的时候，他有时会把那些不健全的孩子降落到人间，另外，也有种种事故和意外，以及自然灾害损伤孩子的健康，把健康的花朵变成残障孩子，考验父母的耐心、爱心和毅力。

面对那些特殊家庭，面对那些特殊儿童，我们需要更多的思考，更多的研究，更多的爱和关心。

7.1 特殊家庭

严格地说每一个家庭都存在各自的问题,所谓"家家有本难念的经",只是有些家庭的问题更特殊、更严重,故称之为"特殊家庭"。

我们知道,成长在特殊家庭的孩子未必就有问题,但是由于特殊家庭中的特殊因素,容易导致儿童在发展中出现一些问题。所以,我们研究特殊家庭,正是为了针对这些特殊问题提供具体措施,避免因为忽视问题而使问题恶化。

在这里,我们讨论现代社会里比较常见三种特殊家庭,即单亲家庭、重组家庭、收养家庭,以及一种常见特殊家庭现象:家庭暴力。

7.1.1 类型一:单亲家庭

单亲家庭,顾名思义,就是缺少父亲或母亲而仅由一个家长独立支撑的家庭。在单亲家庭中,所有的家庭事务,如维持生活、养育子女、料理家务就会落在一个人身上,增加了单亲家长的生活负担。

单亲家庭又分为单亲母亲和单亲父亲两种情况。

7.1.1.1 单亲母亲

在中国社会,"男主外,女主内"的观念虽不再起主导作用,但是在社会上一个女子带着年幼的孩子里里外外操劳,总是有很多不方便。同时,母亲若必须出外工作养家,孩子的照顾就难兼顾,如果孩子年幼,需要雇请保姆,经济压力就更大了。

另外,很多女性单亲觉得被社会孤立,邻居可能不尊敬她,有时自己心里觉得人家瞧不起她,不愿参加社交活动,尤其不愿与已婚朋友联

第七单元 特殊家庭与特殊儿童的家庭教育

系,越来越寂寞、孤独。

总之,有研究表明,单亲母亲可能会出现以下心理问题:缺乏安全感、被孤立;由于压力大,单亲母亲很需要别人的情绪支持。

7.1.1.2 单亲父亲

单亲父亲往往更容易得到社会的支持和同情,同时他们的经济压力可能会小于单亲母亲。

Oerhner等于1976年所作的研究发现一个有趣的现象:在他们的单亲家庭研究样本中,大部分离婚男性单亲都对目前的生活感到比较满意而快乐,他们认为与子女的关系良好,但是没有孩子的男性单亲适应则比较困难,觉得缺少了配偶的精神支持。与单亲父亲相反,大部分单亲母亲负面情绪较多,感到生活不满意、不快乐。

研究者认为这种现象可能是因为社会对男女的要求不一致,女性单亲面临的压力较大,在经济上的能力也较弱所致。

7.1.1.3 单亲孩子

有单亲母亲和单亲父亲,就有单亲孩子。有些婚姻和家庭问题专家认为,与其让子女生活在一个父母不和的家庭,不如让他学着适应父母的离婚,也有研究发现离婚的家庭的孩子(尤其是青少年),生活适应的情形比不快乐(高冲突)的完整家庭还好。

研究表明,离婚事件本身,并不会导致单亲子女性格的改变;相反,离婚事件导致的父母及周围的人的观念的改变,以及由此引发的情绪与行为的改变,才会对单亲子女的心理发展造成影响。具体的影响因素如下:

1)离婚或丧失配偶,作为一种婚姻的失败或不幸,会影响到单亲父亲或单亲母亲的心情,并进而影响到孩子,使孩子承受过多压力。

2)单亲家长由于婚姻的不幸,有的对孩子产生歉疚心理而过度补偿、甚至溺爱,有的因为教养孩子过于辛苦而对孩子期望过高,正是这种过度补偿或期望过高,影响了单亲子女心理的健康发展。

3)单亲子女由于目睹了单亲家长婚姻的不幸,往往对交友、恋爱、结婚等行为持一种不信任或机会主义的态度,不敢尝试或者过于随便，容易造成新的不幸。

4）社会对单亲家庭有偏见，单亲子女往往容易受到同学或他人歧视或排斥，或者不合理的关心与同情，造成单亲子女缺乏安全感、性格偏激等。

所有这些因素都由于单亲家庭产生的认知变化造成的附带影响，所以只要单亲家庭重视相关教育措施，就能保证单亲子女健康发展。

7.1.1.4　单亲家庭的教育措施

1）单亲家长自信、积极的生活态度。家庭变故已经是过去的事情，只要单亲家长接受过去的不幸，重新开始积极的生活，单亲家长的情绪状态自然会对单亲子女产生重要的影响。正常家庭的孩子，他们的情绪受到父母双方的感染和影响，因此具有一个缓冲的空间，但是，单亲家长是孩子在家庭中可能面对的唯一的成年人，单亲家长的情绪状态、行为方式将会对单亲孩子更有影响力。

2）给单亲孩子分配他/她力所能及的家庭责任。孩子在成长的过程中，需要承担责任来获得价值感和意义感。单亲家庭给孩子承担家庭责任带来了便利的条件。如果单亲家长根据孩子的能力和兴趣，以及家庭生活的需要，让孩子帮助自己完成一些必需的家庭劳动，一方面可以加深亲子情感，减低单亲家长的负担和压力；另一方面，也可以提高孩子的能力，促进孩子更早地承担责任、获得成人感和价值感。俗话说，"穷人的孩子早当家"，单亲子女承担家庭责任的必要性比正常家庭要多很多，因此他们的成长机会也多了很多。

3）建立社会支持系统。家庭是一个系统，系统必须跟外部交流信息并取得支持。单亲家庭更需要跟外部交流信息并取得支持。单亲家长必须要保持开放的心态，不卑不亢地跟自己的亲戚、同事、邻居，以及孩子的老师、同伴进行交往，并在交往的过程中，为家庭带来新的资源和支持，为孩子创造新的成长机会。

7.1.2　类型二：重组家庭

随着单亲家庭的增加，单亲家庭的重新组合，重组家庭也开始进入人们的视野,在重组家庭中,血缘关系比较复杂,可能会有"你的孩子,我的孩子",甚至还有"我们的孩子",因此给重组家庭的家庭关系和家庭教育带来一些特殊的问题。

7.1.2.1 重组家庭的问题

1)孩子原本在单亲的情况下,与父亲或与母亲已建立亲密的互赖关系,如今有"外人"加入,心理上需要适应新的亲子关系。

2)在许多小说、故事、戏剧中,常把继父或继母描述成阴险恶毒的角色,形成刻板印象,使得孩子在尚未有机会了解继父母之前,就有了抗拒心理。所以现实生活里的一些稀松平常的摩擦,很容易就被夸张、扩大、扭曲,使得问题恶化,不可收拾。

3)社会上旁观者不适当的同情心,不合理的袒护孩子,使得继父母很难正正当当地管教孩子,搞得管与不管,左右都不是。

4)继父母本身缺乏对重组家庭孩子心理的理解,往往急于要孩子接受自己,过度付出,过度对孩子好,结果欲速则不达,最后灰心失望,反而落个"虚伪、装模作样"的罪名。

7.1.2.2 重组家庭的优势

与单亲家庭比较起来,重组家庭也有自己的优势。

1)父母的角色压力减轻。单亲母亲或单亲父亲经过家庭重组形成重组家庭后,原来一个人承担的家庭责任,如子女教育、购买生活必需品、洗衣做饭等家务,目前都可以有两个人来承担,父母的角色压力减轻了很多。

2)家庭的经济压力减轻,社会支持系统扩大。重组家庭的父母经济来源也进行了整合,比起单亲家庭的经济状况往往会有很大改善。同时,重组家庭的父亲与母亲原来的亲戚、朋友、同事等关系也会借这个家庭的重组而建立联系,扩大了重组家庭的社会网络,使重组家庭更容易获得资源和支持。

7.1.2.3 重组家庭的教育措施

1)重组夫妻的承诺与决心。重组家庭婚姻的美满程度首先取决于夫妻双方的诚意。如果夫妻双方决心要让重组家庭成功,就不会对对方期望太高、要求太多，不会过分的挑剔，反而能够互相理解和包容。在这样一种夫妻之间的和睦氛围下，前次婚姻留下的阴影就能被克服，孩子也能在和睦的氛围中不断成长。

2）注意孩子的感受，尊重孩子的亲生父母。在很多时候，孩子在父母离婚后，往往盼望父母能破镜重圆，但是父亲或母亲一旦再婚，孩子心目中的这个愿望就破灭了，所以他们会把继父母当作破坏他原来家庭幸福的人。因此，继父母要关注并理解孩子的心理变化，尊重孩子的心理感受，并且让孩子知道，大人们都很注重他的感受。

另外，不管孩子不在身边的亲生父母有多少错误，但是他们对孩子出生和成长都作出了重要的不可磨灭的贡献，继父母一定要予以充分的尊重。孩子的生父母是孩子生命和经历的组成部分，尊重孩子不在了的生父母（不管是离异还是死亡），就是尊重孩子。

3）在新家庭中建立信任感、归属感和凝聚力。每个家庭都有自己的行为模式，每个人在自己的家庭中也都形成了自己一些独特的行为方式，在按照这些方式行动时，人们会觉得自在和轻松。继父母一定要对孩子的行为方式保持敏感，接受孩子的对人无害的独特的行为方式，并在此基础上，形成一些新的行为方式，塑造一家人之间彼此的认同，让一家人在一起觉得轻松和自在。

当重组家庭有了一些属于自己这个新家的行为方式或感情表达方式时，家庭就有了自己的凝聚力。

7.1.3 类型三：收养家庭

现代社会收养孩子的情况越来越多，收养孩子的原因大致有以下几种：

1）夫妇至少有一方不能生育。
2）晚婚，不愿冒高龄产妇之危险。
3）夫妇只生一个孩子，再收养孩子来做伴。
4）出于善心和爱心，收养贫困地区的孩子、孤儿或残障儿等。

很多时候，收养家庭与正常家庭并没有什么区别。例如，曾有医院

第七单元　特殊家庭与特殊儿童的家庭教育

把初生的婴儿弄错了，父母兴冲冲地带了别人的孩子回家，自己也不知道，后来发现真相，却已和别人的孩子产生浓厚而稳固的感情。想换回来，实在舍不得让这一个离开，但是不换回来，自己的骨肉变成了别人家的孩子，因此造成极大的矛盾和挣扎。由此也可证明，亲情需要靠培养，与血缘无绝对的关系。

所以，养父母在收养孩子时，如果收养的孩子年龄还小，如在2岁以前，并且生父母与收养家庭不联系、周围邻居不知道的话，那么这种收养家庭就和正常家庭基本是一样的。养父母切不可因为孩子不是自己亲生的而有什么顾虑，既然养了这个小不点，他就是自己的孩子。养父母以爱心对待，鼓励发展孩子的自主性，确立明确的行为规范，该惩罚惩罚，该鼓励鼓励，跟一般家庭没什么两样。当然，如果孩子知道自己是这个家庭收养的，养父母则要注意两个原则：

1）不要一开始就急于建立亲子一样的亲密关系，而要像对一个朋友一样，理智地关心对方、尊重对方。

2）强调生育之恩，言语和行为上尊重孩子的生父母。有很多被收养的孩子会受到周围人的影响，他/她会从邻居、亲戚那里听到只言片语，有时甚至是风言风语，这些言谈对孩子的心灵伤害是很大的。如果孩子问及此事，家长不要回避，不用躲闪，和孩子开诚布公的谈心，说出彼此内心的感受，感谢孩子的生父母为自己生下了这么可爱的孩子。

话家常57：教父如何对待养子？

汤姆·哈根的母亲眼瞎了，她在哈根11岁时去世。哈根的父亲是一个工作非常卖力的木匠，他从未做过对妻子不忠诚的事，但却是一个不可救药的酗酒者。父亲酗酒的毛病毁了这个家庭，最终因此命归黄泉。

汤姆·哈根从此成了孤儿，经常在街上闲逛，困了就睡在马路边的屋檐下。在这时，他的眼睛感染了炎症，周围的人总在议论他可能会像他母亲一样眼睛瞎了。

桑尼是教父唐·科里奥的儿子，由于经常在一起玩，桑尼和汤姆·哈根成了朋友，并把汤姆·哈根带回家，给了他一碗他终生难忘的香喷喷的意大利风味面条，并给了他一架金属折叠床让他睡觉，从此哈根成了这家的孩子。

那么教父是怎么对待这个孩子的？教父从来没有对此说过一句话或者作出一个姿态，在一种最自然的方式下，哈根被这个家庭接受了。唐·科里奥亲自陪这孩子去了一家特别的医院，把孩子的眼睛治好。唐·科里奥送他进了大学预科班，最后进了法学院。在做所有这一切的时候，唐·科里奥表现的像一个保护人，而不是一个父亲。他从未向哈根表示出任何感情，但是奇怪的是，他对哈根比对自己的任何孩子都更礼貌，从来不把自己的愿望强加给他。是哈根自己愿意在大学预科之后进法学院的，因为他曾听到唐·科里奥说："一个带公文包的律师比一百个带枪的人能偷到更多的东西。"

教父一直向朋友一样对待这个养子，直到哈根大学毕业、结了婚、并且主动表达要为教父工作的这一天。在那一时刻，哈根看着教父的眼睛说："我愿意像你的儿子那样为你工作。"这句话意味着绝对的忠诚，和对教父"父亲"尊严的完全接受。

直到这时，唐·科里奥才显示出了从哈根进入这个家门以来第一次父亲般的感情。他快速地把哈根拥抱到自己怀中，从此对待他像一个真正的儿子，尽管他自己有时会说："哈根，永远不要忘了你的父母。"这话好像是在提醒自己，也在提醒哈根。

7.1.4 家庭暴力

小凯经常被爸爸打。因为作业没写好、因为考试没考好、因为丢了东西、因为打碎盘子、因为和小朋友争执……所有的一点事情都有可能引来爸爸的一顿打。爸爸有时用自己粗大的手掌，有时用皮带，有时用棍子。爸爸打小凯的时候，妈妈怎么也拦不住，妈妈一边哭一边喊叫："你打吧，打死算了！你把我也打死吧。"

妈妈的哭喊声引得爸爸打得更狠。

宣宣的妈妈制定了一个规定：写错一个字罚抄100遍，倒插笔罚

200遍，数学题做错一道罚10道。宣宣每次写作业之前就开始紧张，生怕写错什么，可是越紧张越出错，越出错越紧张，以至于每天晚上作业都要搞到很晚。睡觉的时候宣宣就会做梦，梦里还在不停地写作业。

孩子们在经受着肉体和精神的虐待，而有些家长不知晓。

总之，家庭暴力的对象可能是成人，也可能是小孩，针对孩子的暴力通常称为儿童虐待（child abuse）。虽然说"虎毒不食子"，但是虐待儿童的事件在我们的社会里仍时有所闻，并且很多还造成恶性刑事案件。

7.1.4.1 虐待儿童的种类

虐待儿童的方式有许多种，归纳为以下八类：

1）身体虐待：任何造成肉体痛苦的伤害，如烧伤、咬伤、割伤、打伤等。

2）性虐待：强迫儿童与大人发生性行为。

3）身体疏忽：未能供给孩子日常生活的基本需要与环境。

4）医药疏忽：当孩子身体需要某种医疗时，未能提供医药或治疗。

5）情绪虐待：以语言或动作破坏孩子的情绪健康及自尊，妨碍孩子的人格及社会发展。

6）情绪疏忽：不关心孩子及其活动情形。

7）遗弃：未能持续地养育、督导孩子。

8）多重虐待：以上多种虐待方式的综合。

7.1.4.2 虐待儿童的父母特点

虐待儿童的父母，通常自己都有一些严重的心理问题，他们通常具有如下一些或部分特点：

1）童年的经验十分不愉快。

2）自己小时候也是被虐待的孩子。

3）与家人、朋友、邻居不太往来，很少与外界接触。

4）自尊心很低，认为自己无能、无价值、不值得爱。

5）心理不成熟，依赖他人的供养。

6）生活缺乏乐趣，生活压力大。

7）对孩子有一种扭曲的概念和不实际的期望。

8）家庭教育观念有问题，相信体罚会使孩子变好，只知打骂。

9）对自己的孩子缺乏同理心，也无法了解别人的感受。

7.1.4.3 被虐待儿童常见行为和心理问题

1）退缩，不信任他人。

2）自尊心低，缺乏自我概念。

3）对权威有不合理的反叛行为。

4）对别人的攻击性很强。

5）很怕犯错。

6）对于赞赏和奖励不敏感或者无反应。

7）与父母的沟通很差，亲子关系恶劣。

7.1.4.4 对家庭暴力或虐待孩子者的帮助

家庭暴力或虐待孩子首先是一个违法事件，家庭暴力的实施者一定会受到法律的惩处。但是，从个体或单个家庭来看，法律解决的行为只是一种事后的惩罚，不能达到事先的预防。因此，对出现家庭暴力苗头的家庭，进行心理帮助和心理治疗是一种必然的选择。

事实上，暴力是无能的人最后的办法，如果虐待孩子的父母学到其他管教子女的方法，并且能够达到有效地管理孩子的目的，他们就会减少暴力。

针对虐待孩子的家庭的帮助原则是：改变认识、减少压力、开拓资源。

具体的方法有：

1）帮助父母学习欣赏自己和孩子的行为或特点。

2）帮助父母认清自己和孩子分别是一个独立的个体。

3）帮助父母对孩子有合理的期望。

4）帮助父母学着尽量忍受孩子的负向行为。

5）帮助父母学着表达对孩子的正面感受。

6）帮助孩子减少容易引起父母失去耐心的举动。

7）鼓励父母扩大社交生活和兴趣。

7.2 特殊儿童

特殊儿童，概括地说是与同龄儿童的发展或表现存在某种程度的不同的儿童。在过去，这些孩子的个别需要及其家庭所面临的困境，很少被人重视，而且常由于欠缺了解，同时由于经济条件的限制，通常没能给予合适和公平的教育机会。在我国直到20世纪80年代，特殊教育才日益受到社会重视，学者专家纷纷提出"天生我材必有用"及"因材施教"等观念，呼吁社会大众以更积极的态度对待特殊儿童，给他们良好的教育，使其成长为一个有用的人。

7.2.1 特殊儿童的类型

特殊儿童，通常包括如下几个类别：智力落后、视觉障碍者、听觉障碍者、言语障碍者、肢体残障者、情绪困扰者、学习无能者、儿童多动综合征，以及多重障碍者和超常儿童（资优儿童）。其中前面几类属于残障儿童，最后一类属于资优儿童，但是，他们都叫特殊儿童。

7.2.1.1 智力落后

智力落后是一个广泛的概念，指发展期间由于普通智力功能的发展迟滞，而导致适应困难者。根据其受教育的可能性或学习潜能，粗略分为三类：

1）愚鲁：在智力落后病例中约占80%，不善于进行抽象、概括活动，分析、理解、判断能力差，对读、写、算等基本学科的学习较感困难，但若施于适当的补助教学，尚能学习日常事务。属于可教育的智力落后。

2）痴愚：自理生活能力差，不易理解人的讲话，认识水平很低，学习能力有限，在成人监督下只能学习简单的生活习惯和技能。属于可训练的智力落后。

3）白痴：不能分辨亲人，情绪反应极原始，基本上没有意志活动，几乎没有学习能力，一切均需依赖他人的养育与保护。需要终身监护。

也有研究者根据智商分类:

79~50:可教育。

49~20:可训练。

20以下:需要监护。

7.2.1.2 感觉障碍者

感觉障碍中常见的是视觉障碍和听觉障碍。视觉障碍是指由于先天或后天原因,导致视觉机构(眼球、视神经、大脑视觉中枢)的构造或机能,发生部分或全部障碍,以致对外界事物无法或很难作视觉性的辨识(表7-1)。

全盲:无光感。

生活盲:有光感到视力为0.02者。

生产盲:0.02~0.05。半盲。

表7-1 世界卫生组织低视力及盲目标准(1973年)

级别		最好矫正视力	
		最好视力低于	最低视力等于或优于
低视力	1	0.3	0.1
	2	0.1	0.05(3米指数)
盲	3	0.05	0.02(1米指数)
	4	0.02	光感
	5	无光感	

注:0.05表示在3米距离不能分清测试人的手指数;0.02表示在1米距离不能分清测试人的手指数。

听觉障碍包括重听和耳聋。重听指听觉器官有缺陷,但仍有功效;耳聋则是指听觉器官不能产生日常生活的功用。耳聋者的世界,是一个非常寂静的世界。

7.2.1.3 言语障碍者

言语障碍者通常有下列的困难:

1)不能发出声音。

2)由于结构变态而有不正常的高低音、音量、音质。

3)口语表达的正常流动有中断。

4)学习口语有困难。

5)语言学习迟滞。

第七单元 特殊家庭与特殊儿童的家庭教育

7.2.1.4 肢体残障者

肢体残障者是指由于先天或后天的发展缺陷、疾病或伤害，以致躯干或四肢的功能异常。一般可分为五类：

1）先天性残障：主要是由出生前或出生时的原因所导致，如脑性麻痹、骨骼形成不全症等。

2）传染性疾病：如小儿麻痹、结核病、骨髓炎等。

3）形态异常：如肌肉萎缩、手足变形等。

4）外伤性残障：主要是由意外事故所致，如骨折、烧伤等。

5）其他各种原因或原因不明者：如肌肉或骨骼的肿瘤、中央神经系统的硬化等。

7.2.1.5 情绪困扰者

严重的情绪困扰，是指由于心理及情绪的原因而导致行为异常，而有下列症状者：

1）无法学习，但无从分析其智力、感官、神经或健康因素。

2）无法与同伴或老师建立或维持良好的人际关系。

3）在正常情况下，行为或感觉不对劲或不成熟。

4）一般最主要的心情是不快乐和沮丧。

5）可能发展出身体的症状，如痛、恐惧，在家庭或学校适应不良。

这些症状都有其相当的时间、频率和深度，以致损伤其学习能力。

7.2.1.6 学习无能者

广义的学习无能是包括一切足以妨碍正常学习的困难问题或学习障碍，如弱智能、弱视、重听、自闭症、癫痫、脑性麻痹等学习障碍，影响学习效果。狭义的学习无能则指因大脑轻微损伤或功能失常，导致知觉、概念、语言表达、注意力的控制、符号认知等方面的缺陷。

7.2.1.7 儿童多动综合征

根据流行病调查结果，我国多动综合征儿童占学龄儿童总人数比例为3%~5%；男女比例为4~9：1

特点：明显的持续的注意力不能集中，活动过度，任性、冲动，学习困难。诊断主要依据老师和家长提供的情况，同时必须在多种场合下具有显著的注意力不能集中和活动过度。

7.2.1.8 多重障碍者

多重障碍者指一个人同时具有两种或两种以上的障碍或能力缺陷，如智力缺陷加上视觉障碍，听力不足加上语言障碍等。

7.2.1.9 超常儿童（资质优异儿童）

超常儿童是指具有极高智力或若干优异的专门才能的儿童。超常儿童可分两类：

1）普通资优（gifted）：指孩子的普通能力十分优异，特别是在智力测验上的表现十分优异者。

2）单项资优（talented）：指孩子在某一方面有卓越表现（如记忆、数学、推理、空间关系、语文理解、科学探究、历史研究、创造发明或社会领导能力等），而且有强烈的表现欲及动机者。

> 任何事物只要具备特殊性质，就一定会引起关注。特殊儿童无论是残疾还是资优，都因与众不同而引起家长和社会的歧视或者重视。如果说孩子是上天给予父母的礼物，那么特殊儿童是上帝赐予父母和社会的特殊礼物。他们的到来，考验着家长的意志和品质，考验着家长的耐心和信心，考验着家长的认知和情绪，考验着家长的学识和胆识……在这里我们不仅要向特殊儿童致敬，更要向那些肩负艰巨使命的家长致敬。身为特殊儿童的家长，需要付出超越常人的艰辛，种种困难不言而喻，种种烦恼可以想象。但是他们不能放弃，只能在生命长河里一直逆流而上，追溯着一个令人钦佩的梦想——让特殊儿童在适应社会的同时，发挥自己的潜能，实现自己的价值！

7.2.2 残障儿童的家庭教育

7.2.2.1 残障儿童的教育的关键

著名心理学家阿德勒（Alfred Adler，1870.02.07 – 1937.05.28），本身

第七单元 特殊家庭与特殊儿童的家庭教育

就是一个残疾人,他出生于奥地利维也纳郊区一个富裕商人家庭,从小因患脊柱症而身体孱弱、行动笨拙。3岁时,睡在身旁的弟弟去世;幼年时有两次被车撞的经历,使他十分畏惧死亡。5岁时,得了肺炎……阿德勒作为个体心理学的创始人,在他的代表作《自卑与超越》中对残障儿童的心理进行了深刻的描述,我们在这里引用一些关于残障儿童的精彩段落:

身体器官有缺陷的儿童在心灵的发展上比其他人蒙受了更多的阻碍,他们的心灵也较难影响、指示、命令自己的肉体去争取优越的地位。他们需要用较多的心力,并且必须比别人更集中心意,才能获得相同的目标。所以,心灵会变得负荷过重,而他们也会变得自我中心而只顾自己。如果儿童总是受器官缺陷和行动困难的困扰,他们便没有多余的注意力可供留心外界之用。他根本找不到对别人发生兴趣的闲情逸致,结果他的社会感觉和合作能力的发展便较其他人差……

器官的缺陷造成了许多困难,但是这些障碍却绝不是无法摆脱的命运。如果心灵主动地运用其能力以设法克服其困难,则个人可能会和没有缺陷的年轻人一样成功。事实上,器官有缺陷的儿童,尽管遭受许多困扰,他们却经常比身体正常的人有更大的成就。身体阻碍是一种能使人向前迈进的刺激。例如,视力不良的儿童可能因为他的缺陷而感到异常的压力。他要花费较多的精神,才能看清东西。他对视觉世界必须给予较多的注意力。他也必须更努力地区分色彩和形状。结果,他对视觉的世界,即比不需努力就注意微小差异的儿童有更多的经验。由此可见,只要心灵找出了克服困难的正确技术,有缺陷的器官即能成为重大利益的来源……

如果他们努力地争取某种身外之物,他们自然会训练自己,使自己具有获得它们的能力。困难只是通往成功之路必须克服的关卡。反过来说,假使他们的兴趣只在于担心他们不如别人,或除了想摆脱它们外,便无其他目标和此种落后状态争战,那么他们就不会真正地有所进步……

只有决心要对团体有所贡献而兴趣又不集中于自己身上的儿童,才能成功地补偿其缺憾之道。只想避开困难的儿童,必将继续落于他人之后。

总之，阿德勒认为，残障会给残障儿童带来很多感知和行动上的困难，但是如果残障儿童不自怨自艾，反而注重对团体或他人的需要并愿意努力为社会作出贡献的话，那么这种克服困难的过程反而会帮助残障儿童形成良好的行为习惯，从而更容易取得成就；但是，如果残障儿童把注意力集中在自己身上，过于担心自己的残障，那么残疾儿童就不容易发展能力，也不容易跟他人合作，更不容易为社会作出贡献！

怎样帮助残障儿童形成这种"淡化自己的残障、努力为社会贡献、实现自己的人生价值"的形态和行为模式呢？残障儿童父母的心态和教育措施很关键。

7.2.2.2 残疾儿童的家庭教育措施

1）端正认识，尊重残障儿。严格地说，每一个人或多或少有些残障，有的人不会唱歌，有的人没有数学细胞，有的人动作不太灵活，有的人表达能力很差，但是，我们都以其他方面的能力补助，在不足的方面，我们也是依赖他人。既然我们本身都不是很完全的，为什么要看不起残障者呢？

越来越多的发现证明，残障的人虽然在某方面有缺陷，却往往在另一方面比一般人灵巧。例如，失聪的人视觉特别敏锐，失明的人触觉和听觉特别敏锐，肢体残障的不但在各方面表现杰出，甚至也可能成为运动健将。这样的案例不胜枚举，可见重视对残障儿童的教育并不是浪费，而是人才投资。

2）恢复正常的生活和教育态度。残障的孩子并不是他前世犯了什么罪，今世才得到报应，也不是他的父母做了什么伤天害理的事，连累他的孩子，他也是造化的杰作，是独一无二的个体。只不过这个社会是为所谓的正常人设计的，因此残障儿童要融入、适应这个世界，需要比一般所谓的"正常人"付出更多的努力，因此更需要父母以理智的现实的态度对待。

明智的父母在痛苦过后，终于能适应，以面对现实的态度来渡过个人的挫折和冲突的危机，能接纳这个孩子及其特殊的需要，不觉得其异常，也不设法隐藏。

成功的父母会向关注正常儿童一样，充满爱心地密切地观察着残障

第七单元 特殊家庭与特殊儿童的家庭教育

孩子的发展,给残障儿童创造机会以便让他们承担社会责任,让他们在为社会、为他人服务的过程中,忘掉自己的残障并克服自己的残障。

相反,失败的家长往往出现下列问题:要么对残障孩子不管不问,听天由命;要么对残障儿童保护过多,让残障儿童觉得自己比正常人差,从而丧失自立的勇气,也丧失了承担社会责任的愿望。

3)组成特殊儿童家长互助团体,扩大社会支持系统。特殊儿童总是有一些特殊的能力和需要,仅仅靠残障儿童自己的父母来研究和探索,能力总是有限的,如果残障儿童的家长和家庭自己联合起来,互相交流、学习与残障儿童相处的技巧,讨论自己孩子面临的问题及可能的处理方法,彼此给予感情和信息上支持,利用团体集会,请学者专家演讲等,这些方法将极大地拓展特殊儿童家长的眼界,提高家长的信心,从而更好地促进残障儿童的发展和提高。

7.2.3 资优儿童的家庭教育策略

从严格意义上说,大部分的孩子都是资优儿,都有其比较特别、比较擅长的方面,也都有无限潜能待开发。但是,相对来讲,在社会认可、接受的范围内,总是有一些孩子在某些标准上比较突出,超出了其他孩子一大块,如有的孩子智商很高,有的孩子数学、文字或音乐能力很强。

如何保持资优儿童的优势、开发孩子的潜能并让他们接受社会的规范、适应社会,其实成了资优儿童家长的一个难题。在这里,我们提出如下几个原则:

1)不要期望过高或另眼相看。资优儿童在自己所谓"资优""超常"的身份确定后,往往被赋予了很多耀眼的光环,被家长和社会特殊对待,从而丧失了很多童年的乐趣,这是一件很悲哀的事情。

其实,资优儿童并不表示每一方面都比别人强,他们只是在某个方面表现出了一些特殊的优势,是否能够保持,将来结果如何,都还不确定,所以,资优儿童仍然需要父母无条件的爱,就是不管孩子表现如何(不起眼也好,残障也好,资优也好),只要是自己的孩子,他们就会得到同样的爱。只有得到了这种无条件的爱，资优儿童才能有安全感，才能在学习和探索时没有后顾之忧。同样，也只有父母给予了这种无条件的爱，其他孩子才不至于受到威胁，才更容易与资优儿童建立信任的合作关系。

2）保持平常心，注意观察。关注、观察孩子是任何教育的起点，对于资优儿童更是如此，因为针对正常儿童的教育措施往往不适合他们，对他们更要因材施教。所以，父母要保持平常心，不要迫不及待地逼孩子学习，或未经观察便自以为是地替孩子决定学习方向。

3）提供条件。真正的教育者就是自己学生的助手或者参谋，正如俗话所说的，"师傅领进门，修行靠个人"，对于资优儿童，父母往往缺乏可以借鉴的教育手段，因此只有在认真观察的基础上，根据孩子的兴趣，为孩子购买合适的书籍、器材，或者聘请合适的老师，从而为孩子创造条件，满足孩子的求知欲望和特殊需要。

4）均衡发展。资优儿童也与一般儿童一样，需要各方面均衡发展。因为人的发展是相辅相成的，强健的体魄、合群的性格、安定的情绪，都有助于资优儿童发挥其特殊的能力，就像一部车子，光是引擎好而轮子或车身不好，也是跑不了多远的。所以，资优儿童的家长要像其他家长一样，通过分配给孩子家务活、与孩子做游戏、与孩子对话、给孩子体验成功与挫折的种种机会等方式，培养孩子的自尊心、自控能力、责任感和人际交流能力，培养孩子完善、坚定的性格和意志品质。

总之，从严格科学的意义上讲，每个孩子都是天才，所谓的资优儿童只是在当前社会认可的某个维度上，这些儿童表现的比较优秀而已。所以父母一定要对"资优儿童"保持平常心，并准备为开发孩子的潜力付出更多的精力和智力！

话家常58：如何教育资质优异的儿童？

有一个大热天，一位老人带着自己的孙子来到心理所，咨询孩子教育问题。这位老人最早关心的是孙子的上学问题。他的孙子今年5岁，还在幼儿园上中班，但是在他的教育下现在已掌握了千位数的加减法和

第七单元 特殊家庭与特殊儿童的家庭教育

十位数的乘法,同时也认识了几千个字,自己能看书、读报,并且爱钻研数学问题。他考虑到,如果孩子上一般小学,肯定没有学习兴趣,反而给耽误了,因此来到心理所咨询,看看有没有对这种孩子的特殊教育道路。

我告诉他,关于小年龄儿童的超常教育目前还在实验阶段,还没有一个成熟的社会办学方法,最好的途径是家庭教育和学校教育的结合。然后接着问了孩子在幼儿园中的情况,这一下好像触动了这位爷爷的心事,说起了自己的苦恼,孙子在幼儿园怎么也不受老师欢迎,说孩子不守规矩,是多动症,让送医院检查。这不,到医院一查,智商测试表明他的智商140多,是个超常孩子。不管孙子超常、不超常,这且不说,但是在幼儿园都不守规矩,不能让老师喜欢,将来上了学,走上了社会怎么办呢?

这位老人真是为孩子想得长远。的确,有很多孩子因为智力发育早,或者接受了较多的早期教育,上学以后不专心听课,不招老师喜爱,跟同学不合群,学习兴趣下降,到后来反而成了差生。那么,对于这样的一些资质优异的孩子应该怎么教育呢?我提到了如下几条原则:

1)尽量给孩子提供条件,发展、深化孩子的兴趣。孩子自己已能看书,并且对数学特别感兴趣,那么可以给孩子从浅到深买一系列的数学书,由孩子自由选择、自己探索,家长能辅导的尽力自己辅导,不能辅导的话,可以请相关的老师进行特殊的教育。

2)不要炫耀孩子的成绩。真正的兴趣都是一种内在的动力,在学习的时候会感到愉快,问题解决了会感到喜悦,这是对自发的学习的最大奖赏。如果向别人炫耀孩子的能力,别人的赞扬、奖励反而会抵消其内在的动力。

3)让孩子尊重他人,与他人和睦相处。人是一个社会性的动物,在与他人的接触过程中,人才能知道自己是谁,才能提高自己。超常孩子往往由于自己智力或知识上优势而养成"唯我独尊"的坏毛病,凡事自己说了算,结果成了"孤家寡人",不能形成清醒的自我认识,丧失了跟人接触的乐趣;或者由于过于专注于自己的片面兴趣,成了"白痴天才",除了那一点兴趣外别的什么都不懂,生活缺乏情趣。

如何让孩子做到尊重他人，与他人和睦相处？我给这位老人提了两个具体建议：

1）让孩子帮父母做些家务，体贴父母；

2）让孩子读一些中国古代的启蒙读物，如《三字经》《千字文》等，在"玉不琢，不成器；人不学，不知义；为人子，方少时；亲师友，习礼义；香九龄，能温席；孝于亲，所当执；融四岁，能让梨；弟于长，宜先知；首孝悌，次见闻……"的琅琅读书声中，受到熏陶。

老人满意地回去了，但不知道他的孙子会怎么样？也许20年后又是一个做出伟大成绩的数学家吧？也许是一个幸福的平常人。

不管怎么样，祝福他们。

第八单元 家庭治疗的相关概念及应用

按照家庭治疗的观念，一个人"生病"，全家人都必须"吃药"。或者说，如果一个家庭中孩子出了问题，常常是父母或其他家人也有问题。如果要解决所谓"孩子的问题"，往往要首先，或者同时，解决父母或家人的问题。

动力沟通对此有一个生动的比喻：当一个鱼池的鱼病了的时候，养鱼人可能去改善池塘的水质问题。因为家庭是一个活化的生态系统。

本单元主要介绍了与家庭教育相关的家庭治疗的主要概念与应用。

家庭教育手册——动力沟通之家庭教育篇

8.1　什么是家庭治疗

家庭治疗（family therapy）：是以"家庭"为对象而施行的心理治疗，属于人际关系方面的治疗，与以"个人"为对象而施行的个人心理治疗有所不同，它不太注重成员个人的内在心理构造与状态，而把焦点放在家庭各成员之间的人际关系上。

在家庭这个系统内，任何一个成员表现出的行为，都会受家庭系统内其他成员的影响；个人的行为影响系统，而系统也影响成员。同时，一个家庭成员的病态行为，往往也会因配合其他成员的心理需要而被维持或加强。

所以，按照家庭治疗的观念，那就是，一个人"生病"，全家人都必须"吃药"。或者说，如果一个家庭中孩子出了问题，常常是父母或其他家人也有问题。如果要解决所谓"孩子的问题"，往往要首先，或者同时，解决父母或家人的问题。

话家常59：花季里的劫难

问题：

您好！我有一件棘手的事情求助于您，恳请能得到您的帮助与指导！

我有一位致亲的表妹，今年尚不到16岁，正在重点中学念初三，在她的花季里难逃过一劫。现在已发现她有一男友，并且过着同居生活，因不洁等因素染上妇科疾病，现正在治疗阶段。作为亲人，父母没有正面压迫询问她，毕竟她还小，年幼无知。今天，在她得知父母知情

第八单元 家庭治疗的相关概念及应用

后,写了一封家信给妈妈,信中主要叙述她与男友的情感何等之深,并为男友反映其好的一面。矛盾且伤感,其愿望是得到家人理解并与其男友维持下去!这是她的初恋情人,但其年龄还小,严格说还不是成年人,个人发育还不健全,学业还很漫长,何且男友还是出来工作的人,其中肯定带有欺骗的行为!

王老师,作为亲人,我们如何从多角度去劝说她能认识到自己的盲目性?使她从迷茫中觉悟,并能自强、自立、自爱?我们担心方法不当反而会造成恶劣后果。我们应该从哪方面入手,如何逐渐深入?因为现在她正值升学复习紧张阶段,学习上压力也很大。急切期盼得到您的帮助!

祝好!

回答:

你好!谢谢你的信任!

你说的情况很让人痛心,这的确是一件令人感到棘手的事。

怎么做呢?我想,首先是知己知彼吧。

跟她同居的男友多大了?是哪里人?从事什么职业?生活来源是什么?个性特点如何?有什么优点?有什么缺点?对这些问题的了解,恐怕是作为女方的亲人必不可少的功课,是回避不了的。不能因为讨厌、怨恨对方,而忽略了对对方的了解。

另外,因为这牵涉到未成年人,牵涉到未婚同居,所以必要时也可以采用法律手段。这方面我是外行,你要找一些可信的律师请教。

至于说如何劝说女孩本身,我们知道,任何语言都是苍白无力的,关键是亲人的日常行为。亲人对她的不幸遭遇的体贴,无言的关心,关注孩子的心情,关心她的需要,对可能出现的身体反应和不适提供及时的体贴的帮助,这是最重要的。

另外,榜样的力量是无穷的,亲人自己的生活要有所追求、健康向上。这样,孩子看在眼里,也知道自己的人生路应该怎么走。当然,所谓的追求,并不是一定要成名成家,或者如何发达,而是指作为一个社会中的人,在工作上尽心、尽力,不落人后;在同事、亲戚、邻里间乐于助人，气氛融洽；家庭环境整洁，家庭气氛亲切、自在。这样的人，就是成功的人、健康向上的人。

如果孩子看着周围的亲人都没有什么追求，就是那么混日子，那么早点找个朋友，一起混日子岂不是更好些？

当然，劝说本身也是有技巧的。首先是要消除对男方的怨恨，因为社会上有各种各样的人，人被狗咬伤了，被猫抓了，不能埋怨狗、猫，只能总结经验，吸取教训；其次，是要承认男方的优点，同时也不能埋怨孩子傻，告诉她痛苦的经历会让人更成熟、更聪明，消除她的自卑感和抵触情绪；再次，是要让孩子展望将来的生活，要有理想；最后，通过法律手段并晓以利害，让她的男友知难而退。

这只是我的个人意见，仅供参考。

8.2 双重束缚

精神病医生在观察精神病人与他们家人的交往过程时，发现了"双重束缚"现象。双重束缚是指，家庭成员在彼此交往时，向其他成员发出了相互矛盾的信息，一个信息是"应该如何如何"，而另一个（常常是非言语的）是"不要如何如何"，语言信息和非语言信息正好相反，从而让另一个成员左右为难。

Bateson等于1956年给出一个经典的例子，一个母亲的非言语信息是"走开"，而说的是"走近我，你需要我的爱，你误会我了"。

一个年轻人刚刚从一次精神分裂的发作中恢复过来，他的母亲到医院来看他。他很高兴，把手放在她的肩膀上，而她变得很僵硬。他把手收回来，而她问他："你不爱我吗？"他脸红了，而她说："亲爱的，你不要这样容易害羞，害怕表达自己的感情。"

Bateson等在报告中说，在这次见面后，年轻人在回到病房时变得很狂暴。不论在母亲面前怎么做，他都是错的。Bateson等相信如果他继续在这样的家庭环境中生活，他会失去理解交往模式的能力，强化精神病行为。

应用：

作为家长，必须对自己的行为和言语保持足够的敏感。如果自己在跟孩子接触时，做的是一套，说的是另外一套，往往会让孩子很为难，甚至会加重孩子的精神病倾向。

8.3 婚姻分裂和婚姻倾斜

婚姻分裂和婚姻倾斜也是精神病人家庭内部的两种交流模式：

婚姻分裂，指父母因为自己的问题或冲突不能有效解决，他们把冲突延伸到孩子身上，夫妻双方争着同情和保护孩子，并试图在孩子面前贬低另一方。在婚姻分裂中，儿童的自发行为和感情受到了束缚。要取悦父母之一，另一个就会不高兴。

婚姻倾斜，指夫妻中的一方出现了严重的心理困扰并严重地影响了家庭生活，但是另一方由于无力改变这种困境而接受了这种困境，并向自己的孩子暗示说这个家庭是正常的，一切良好，这样就歪曲了儿童的现实性。在婚姻倾斜中，儿童获得了关于人的行为的虚假的价值观，进而影响他日后人生的适应。

应用：

夫妻之间的矛盾应该在夫妻中得到解决，明智的夫妻也可能会有冲突，但是他们不会主动把孩子卷进来。即使孩子感到了父母的冲突并主动询问或介入，明智的夫妻会告诉孩子：父母之间会有矛盾，现在还不知道谁对谁错，但是夫妻双方都会爱自己的孩子。

同时，如果夫妻明显感到了对方出现了严重的问题并且影响到了家庭的生活，夫妻之间在孩子面前可以保持相互尊重，但是不要告诉和暗示孩子，家庭内部平安无事，要让孩子知道家庭中存在问题，并根据孩子的能力让孩子了解自己看到的问题，但是，在跟孩子交流自己看到的配偶的问题时，尽量保持平静和客观，不能情绪化和绝对化，否则就会变成"婚姻分裂"。

8.4 假性共同性

Lymen Wynne和他的同事观察了有精神病儿童的家庭，发现了假性共同性的现象。

假设共同性：家庭成员戴着面具和其他成员交往而不是真正开放。从外表看家庭成员关系融洽，实际上每个家庭成员都在掩盖着内部的冷漠，家庭成员之间的关系和交流都比较肤浅。

应用：

家庭教育的一个重要原则就是"真诚"，人只有真诚，才能相互影响、相互促进。父母在跟孩子接触时，要流露真实的情感，只有真实的情感，才能够打动儿童并影响儿童。

8.5 情绪割除

当儿童在进入家庭接受了太多的压力时，他们就会试图和家庭分离，不再与家人产生情绪上的联结——这就是情绪割除。具体的表现有：青少年会逃离家庭，年纪小一些的儿童会出现冷漠、孤僻，不关心家里的人，他们和父母的接触变得简单和表面化。

但是，正在成长过程的孩子在日常生活中会产生大量的情绪体验，需要跟父母、家人保持密切的情绪交往，以平复生活中产生的其他情绪体验，所以，如果家庭成了孩子负性情绪体验的主要来源，情绪割除就成了儿童一种痛苦的选择，并且往往会带来消极的长远后果。

应用：

父母要对孩子的情绪状态保持敏感，同时对父母自身的情绪状态也保持敏感，以便及时帮助孩子平复情绪，同时防止自己的负性情绪对孩子产生不良影响。

第八单元　家庭治疗的相关概念及应用

8.6　合理情绪疗法

合理情绪行为治疗的目标是让家庭成员认清他们被自己的不合理信念所困扰。当他们认识到他们的不合理信念并放弃这些信念时，会发现新的生活乐趣和目标。

不合理信念的三个特征：
1）绝对化要求；
2）过分概括化；
3）糟糕至极。

合理情绪疗法的基本步骤：
1）诱发事件（activating events）。
2）诱发事件激起的相应观念（beliefs）。
3）个体的情绪及行为结果（consequences）。
4）与不合理信念进行辩论（disputiong irrational beliefs）。
5）通过治疗达到新的情绪和行为的效果（new emotive and behavioral effects）。

话家常60：遇到不爱学习的父母

问题：

老师，您好！

我的父母特别不爱学习，还爱批评人。我前两天看到一本《怎么当好家长》的书，觉得特别好，我用自己的零用钱买来给父母看，他们不仅不看，反而批评我自己不好好学习，净瞎花钱。你说，我遇上这么不好学的父母该怎么办？

回答：

您好！

看了你的信，我也觉得你很委屈。用自己的零花钱买了书，本想让父母看了之后理解自己，但父母不但不看，反而批评自己乱花钱，肯定是很难受的。遇到这种情况怎样化解这种心情呢？

你可以想想，自己的父母是否平常就不喜欢看书，如果他们就不爱看书，你硬要买书给他们看，那你就有点强大人所难了。

另外，是不是他们那段时间刚好特别忙，心情不好，你又给他们推荐书看，他们自然不高兴了。

并不是每个大人都像勤奋的学生那样爱好学习，所以要理解他们，因为他们工作很辛苦，工作过程中也在不断学习新东西，所以，如果他们不愿意，孩子就不要在家里再给他们增加任务了，你说不是吗？

另外，你也可以想想父母对自己的好处，我们生病了不是他们照顾我们吗？我们现在吃的、用的，各种花费，不都是他们辛苦地挣来的吗？不要把自己想得太悲惨，如果没有父母，自己到处流浪，没地方上学，也没有零花钱买有用的书，那才是真的悲惨呢。

有首歌唱得很好"有妈的孩子像块宝，没妈的孩子像根草"。所以，尽管有时候父母并不像理想中那么令人满意，但是他们仍然是最爱我们的人，对我们还是很不错的。你说不是吗？欢迎你再来信与我们沟通，也希望你在父母心情好的时候多跟他们交流！

动通加油站

1）池塘里的鱼群生病了，养鱼者不是关注鱼，而是去改进池塘中的水。等水质改善了，鱼群的病就好了。

2）鱼缸中的一条鱼生病了，养鱼者不是只关注这条生病的鱼，而是去关注其他的鱼，发现、揭示其他活泼的鱼和这条生病的鱼的共性、差异、关系和彼此的影响，不断进行探索，并试图增强所有鱼的生命力。

3）真正爱鱼，不是把它们养在自己的池塘和鱼缸中，而是把它们放进本来属于它们的江海湖泊中，欣赏、爱护江海湖泊。

第九单元 古今中外的家庭教育理论和故事

家庭是历史最久远的一个社会单位,是人活动的主要场所之一,因此,家庭自然是文化的发源地之一,家庭中子女的养育方式,是文化形成的原因,也受不同文化的影响。

俗话说,人同此心,心同此理,这句话在家庭教育上得到了充分的验证。我们知道,中国文化和西方文化存在巨大的差异,但是苏格拉底和孔夫子,家训的鼻祖《颜氏家训》的作者颜之推和英国人洛克,他们远隔万里,处于不同的文化背景,但是却在家庭教育的问题上提出了同样的观点,这不得不令人叹为观止!

9.1 中西古人论教育从哪里开始

教育从哪里开始？对于这个问题，中外历史上伟大的教育家、思想家都给予了详细的描述。我们都从中学课本上了解了孟子的观点，他强调要培养孩子的礼貌，尊重老年人，对长者鞠躬（为长者折枝）等，其实古往今来的哲人、教育家都说着同样的话。

对西方世界影响最大的古希腊哲学家柏拉图（前427—前347）在《理想国》中，借他老师苏格拉底的口强调了这样的教育内容：

年轻人看到年长者来到应该肃静；要起立让座以示敬意；对父母要尽孝道；还要注意发式、袍服、鞋履；总之，体态举止，以及其他诸如此类，都要注意。

我们知道，比柏拉图早出生100多年的中国古代伟大的教育家、哲学家、政治家孔子（前551—前479）在他的弟子们编辑的言论集《论语》中早已表达了同样的教育思想。

子曰：弟子入则孝，出则悌，谨而信，泛爱众，而亲仁。行有余力，则以学文。

大意是：孔子说，孩子们在家孝顺父母，出门恭敬长者，谨慎，讲信用，对所有的人都关心，有爱心。这些事情都干好了，如果还有精力，再来学习文化知识。

子夏曰：贤贤易色；事父母，能竭其力；事君，能致其身；与朋友交，言而有信。虽曰未学，吾必谓之学矣。

孔子七十二大弟子之一子夏（前507—？）也同样强调习惯的培养，他说，教育的目的就是要让人尊重有道德的贤人，全心全意孝敬父母，努力工作，对朋友说话算数。这样的人，就是没有读过书，我也一定说他有学问！

第九单元　古今中外的家庭教育理论和故事

同样，颜之推在《颜氏家训》中也充分强调了日常生活的习惯培养的重要性。

吾观《礼经》，圣人之教，箕帚匕箸，咳唾唯诺，执烛沃盥，皆有节文……学达君子，自为节度，相承行之，故世号士大夫风操。

作者的大意是：在看《礼记》（《礼记》为五经之一，故也称《礼经》）时，发现古代圣人在教育过程中，扫地、用筷子、咳嗽、吐唾沫、应答、拿蜡烛、洗漱，都有规定……有学问有修养的人，自己把握这些规定，继承、执行这些规定，因此被世人称为士大夫的风操。

教育孩子处理好自己的日常生活及待人接物，做一个尊重人、讲礼貌、会做事、爱做事的人，这就是最重要的教育！在这一点上，苏格拉底和孔夫子说着同样的话！

9.2　中西古人论早期教育的重要性

中国是一个重视家庭、重视家庭教育的国家，"齐家、治国、平天下"等强调家庭重要性的谚语警句，几乎人人口熟能详。同时，在中国辉煌灿烂的文化历史长河中，还有一本影响深远的家庭教育的专著《颜氏家训》，如该书第一章所述，它是我国现存最早的家庭教育专著，被称为"古今家训，以此为祖"。在这本书里，作者颜之推（531—590?）也充分强调了对婴幼儿进行习惯培养的重要性：

教妇初来，教子婴孩。

要想让儿媳妇守规矩，应该从刚进家门时就开始教；教育孩子，也要从婴儿时起步。

当及婴稚，识人颜色，知人喜怒，便加教诲，使为则为，使止则止。比及数岁，可省笞罚。

当孩子刚刚懂得人的表情的时候，就应当加以教诲，培养孩子的行为，让干就干，让停就停（这里先不讨论具体的内容对不对），这样孩子长大以后，自然不会与父母发生冲突，也不用严厉惩罚了。

因此，越早形成好的习惯，对孩子越有利。对此，英国哲学家洛克

（John Locke，1632—1704）也有精彩描述：

平常的人之所以有好有坏，之所以或有用或无用，十有八九是教育造成的。人与人之间所以千差万别，都是出于教育的不同。我们幼小的时候得到的印象，哪怕极其微小、几乎觉察不到，都会对一生产生长久而深远的影响；正如江河的源泉，水性柔和，稍用一点人力就能将它引向别处，使河流的方向发生根本的改变；只要最初从根源上这么引导一下，河流就有了不同的趋向，最后流到十分遥远的地方去了。

家训的鼻祖、《颜氏家训》的作者颜之推，和在他1000多年后的英国人洛克，他们都表达着同样的意思：教育的起点越早越好，而父母正是处在这个起点上的关键人。

9.3　历史上的第一个座右铭与家庭教育有关

在打败了昏庸的商纣王后，周武王建立了周朝，但是，作为一个开国之君，他看到朝代的兴衰更替，内心很为自己的子孙后代焦虑。于是，登基刚三日，武王就把自己的师傅姜子牙（姜尚）和众大臣都召集起来，问了他们一个非常严肃的问题：有没有一种东西，可以让子孙万代永远遵守下去？"有万世而可以为子孙常者乎。"

姜尚就说了：有，它写在红宝书上，国王您想听到它，就必须斋戒！"在丹书，王欲闻之，则斋矣。"

武王就斋戒三日，然后穿上朝服，端坐于朝廷的大堂之上。姜尚也穿戴整齐，背着书进来，靠着屏风，大声朗诵红宝书的内容："恭敬胜过懈怠，则吉祥；懈怠胜过恭敬，则灭亡！道义战胜欲望，则人们拥护，欲望胜过道义，则凶险。"任何事情不坚定，则会出偏差，不恭敬，也会偏离正确的道路。出偏差，就会被消灭；恭敬，就能万世永存！"敬胜怠者吉，怠胜敬者灭；义胜欲者从，欲胜义者凶。凡事不强则枉，弗敬则不正。枉者灭废，敬者万世。"

武王听了老师姜尚的话以后很恐惧，就在各种生活用具上刻上字，用以自警并告诫子孙：

在其座位的左前端刻着：安乐必敬。

在其座位的右前端着着：无行可悔。

在镜子上刻着：见尔前，虑尔后。

所以，有史记载的第一个座右铭就是，"不要做任何让自己后悔的事"（无行可悔），其实就来源于周武王对自己子孙的教育行动，也来源于对自己的提醒（自我教育）！

9.4　《易经》中的家教思想

《易经》自古以来被称为五经之首，是中国文化根源中的根源。在《易经》中有一《家人卦》，专门讨论了家庭教育的问题。

通过《家人卦》，我们可以看到如下的治家及家教思想：

第一，家长在家庭内有至尊地位。正如我国俗语所说："家有千口，主事一人。"《象传》中也说，"家人，有严君焉，父母之谓也"。北宋著名哲学家程颐在《伊川易传》中对《家人卦》解释道："家人之道，必有所尊严。而君长者，谓父母也。虽一家之小，无尊严则孝敬衰，无君长则法度费。有严君而后家道正，家者国之则也。"

第二，持家之道在于善始善终，防患于未然。"闲有家，悔亡。"三国时的王弼解释说："凡教在初，而法在始。家渎而后严之，志变而后治之，即有悔矣。"俗话说："千里之堤，溃于蚁穴。"凡事都有一个由小到大、由微之显的发展过程，等到家风已经败坏、毛病已经顽固的时候再去纠正，必然要事倍功半，后悔不迭；若能防患于未然，则事半而功倍、游刃有余。

第三，严厉与关爱相结合。"王假有家，交相爱也。"程颐对此进一步解释道："王假有家之道者，非能使之顺从而已，必使其心化诚合，交相爱也。"在家庭教育中，仅仅让孩子听话、顺从是远远不够的，甚至是有害的，家长与孩子必须互相尊重、互相体贴，让孩子心悦诚服，自觉地接受父母的影响。

第四，家长必须既有威严，又可信赖。"有孚，威如，终吉。"家长必须是可信赖的，家庭才能有向心力。《伊川易传》中说："治家之道，非至诚不能也。必中有孚信，则能长久而众人自化为善。不由至诚，己且不能常守也，况欲使人乎？故治家者以有孚为本。"但是，家长也必须有威严，这样才能使得家风谨严，不至于"妇子嘻嘻，终吝"。关于这一点，程颐这样说："治家者，在妻孥情爱之间，慈过则无严，恩胜则掩义。故家之患，常在礼法不足，而渎慢生也。长失尊严，少忘恭敬，而家不乱者未之有也。"

第五，家长必须以身作则。"威如之吉，反身之谓也。"程颐说："治家之道，以正身为本，故云：……威严不先行于己，则人怨而不服，故云'威如'而'吉'者，能自反于身也。孟子所谓身不行道，不行于妻子也。"

除了上述五点外，《家人卦》还提出了"男主外，女主内""男威严，女柔顺"的家教观，虽然带有一定的规律性，在目前也仍有其价值，但是也包含有"男尊女卑"的男权思想，在当今应当予以批判地继承。

9.5 《礼记》中的家庭教育观点

五经之一的《礼记》中有一章《内则》，专门记录了中国古代贵族对孩子的家庭教育，充分强调了对动作、习惯的培养，我们这里部分摘录、评述如下：

"子能食食，教以右手"：幼儿能吃饭时，就教他们用右手，养成正确的动作习惯。

"能言，男唯女俞，男鞶革，女鞶丝"：能学说话的时候，男孩说话要恭敬，女孩说话要柔顺；男孩佩带皮囊，女孩佩带丝囊。强调男女的个性差异，希望男孩尊敬大人，活泼好动，希望女孩柔顺安静。

"六年，教之数与方名"：六岁时，教孩子识数和辨认方向，进行文化知识的启蒙教育。

"七年，男女不同席，不共食"：7岁时，男孩与女孩不同席而

第九单元 古今中外的家庭教育理论和故事

坐,不在一起吃饭(教孩子分别男女,建立性别意识。从现在的观点看来,似乎太古板了)。

"八年,出入门户,及即席饮食,必后长者,始教之让":8岁时,当孩子进门、出门,以及就席、吃饭时,必须让长者在先而自己在后,开始教他们学会谦让(8岁时进行道德、礼节教育,让孩子尊老敬长,礼貌谦让)。

"九岁,教之数日":9岁时,教他们计算日期。

"十年,出就外傅,居宿于外,学书记,衣不帛襦绔,礼帅初,朝夕学幼仪,请肄简、谅":10岁时,就要出外向老师求学,住宿在外,学习写字和记事,不穿帛制的衣服,遵循原来学习的谦让之礼,每天都要学习初级的礼仪。学习的东西贵在简要而信实。

从上面的文字可以看到,西周贵族的孩子,从会吃饭开始一直到10岁,对他们的教育一直强调行为习惯的塑造和品德的养成,强调尊重老人,为人谦逊;对比来说,对文化、知识的学习非常简单、实在。想想现在唯我独尊的小孩,以及小学生那沉重的书包和幼稚的自理能力,古人的教育似乎还有它的一些优越之处。

9.6 诸葛亮的家教思想

三国时著名政治家、军事家诸葛亮,史载"路不拾遗"。刘备去世后,辅佐后主刘禅,多次出兵攻魏,病逝于军中。诸葛亮的家教思想,主要见于《诫外甥书》《诫子书》和《又诫子书》。

夫志当存高远,慕先贤,绝情欲,弃疑滞。使庶几之志揭然有所存,恻然有所感。忍屈伸,去细碎,广咨问,除嫌吝,虽有淹留,何损于美趣,何患于不济。若志不强毅,意气不慷慨,徒碌碌滞于俗,默默束于情,永窜伏于庸,不免于下流。

意思是说:一个人应当有高尚远大的志向,仰慕先贤,戒绝情欲,抛弃阻碍前进的因素,使先贤的志向,在自己身上显著地得到存留,在自己内心深深地引起震撼;要能屈能伸,丢弃琐碎,广泛地向人请教咨询，去除猜疑和吝啬，这样即使因受到挫折而停滞，也不会损伤自己的美好志趣，又何必担心达不到目的。倘若志向不刚强坚毅，意气不慷慨激昂，就会碌碌无为地沉湎于流俗，默默无闻地被情欲束缚，势必永远沦入凡夫俗子之列，甚至免不了成为庸俗的下流之辈。

《诫外甥书》虽然很短，但强调了立志的重要性，强调只有志存高远、不关心身边琐事、克制情欲、发奋图强，才能生活美满，才能有所成就。写到这里，忽然想起毛泽东年轻时的座右铭，"不谈金钱，不谈女人，不谈身边琐事"，是否受了《诫外甥书》的启发呢？

诸葛亮的另一主张是"静以修身，俭以养德"。尽人皆知的"宁静致远"就出自他的《诫子书》："夫君子之行，静以修身，俭以养德。非淡泊无以明志，非宁静无以致远。夫学须静也，才须学也。非学无以广才，非志无以成学。淫慢则不能励精，险躁则不能冶性。年与时驰，意与日去，遂成枯落，多不接世，悲守穷庐，将复何及！"意思是说：德才兼备的人，是依靠内心安静、精力集中来修养身心的，是依靠俭朴的作风来培养品德的。不看轻世俗的名利，就不能明确自己的志向，不是身心宁静就不能实现远大的理想。学习必须专心致志，增长才干必须刻苦学习。不努力学习就不能增长才智，不明确志向就不能在学习上获得成就。过度享乐和怠惰散漫就不能振奋精神，轻浮急躁就不能陶冶性情。年华随着光阴流逝，意志随着岁月消磨，最后就像枯枝败叶那样成了无所作为的人，对社会没有任何用处，到那时守在破房子里，悲伤叹息，又怎么来得及呢？（穷庐，亦可解为空虚的心灵。）有道德修养的人的品行，是依靠安静努力提高自己的修养的，是依靠节俭努力培养自己的品德的。不寡欲就不能表明自己的志向，不宁静就不能到达高尚的思想境界。学习必须静下心来，才干必须学习才能增长，不学习就不能有广博的才干，没有志向就不能成就学业。放纵懈怠就不能振奋精神，冒险急躁就不能陶冶性情。年华随时间流逝，意志随岁月消磨，于是就落魄，大多不能融入社会，等到悲凉地守着贫穷的小屋时，后悔又怎么来得及呢？

在《诫子书》中诸葛亮提出人的才能不是天生的，而是后天学来的，"才须学也"；学习又以志向高远为基础，"非志无以成学"；高远的志向又必须以淡泊名利和宁静守拙为出发点，"非淡泊无以明志，非宁静无以致远"。但怎么能够做到宁静、淡泊呢？诸葛亮告诉儿子，要防止好高骛远、一曝十寒（险躁）和贪图安乐、浪费时间（淫漫）。在这封书信中，诸葛亮提出了年轻人自我教育的一个科学途径。

诸葛亮自身的发展道路正是这条道路科学性的一个最好的证明。诸葛亮所处的时代是一个动荡不安、军阀割据的时代，他自己隐居隆中，不求闻达，但是广交有才有德的朋友，密切注意形势的发展，在宁静中蓄积着高远的志向，因此在出山之后能处处得手，建功立业，成为蜀国开国的第一功臣和贤相。

诸葛亮的又一主张是"善解人意，重视礼节"。他在《又诫子书》中写道："夫酒之设也，合礼致情，适体归性，礼终而退，此和之至也。主意未殚，宾有余倦，可以至醉，无致迷乱。"《又诫子书》揭示了诸葛亮性格中温和、宽容的一面，他善解人意，告诫儿子既要重视礼节，又要根据自己的性情和客人的情绪，在招待朋友时尽兴。

诸葛亮遵守"言顾行，行顾言，君子胡不造造尔？"的纪律，在日常生活中严格要求自己，不搞特殊化，也不让孩子们搞特殊化。诸葛亮兄弟三人关系和睦融洽，哥哥诸葛瑾在东吴为官，将自己的儿子乔过继给诸葛亮，乔在蜀国任驸马都尉，本应在当时的国都成都任职。但是诸葛亮要求乔随军押运粮草，与其他人同甘共苦。在提到自己的物质生活时，诸葛亮在给后主刘禅上的表中说："成都有桑八百株，薄田十五顷，子弟衣食自有余饶。至于臣在外任，无别调度，随身衣食悉仰于官，不治别生，以长尺寸。"诸葛亮自己廉洁的作风和对孩子们严格的要求，正是《诫子书》和《诫外甥书》的具体体现。

9.7 中国的第一部家庭教育专著 《颜氏家训》

《颜氏家训》直接开后世"家训"的先河，这本我国现存最早的家庭教育专著，创立了我国古代家教文献的独特体裁——家训体。唐朝以后此类文献基本都以《颜氏家训》为蓝本。颜之推并无赫赫之功，也未列显官之位，却因一部《颜氏家训》而享千秋盛名，由此可见其家训的影响深远。究其原因，主要是因为这本书的作者的独特经历及其对家庭教育的系统而实用的论述，适应了中国文化中教育子孙立身、处世的基本需要，继承和发展了儒家传统中的"格物、至知、诚意、正心、修身、齐家、治国、平天下"的传统教育思想。

颜之推一生，历仕四朝，"三为亡国之人""生于乱世，长于戎马，流离播越，闻见已多"，为了训诫子孙，便本着"先王之道"，结合自己的人生经验和处世哲学，写成《颜氏家训》一书，共分20章，讲述如何治家、进学、处世、修身等，其中不少见解至今仍然有很强的借鉴意义。在这里，我们从三个方面，即家教的目的、家教的原则、家教的内容三方面来介绍颜之推的家教思想。

9.7.1 家教目的

家教目的一：孝敬父母，慎言慎行。《颜氏家训》开章明义地写道："夫圣贤之书，教人诚孝、慎言、检迹；立身扬名，亦已备矣。魏晋已来，所著诸子，理重事复，递相模效，犹屋下架屋，床上施床耳。吾今所以复为此者，非敢轨物范世也，业以整齐门内，提撕子孙。"大意是说，圣贤著作教导人们尽忠尽孝、言语谨慎、行为检点，作为人立身扬名的大道理，先圣先哲们已经说得比较完备了，做人、教育子女只要能够尽忠尽孝、言行谨慎也就足够了。自魏晋以来，许多人写的著作纯粹是画蛇添足，无谓的重复。那我颜之推为什么还要写这本书呢？我的目的并不是要建立规范、做世人的榜样，只是想用它来端正自己的家风，提醒、教导子孙罢了。

家教目的二：知足守谦，不图富贵。颜之推认为人的欲望是无止境的，家庭教育的重要任务就是要让孩子能够控制自己的欲望，让他们认识到欲望的无限膨胀必然会导致败亡，虽然贵为帝王，也不能幸免："周穆王、秦始皇、汉武帝富有四海，贵为天子，不知纪极，犹自败累，况士庶乎？"颜之推生活在南北朝那样的战乱时代，看到不少人乘时而起，侥幸富贵，不知节制，结果常常是刚刚取得权势，马上就尸填

第九单元 古今中外的家庭教育理论和故事

坑谷,这样的案例不在少数,"非十人五人也"。所以这些血淋淋的事实让颜之推一再告诫儿孙"慎之哉!慎之哉"!

颜之推认为只有为自立限度、谦虚淡泊,才可能免除灾害,立于不败之地。"《礼》云:'欲不可纵,志不可满。'宇宙可臻其极,情性不知其穷,唯在少欲知足,为立涯限尔。"作为当时的士大夫阶层,他对自己的家庭规模提出了具体的要求:20人的家庭,奴婢数量最多也不能超过20人;良田以10亩为准;房屋只求能避风雨,车马只求可以代步;为了应付婚丧急用,积蓄几万钱财,多于一定的数目,就应该仗义疏财;达不到这个数目,也不要用不正当的手段去获取。

家教目的三:重视气节,强调尊严。颜之推虽然强调要谨言慎行,不做鲁莽或枉法之事,恪守中庸之道,但是他更强调节操,死得其所:"夫生不可不惜,不可苟惜。涉险畏之途,干祸难之事,贪欲以伤生,谗慝以致死,此君子之所惜哉!行诚孝而见贼,履仁义而得罪,丧身以全家,泯躯以救国,君子不咎也。"颜之推发现,在他所处的那个战乱年代,有一些名臣贤士,临难不能保持人格尊严,屈辱求生,结果最终也没有得救,只是白白地自取羞辱;但是那些大义凛然、临死不屈的人,他们虽然死了,但却能得到包括敌人在内的所有人的尊重。

9.7.2 家教原则

家教原则一:重视早期教育。"教妇初来,教子婴孩。""凡庶纵不能尔,当及婴稚,识人颜色,知人喜怒,便加教诲,使为则为,使止则止。比及数岁,可省笞罚。"这些都是强调早期教育的重要性。孔子曾说"少成若天性,习惯如自然",从婴儿起就教给孩子正确的行为习惯,对孩子的性格会有一种潜移默化的熏陶作用,使得孩子尊重长辈、服从礼仪好似天生一般,自然会减少以后的许多冲突和惩罚。儿童思想单纯,容易对所学东西产生深刻印象,而长大以后,事务丛生,很难集中精神了,"人生小幼,精神专利,长成以后,思虑散逸,固须早教,勿失机也"。颜之推还举自己的亲身体验为例,说明上述道理:"吾七岁时,诵《灵光殿赋》,至于今日,十年一理,犹不遗忘;二十之后所诵经书，一月废置，便至荒芜矣。"

家教原则二：威严而慈祥，戒溺爱。"父母威严而有慈，则子女畏慎而生孝矣。吾见世间无教而有爱，每不能然：饮食运为，恣其所欲，宜诫翻奖，应诃反笑，至有知识，谓法当尔。骄慢已习，方复制之，捶挞至死而无威，愤怒日隆而增怨，逮于成长，终为败德。"这个观点和西方哲学家、经验主义的开创人洛克不谋而合。洛克也提倡"戒溺爱"，认为父母自然的爱如果摆脱理性的监视，就很容易转变成溺爱。父母爱子女本来是一种义务，却常常因为这种爱而放纵子女的过错。做父母的当然可以说，子女的意愿不可横加干涉，应当允许他们在各种事情上运用自己的意志，由于孩子的年岁还小也做不出什么大的坏事，做父母的就以为子女可以放纵自己的行为，没有危险，甚至以为孩子的任性很合乎他们的天真年岁而加以逗引。但是，对于一个溺爱子女、不去纠正子女恶作剧而总是予以原谅、说那是一件小事的父母，梭伦回答得很好："不错，可是习惯却是一件大事啊。"洛克与颜之推相差几百年，观点却如此相同，可见古今中外的大教育家，思想上是多么的相同、相似。

家教原则三：熏陶感染，潜移默化。"人在少年，神情未定，所与款狎，熏渍陶染，言笑举动，无心于学，潜移默化，自然似之……是以与善人居，如入芝兰之室，久而自芳也；与恶人居，如入鲍鱼之肆，久而自臭也。墨子悲于染丝，是之谓矣。君子必慎交游焉。""夫风化者，自上而行于下者也，自先而施于后者也。是以父不慈则子不孝，兄不友则弟不恭，夫不义则妇不顺矣。"

家教原则四：不求富贵，读书为先。"思鲁尝谓吾曰：'朝无禄位，家无积财，当肆筋力，以申供养。每被课笃，勤劳经史，未知为子，可得安乎？'吾命之曰：'子当以养为心，父当以学为教。使汝弃学徇财，丰吾衣食，食之安得甘，衣之安得暖？若务先王之道，绍家世之业，藜羹蕴褐，我自欲之。'"

9.7.3　家教内容

家教内容一：学习礼仪，入乡随俗。"吾观《礼经》，圣人之教，箕

第九单元　古今中外的家庭教育理论和故事

帚匕箸,咳唾唯诺,执烛沃盥,皆有节文……及世事改变者,学达君子,自为节度,相承行之,故世号士大夫风操。"颜之推还举了这样一个例子:在他生长的南方,文人的习惯是把文章公布出来,让人们攻击批评,以期修改;而山东北方文人则不允许别人批评自己的文章。在他刚到北方时由于不了解南北文士的差异,随便发言评论别人的文字而触犯了一些人,使他一直愧疚自己的鲁莽。颜之推走南闯北的复杂经历,使他认识到中国各地的不同风俗,在《颜氏家训》中,颜之推对此进行了较为详细的描述,教导子女了解各地不同的风土人情,以便入乡随俗。

家教内容二:勤于读书,掌握实用技能。"谚曰:'积财千万,不如薄技在身。'伎之易习而可贵者,无过读书也。世人不问智愚,皆欲识人之多,见事之广,而不肯读书,是犹求饱而懒营馔,欲暖而惰裁衣也。"颜之推重视读书,但反对为读书而读书,反对务虚、繁琐和空谈。他还讲了一个笑话,来讽刺那些务虚的繁琐的读书人,"博士买驴,书券三纸,未有'驴'字",认为要是选了这种老师,真是让人为之气塞。他也强调"三人行必有我师",还强调需要"终身学习"。"爱及农商工贾,厮役奴隶,钓鱼屠肉,饭牛牧羊,皆有先达,可为师表,博学求之,无不利于事也。""幼而学者,如日月之光;老而学者,如秉烛夜行,犹贤乎瞑目而无见者也。"

《颜氏家训》是一部充满中国古代教育和哲学理念的文字优美的家教图书,古人讲"仁者见仁,智者见智",希望作为读者的您,能够通过您本人对原著的阅读,得出一些新的观点!

9.8　朱用纯的家庭教育思想

著名理学家、教育家朱用纯(1627—1698)恪守程朱理学,保持民族气节,在家乡开设学堂,在当时颇有声誉,被称为"吴中三高士"之一,康熙时曾征召博学鸿词,他坚辞不应召。著有《大学、中庸讲义》《愧讷集》《劝言》等,临终遗言为"学问在性命,事业在忠学",反映了他"知行合一"的理学思想。朱用纯流传最广的著作是500多字的

《朱子治家格言》，也称《朱子家训》，通篇以格言形式写成，言简意赅，便于记诵，成为清代以来流传最广的家教著作之一。我们在这里总结如下：

原则一：起居有常，勤俭持家。"黎明即起，洒扫庭除，要内外整洁；既昏便息，关锁门户，必亲自检点。"意思是：每天早晨黎明就要起床，先用水来洒湿厅堂内外的地面然后扫地，使庭堂内外整洁；到了黄昏便要休息并亲自查看要关锁的门户。

"器具质而洁，瓦缶胜金玉。饮食约而精，园蔬愈珍馐。勿营华屋，勿谋良田。三姑六婆，实淫盗之媒。婢美妾娇，非闺房之福。奴仆勿用俊美，妻妾切忌艳装。" 意思是：餐具质朴而干净，虽是用泥土做的瓦器，也比金玉制的好；食品节约而精美，虽是园里种的蔬菜，也胜于山珍海味。不要营造华丽的房屋，不要图买良好的田园。社会上不正派的女人，都是淫乱和盗窃的媒介；美丽的婢女和娇艳的姬妾，不是家庭的幸福。家僮、奴仆，不可雇用英俊美貌的，妻、妾切不可有艳丽的妆饰。

原则二：忠厚治家，无慕富贵。"刻薄成家，理无久享。伦理乖舛，立见消亡。兄弟叔侄，须分多润寡。长幼内外，宜法肃辞严。""嫁女择佳婿，毋索重聘。娶媳求淑女，勿计厚奁。见富贵而生谄容者，最可耻；遇贫穷而作骄态者，贱莫甚。""莫贪意外之财"，"与肩挑贸易，毋占便宜。见穷苦亲邻，须多温恤"。

原则三：孝敬父母，祭祀祖宗。"听妇言，乖骨肉，岂是丈夫？重赀财，薄父母，不成人子！""祖宗虽远，祭祀不可不诚。"

原则四：勤读经书，志在圣贤。"子孙虽愚，经书不可不读。""读书志在圣贤，非徒科第。为官心存君国，岂计身家！"

原则五：谨言慎行，循规蹈矩。"轻听人言，安知非人之僭诉？当忍耐三思。因事相争，焉知非我之不是？须平心暗想。""狎昵恶少，久必受其累。屈志老成，急则可相依。""居家戒争讼，讼则终凶。处世戒多言，言多必失。勿恃势力而凌逼孤寡。毋贪口腹而恣杀牲禽。乖僻自是，悔误必多。""国课早完，即囊橐无馀，自得至乐。"

原则六：与人为善，恪守中庸，乐天知命。"施惠无念，受恩莫忘。凡事当留余地，得意不可再往。人有喜庆，不可生妒忌心；人有祸

第九单元 古今中外的家庭教育理论和故事

患,不可生喜幸心。善欲人见,不是真善;恶恐人知,便是大恶。见色而起淫心,报在妻女。匿怨而用暗箭,祸延子孙。""守分安命,顺时听天。为人若此,庶乎近焉。"

当然,我们这里的总结可能是有点画蛇添足了,还是把这500多字精美的原文呈现给大家吧!

黎明即起,洒扫庭除,要内外整洁;既昏便息,关锁门户,必亲自检点。一粥一饭,当思来处不易;半丝半缕,恒念物力维艰。

宜未雨而绸缪,毋临渴而掘井。自奉必须俭约,宴客切勿留连。器具质而洁,瓦缶胜金玉;饮食约而精,园蔬愈珍馐。勿营华屋,勿谋良田。

三姑六婆,实淫盗之媒;婢美妾娇,非闺房之福。奴仆勿用俊美,妻妾切忌艳妆。

祖宗虽远,祭祀不可不诚;子孙虽愚,经书不可不读。居身务期简朴;教子要有义方。勿贪意外之财,勿饮过量之酒。与肩挑贸易,勿占便宜;见穷苦亲邻,须加温恤。刻薄成家,理无久享;伦常乖舛,立见消亡。兄弟叔侄,需分多润寡,长幼内外,宜法肃辞严。听妇言,乖骨肉,岂是丈夫?重赀财,薄父母,不成人子。嫁女择佳婿,毋索重聘;娶媳求淑女,勿计厚奁。

见富贵而生谄容者,最可耻;遇贫穷而作骄态者,贱莫甚。居家戒争讼,讼则终凶;处世戒多言,言多必失。勿恃势力而凌逼孤寡;勿贪口腹而恣杀生禽。乖僻自是,悔误必多;颓惰自甘,家道难成。

狎昵恶少,久必受其累;屈志老成,急则可相依。

轻听发言,安知非人之谮诉?当忍耐三思;因事相争,焉知非我之不是?须平心暗想。施惠无念,受恩莫忘。凡事当留余地,得意不宜再往。

人有喜庆,不可生妒忌心;人有祸患,不可生喜幸心。善欲人见,不是真善;恶恐人知,便是大恶。见色而起淫心,报在妻女;匿怨而用暗箭,祸延子孙。家门和顺,虽饔飧不继,亦有余欢;国课早完,即囊橐无余,自得至乐。

读书志在圣贤,为官心存君国。守分安命,顺时听天。为人若此,庶乎近焉。

9.9 曾国藩的家庭教育思想

曾国藩历任礼、兵、工、刑、吏部侍郎、两江总督、直隶总督、办理通商事务大臣等官职，并与李鸿章、左宗棠等创办江南制造局、福建马尾船政局等近代工业，创办金陵书局，传播中国和西方文化。其学以义理、辞章、考据三者并重，笃守程朱，又不废陆王，既行宋学，又重汉学，兼守并蓄，被称为一代儒宗。死后因其文学才华、个人品德修养及对朝廷的忠诚被谥号"文正"。著有《曾文正公全集》，其家教思想体现在给儿子纪泽、纪鸿及诸弟的信中，共有300多封，编为《曾文正公家书》。历史学家和文化学者对曾国藩的评价仁者见仁，智者见智，褒贬不一，众说纷纭。但无论如何，曾国藩在教育子女方面取得了巨大成功。长子纪泽精通英文，为晚清著名的外交家；次子纪鸿精通算术，著《对数评解》。孙辈有诗人曾文均；曾孙辈则有曾宝荪、曾约农等学者、教育家。

曾国藩的家庭教育的秘籍是什么呢？我们在这里尝试理解如下：

第一，自然养生。"吾于凡事皆守'尽其在我，听其在天'二语，即养生之道亦然。体强者，如富人因戒奢而益富；体弱者，如贫人因节啬而自全。节啬非独食色之性也，即读书用心，亦宜俭约，不使太过。余八本匾中，言养生以少恼怒为本，又尝教尔胸中不宜太苦，须活泼泼地，养得一段生机，亦去恼怒之义也。"他一生讲求养生六事：饭后千步；将睡洗脚；胸无愤怒；静坐有常时；习射有常时（射足以习威仪强筋力，子弟宜多习）；黎明吃白饭一碗，不沾点菜。此皆闻诸老人，累试毫无流弊者。

第二，戒骄奢。"余服官二十年，不敢稍染官宦气习，饮食起居，尚守寒素家风，极俭也可，略丰也可，太丰则吾不敢也。凡仕宦之家，由俭入奢易，由奢返俭难，尔年尚幼，切不可贪爱奢华，不可习惯懒惰。无论大家小家、士农工商，勤苦俭约，未有不兴，骄奢倦怠，未有不败。尔读书写字不可间断，早晨要早起，莫坠高曾祖以来相传家

第九单元 古今中外的家庭教育理论和故事

风。吾父吾叔,皆黎明即起,尔之所知也。"戒骄奢说起来容易做起来难。世家子弟,最易犯"奢"字、"傲"字。不必锦衣玉食而后谓之奢也,但使皮袍呢褂俯拾即是,舆马仆从习惯为常,此即日趋于奢矣。见乡人则嗤其朴陋,见雇工则颐指气使,此即日习于傲矣。《尚书·周书》称"世禄之家,鲜克由礼"。《左传》称"骄奢淫逸,宠禄过也"。京师子弟之坏,未有不由于骄奢二字者,尔与诸弟其戒之。至嘱至嘱。

第三,重学习。曾国藩的为学四事实:一曰看生书宜求速,不多阅则太陋;一曰温旧书宜求熟,不背诵则易忘;一曰习字宜有恒,不善写则如人之身之无衣,山之无木;一曰作宜苦思,不善作则如人之哑不能言,马之跛不能行。四者缺一不可,盖阅历一生,而深知深悔之者。纪泽看《汉书》,须以勤敏行之,每日至少亦须看20页。不必惑于精不在多之说。今日半页,明日数页,又明日耽搁间断,或数年而不能毕一部。如煮饭然,歇火则冷,小火则不熟,须用大火乃易成也。

曾国藩认为,人之气质由于天生,本难改变,唯读书则可变化气质。古之精相法者,并言读书可以变换骨相。欲求变之法,总须先立坚卓之志……古称金丹换骨,余谓立志即丹也。

第四,重道德。至于做人之道,圣贤千言万语,大抵不外"敬恕"二字。"余生平略涉儒先之书,见圣贤教人修身,千言万语,而要以不忮不求为重。忮者,嫉贤害能,妒功争宠,所谓"忌者不能修,忌者畏人修"之类也。求者,贪利贪名,怀土怀惠,所谓"未得患得,既得患失"之类也。忮不常见,每发露于名业相侔、势位相埒之人;求不常见,每发露于货财相接、仕进相妨之际。将欲造福,先去忮心,所谓人能充无欲害人之心,而仁不可胜用也。将欲立品,先去求心,所谓人能充无穿窬之心,而义不可胜用也。忮不去,满怀皆是荆棘;求不去,满腔日即卑污。余于此二者常加克治,恨尚未能扫除净尽。尔等欲心地干净,宜于此二者痛下工夫,并愿子孙世世戒之。"

曾国藩自己的总结是:吾教子弟不离八本、三致祥。八者曰:读古书以训诂为本,做诗文以声调为本,养亲以得欢心为本,养生以少恼怒为主,立身以不妄语为本,治家以不晚起为本,居官以不要钱为本,行军以不扰民为本。三者曰，孝致祥，勤致祥，恕致祥。吾父竹亭公之教人，则专重孝字，其少壮敬亲，暮年爱亲，出于至诚，故吾篡墓志，仅叙一事。

吾祖星冈公之教人，则有八字、三不信。八者，曰考（祭祀祖宗）、宝（和睦邻里）、早（早睡早起）、扫（打扫卫生）、书（读书）、蔬（种菜）、鱼（养鱼）、猪（喂猪）。三者，曰僧巫，曰地仙，曰医药，皆不信也。

这几点决定了曾国藩不仅成就了自己，也成就了他的后人。

第十单元 家庭教育案例集锦

凝视的眼神和环视的目光是动力沟通提出的家庭教育的两个原则。动力沟通人是以家庭生活中实际行动来践行这两个原则的一群人。他们或多或少都有着家庭教育的困惑，他们努力尝试开启自己的心理咨询师——凝视的眼神和环视的目光，来探索自己家庭教育的得失，感受与体会其中的千般滋味，以觉察与呈现的方式做着自己的家庭治疗师。

这里收入的每一篇文章均来自动力沟通公共微信平台，也全部是简单明白的家常话，透过或朴实或幽默的文字，我们可以触摸到作者的心跳。

家庭教育手册——动力沟通之家庭教育篇

10.1 在观察孩子中一起成长

10.1.1 口水瑶的故事

10.1.1.1 洗手间的哭声

一次,口水瑶睡着了,我带着她上洗手间时,口水瑶被门的碰撞声和冲水声吓醒了,自那以后,口水瑶只要一进洗手间的门,就开始大哭不止,但是只要一出洗手间的门,口水瑶就不哭了。

接连两次在她醒着的时候,带她来这里,她都不愿意,进门就哭,我心里有些内疚,不该在口水瑶睡着的时候来这里,可是也担心对她造成不好的影响。

事后想怎么去补救,和她交流?沟通金刚结构里说,沟通要考虑沟通的对象,不行,显然7个多月大的口水瑶没法明白妈妈告诉她说,因为人家不小心把门关重了,那是门碰撞后发出的响声而已。

启动觉察系统。以前,她来这里没有什么反应,只是这次事件的刺激后,她害怕了。要解决问题还得在这里解决,于是我尝试把这个环境给口水瑶再呈现一次,让她去感受这周围发生了什么,为什么会发出这样的声音。我有些忐忑,我唯一能确定的是,我抱着口水瑶她会感到安全一点。当然,我也想,如果不行,我就出来,结束这次的尝试。

先觉察一下自己的心情是否平静,检查确定没有波澜,于是,尝试开始,我从婴儿车里将她抱起来,往洗手间的入口走去,站在入口,慢慢地原地转了一圈,让她把周围的事物看清楚,让环境一一呈现在她眼前,确认她没有害怕,我再往里走一步,停一下,看她的反应,确定她没事,我再走下一步,就这样一步一步往里走,就在走到洗手间的中间时,口水瑶突然就哭了,我抱着她,紧紧地,然后,跟她唱歌,让她放松下来(以前不管她在什么情况下哭闹,我一唱歌,她就停)。

两句下来,她停止了哭声,我继续唱,边唱边在原地转圈,让她再看看整个周围的环境,她抬起头,看看天花板,低下头,看看地面,左看看,右看看,看着她似乎不怕了,我让她看看门,我尝试着去把门来回地关上又打开,从发出一点响声到大一点响声,接着,我拉着她的手,让她去拉门,开门、关门。然后让她感受冲水的声音。

几分钟过去后,我们就从里头出来了,打那一次开始,口水瑶再也不惧怕洗手间了。

10.1.1.2 口水瑶的宽容

前几天,躲在门后一声不响的口水瑶,被我推门时,误伤了她的大脚指头,有点出血了。我是各种难受,赶紧将她抱在怀里。她安安静静地躺在我的怀里,不哭不闹。不到几分钟,自己又开始在那里东敲敲、西抓抓,然后拿着东西过来跟我玩了。

看到她的这种状态,内疚减少了,更深的是一种被原谅后的轻松,以及感动于来自她内心的那份深深的宽容。在很多事情上,我可能还没有一个孩子宽容,或许离孩子的宽容太远太远。真是很期待自己能像孩子这样,宽容看待一切,或许生活将会更加的美好。

像孩子一样活着,让过去的过去,活在当下,宽容地看待一切,生活就可以如她般有着清澈的眼睛,干净的脸庞,明媚的笑容,浑身上下散发着一股欣欣向荣的成长的力量,给人传递爱、宽容和力量。

10.1.1.3 静候成长

15个月的口水瑶,开始进入了人生的第一个叛逆期,独立自主的意识已经很强烈了。她开始按照自己的意愿去做什么或不做什么……

带她出门,你希望她往东走,她偏往西走。你拦住她,她却乐呵着转过身来向东走,走几步趁你不注意,一个转身继续往西走。

经过小区的门口,她热情地跟保安打招呼,知道保安要工作,口水瑶在站岗亭这里摸摸,那里戳戳,里头还有插座,待着确实不合适,便拉她走,她不想走,通过跟人家拜拜的互动方式,一边说"拜拜"一边和保安越靠越近。路过商店门口时,你希望她不要去进店里,她偏要进店里。

她的每一个举动,似乎都在告诉我,妈妈,我又长大了,我正在作自己喜欢的选择,并且我有能力可以作选择。

像这样的事情还有很多,在她的每一个举动里,似乎都隐藏或多或少的智慧,等待着我这个妈妈去开采、去挖掘。这不,昨天中午,从她自己强烈要求吃饭的事件当中,她让我学到了很重要的一课。

和往常一样,只要她自己很想拿着勺子自己吃饭,我便用个专属于她的小碗,盛点饭,将碗放在凳子上,让她自己拿着勺子,一勺一勺地吃,开始学吃饭,口水瑶还没有掌握好用勺的方法,经常是勺到了半空中时,饭也在半空中随之落下,等送到嘴边,勺已成空。

就这样一勺一勺下来,饭没吃多少,碗的周围,凳子的底下却掉了一地。我在旁边无奈地等着,希望她快点吃完,我好收拾。她却在那儿嘴巴大大的张开,吐出舌头,眼睛眯成一条缝,嘻嘻地笑着,继续开始吃饭。到最后,饭很少了,她索性将整个碗盖在了她的头上,待她将碗拿下来之时,头上到处是饭粒,这模样,确实让我惊呆了,我已完全忘记了自己一会儿还要收拾一地饭的烦恼。

此情此景,忽地联想到前不久朋友的一个问题,他希望得到快速的成长,却死守目标,不得有表面上的半点偏离,一有表面上的半点偏离,他就很是苦恼,甚至开始逃离。

如若孩子这般,目标是自己吃饭,持之以恒,孜孜不倦,虽然失败,出洋相,但是乐在其中。

接纳自己成长当中的每一个状态,与每一个状态同乐,并且在接纳当中依旧保持积极的心态和积极的行动,在每一次练习中增加力量,那么对未来也将始终富有希望。

(作者:郑连胜)

第十单元 家庭教育案例集锦

> 前两个故事,展现了口水瑶母亲凝视的眼神和环视的目光,不再多解释了。第三个故事显示了如下状态:
>
> 1)作者已经摆脱了温饱水平,进入小康生活。如果每顿都要算计着吃,是不允许孩子如此"浪费"饭的。
>
> 2)作者目前是个全职妈妈。如果妈妈急着上班,而且没有人替自己照料孩子,也不会允许孩子在外出和吃饭时,如此"磨蹭"的。
>
> 3)作者和家人没有洁癖。如果作者或一同生活的家人有洁癖,也不会允许孩子如此"瞎搞"的。
>
> 4)作者善觉察,有爱心和耐心。否则,作者也看不到这一切,也不允许这些事情发生,当然也更写不出这样的文字。
>
> 总之,培养一个天真可爱的婴幼儿,是一个家长身边所有人,乃至全社会的系统工程,真不是妈妈或爸爸一个人的事情,尽管爸爸妈妈很重要。不过,不同的社会,不同的发展阶段,对可爱的孩子(如婴幼儿)的判断标准也是变化的。
>
> 亲爱的家长,你对孩子可爱的判断标准是什么?
>
> 你的这个标准,是怎么来的?
>
> 你的这个标准,是基于你的过去,你的现在,你的未来,还是基于孩子的过去、现在和未来?
>
> 你的这个标准适合快速变化的时代吗?
>
> 这个可爱孩子的标准的问题,是家庭教育的根本问题。
>
> 因为家庭教育,就是父母用自己心中的标准(可能自己都没有意识到),通过自己的言语和行动,有意无意地、日复一日、年复一年地影响、束缚或阉割孩子的过程。

10.1.2 永远不把心灵的门关死

母亲到弟弟家一周,由于我忙于工作,一直没去看望,今天周末到弟弟家看望母亲。中午,弟弟的儿子(两岁半)准备和弟妹午睡,我的到来,让这个侄子好像有一点兴奋。

孩子开始把自己和弟妹关在房间里,过了一会儿又出来,原本弟妹有些累,期待休息。为了促进孩子安心休息,给孩子营造午睡情境，我也在沙发上准备休息。结果孩子没有按照我们的预期安心休息，每间隔3分钟就从屋子里出来一次，孩子每次和弟妹在卧室里时都是把门关好，但他每次从屋子里出来时都要把卧室的门敞开。

为了保证弟妹休息，我和弟弟不断地提醒孩子要把门关上。孩子好像对我们的说法置之不理。有一两次我和弟弟把卧室门关上了，孩子却自己动手把门再次打开。看到孩子的表现，我感觉我们与孩子的沟通有了问题。接下来我在想，孩子为什么不把门关上呢？

我努力揣摩孩子的心理，孩子可能希望和我（姑姑）互动时都可以随时到卧室中见到弟妹（妈妈）。我反思后再次与孩子沟通，我问孩子，是否可以给门留下一个小一点的缝隙。同时再次说明了理由（让弟妹安心休息）……

这次孩子欣然接受了，并自己动手去关门，把门留下了一个很小的缝隙。

这个很小的成功案例，给了我一点启发：原来沟通过程中，我们太多地活在自己的世界里，我们经常认为自己是对的，我们不能觉察与呈现他人的世界，如果沟通失败时，我们还很可能把责任推到他人身上。例如，"他不理解我，他太不懂事，他太任性"。这样的归因和推诿，导致我们的沟通，对他人具有很强的暴力性，如果不觉察，就会加重冲突和矛盾。

我们每一个成年人都要反思、调节，和孩子同步觉察与呈现。我们需要学习呈现孩子的世界。如果能够学会觉察与呈现孩子的世界，我们每一个成年人都会因此而成长。

（作者：刘热生）

 动通小编

  1）无论多么艰苦和紧急，都要给心"留下一个小一点的缝隙"，以便同时观察和接受更多的对象和信息。这是多么诗意的话语，更是多么高的境界啊！

  2）诗意的话语来自于元认知（姓名刘热生）女士，这么高的境界来自于一个两岁半的孩童！

第十单元 家庭教育案例集锦

10.1.3 孩子啥都懂

题记：作为家长我们在与孩子接触交流的过程中，往往从自己的角度和期望去教育他们，而忽视了孩子不听劝导的理由，小看了孩子的洞察力。其实他们很多时候的坚持有自己的理由，此时我们不妨放下手头的忙碌，倾听孩子的心声，进入他们的"轨道"，或许更容易达到我们的所谓"目的"！

又是周末，上小学的女儿，早上爬起来就玩电脑，很是上瘾，让她停止的时候总是心有不甘。不让她玩，就来了情绪，耍起了脾气，很烦躁地拿笔摔到地板上，一连摔了两支，我在旁边心情虽然不爽，但仍做自己的事情，不理不睬，漠视。

女儿无趣便自己回卧室了，过了段时间又来腻歪，于是我和她沟通，说："宝贝刚才摔东西，妈妈感觉很不舒服！"

女儿："我不是摔东西，我是想把笔摔到茶几上，结果都摔到地上了！"

我也不和她较真，继续："宝贝想玩电脑，可眼睛已经很近视了，不能玩太久，咱商量商量吧。本来一天小孩子至多玩一小时，你平时不玩，加半小时，一天一个半小时，分三次，自己安排，怎么样？"

女儿："小学生一天可以玩一小时，平时我不玩，可以有六七个小时呢！"

"宝贝觉得六七个小时你的眼睛还睁得开吗？"

她不再言语算是同意了。于是小学生写作业去了，我开始玩电脑。

这时，女儿跟我说了什么话，我没怎么好好听，也没怎么回应，就有一枚炸弹轰过来："妈妈其实一点不关心我！"

我直接蒙掉，并放下电脑，看来孩子对大人的不认真倾听是很有意见的。

女儿说："我不想上学了，真没意思。我自己在家可能学得更快、更好！"

"宝贝觉得在家能克制自己每天学习吗？"

女儿："我能，给我书，给我个平板学习机！"

"我看行,假期可以试试,行的话,你不上学可以省钱了!"

女儿:"太好了,在家爱怎么学怎么学,还有好吃的。那不上学能考大学吗?"

"能,研究生、博士生都能考!"

女儿:"太好了,就这么定了,这几天就不想上了。风华正茂的我们就应该过有趣味的生活!"

在女儿的言语中有些蒙掉的我,不禁想:或许孩子倾诉烦恼的时候并不要求得到什么主意或评判,而只是需要我们关注和用心倾听。

(作者:袁晓燕)

动通小编

亲密关系中情感链接的最重要的三个因素:①在场(陪伴);②回应;③投入。这个孩子都作了积极的争取。要不怎么说,孩子是天生的动通人呢!

10.1.4 修钢笔的儿子

题记:在自我金刚结构中,拥有环视和凝视之眼,去觉察、去发现问题,躬身入局去沟通、去呈现,才能使家庭关系更健康、更和谐、更美好。

某晚10点左右,我们都已经准备休息了,大儿子星辰从他的屋里出来准备明天的文具,给他的钢笔吸墨水。

这是儿子上三年级后第一次使用钢笔,对钢笔的使用和养护不是太懂,怎么也拧不动钢笔后面的笔筒,卸下的却是前面带笔头的那部分。他使了最大的力气也没拧下来,却弄了一手墨渍,再拧上去时,钢笔尖已经歪一边了。

看到这种情况,我走了过去想帮忙,递给了儿子一张纸,他把钢笔接到手中,垫着纸使劲拧也没拧下来。再试一次、两次、三次……还是不行。

在自己无能为力的情况下，难免唠叨了起来："这么晚了才想起弄钢笔，早点干嘛去了？"声音很大，在客厅的老公也听到了。

儿子听了没有吭声，接过钢笔继续试了几次后自我安慰道："就这样吧，也许明天够用了……"整理了书包，就睡觉去了。

我也没好气地上了床。这期间，儿子始终没有找他爸爸帮忙，我也没有建议他去找他爸爸帮忙。

等他爸爸忙完自己的事，睡觉时，又数落了儿子一顿："看你自己的事不干好，让你妈生气了。"

儿子直截了当地说："别说了，睡觉了。"

我在邻屋听到了这句话，心里很不是滋味。

"别说了，睡觉了"这句话一遍又一遍地敲打着我鼓膜。躺在床上的我辗转难眠。这意味着什么？从某个角度看：我们已经被儿子关到了心门之外。儿子无能为力修好自己的钢笔，我们不仅没有帮他解决难题，还在自以为是地埋怨他的不是。作为父母的我们扪心问一下自己：我们合格吗？眼泪不由得从心底流了出来……

到第二天，我早早起来做好了饭，等儿子起床。洗脸刷牙时，我当着他爸爸的面向儿子道歉："星辰，对不起，昨晚妈妈没有办法帮你修钢笔，还生邪气。"

儿子还是没吭声，继续刷牙。这话他爸爸听到后赶忙去把钢笔修了。

吃完早餐，送走了儿子，我俩四目相对……

下午等我下班回到家。星辰迎上来说道："爸爸还挺会修，不仅笔尖不歪了，前面的笔筒也不老被拧开了！"

我会意地说道："老将出马，一个顶俩。"

家里的气氛又活跃了起来。

（作者：贾晓芹）

> 与孩子相处的情景永远是动态变化的，家长不是总把自己的想法当回事儿，而总愿意认真观察孩子的状态，是家庭教育成功的关键。

10.1.5 妈妈累了，我帮你做饭

儿子3岁之后越发有自己的主见，每天早上醒来，我都会告诫自己今天不生气，可是他就会很快制造一起"事端"让我火冒三丈，事后都会反思如果我是孩子，我也不喜欢这样的妈妈，真是缺乏修养，但总是无法控制自己。

一次我周六上课太累了，回家就在床上休息一下，想着一会儿去做饭，这时听到儿子在客厅里动静不断，心想"坏了，这家伙肯定又折腾什么了"，但也懒得立刻起来，大概10分钟之后，我走出房间时混乱的一幕出现了……

面粉和盐洒了满地，他正用小手沾着水混合呢，聚精会神的样子，似乎根本没发现我的出现，以前我又发作了，那天我换了种方式掏出手机拍下了这一幕发到微信朋友圈，问大家遇到这种情况会怎么办？

这时儿子抬头看到我先是惊了一下，继而又看到我非但没责怪他，反而面带无奈地笑看他的作品，于是兴奋地说："妈妈，我喜欢你不生气的样子，你今天上课累了，我在帮你做饭呢。"

听到他这么说我的心顿时就融化了，和这个3岁的小孩相比，我这个妈妈真是太不称职了，还有些无知，原来我那么凶的制止，换来表面上短暂的宁静却是如此伤害了孩子纯洁有爱的心，我蹲下来抱抱儿子说："谢谢你，宝贝。"儿子反倒不好意思地笑了。

这时再打开手机，朋友们的回复大部分都说到，"我会疯的"，也有朋友说，"他在搞创作吧"……

我回复："换作平时我又咆哮了，但今天我忍住了，没想到竟然得到孩子那样感人的答复。"

虽然儿童教育学了很多知识，也明白什么样是不可取的，但还是会经常做不到，希望学了动力沟通，能进一步调整自己的态度给孩子和自己一个宽松的生活空间，多一点智慧，营造融洽的亲子关系。

（作者：余丽霞）

第十单元　家庭教育案例集锦

先入为主的判断，容易遮住人们的眼睛，并成为人际冲突的导火索；不加评判的觉察，是智慧提升的起点。

10.1.6　放飞喜忧记

从包头特训营回来之后，该上初中的两个孩子就开始忙活起来，像两只忙碌的小蚂蚁，今天买回一包白袜，明天又买回几个本子和辅导资料——都是从地摊或者超市淘回来的。他俩不顾自己的满头大汗，兴冲冲地向我显摆："妈妈，看怎么样，都是我们千辛万苦挑出来的。这些东西特便宜。"他俩把东西一样一样地往外掏，让我欣赏他俩的战利品。

"嗯，好。"我忙着看手机微信。"忙"是我的一个借口，更多的是刻意。

又要开学了，我放手让他俩去做，女儿细心准备了一个小小的记事本，上面列着住校所需要的所有东西，买回一样，收拾好一样，就用笔画个对号：什么毛巾、擦脸油、防潮包、洗发水、脸盆……

"被子得晒晒，陈晓晗你的呢？"听着女儿的唠唠叨叨，听着女儿在招呼她弟弟。两个人抬着被子晒到了阳台上。不一会儿，俩人都一阵风似的消失在楼底下。

"忙啥呢？"好一会儿还不见上来，我心里不免犯嘀咕。忍不住伸头往楼下看看，只见女儿的自行车已经四脚朝天了，女儿在旁边站着观看着，还不时说着什么，儿子一手油渍低着头在认真地检查着车链子。一手安着链子，一手搅着车轮，但是，车链子就是不听话，故意捣乱，安上就滑落下来，安上就滑下来。

儿子已经一头汗水了，他不时伸出手臂擦擦额头。只有动作，没有话语，倒是听见女儿在一旁不停地指手画脚。过路的人走过，笑眯眯地赞叹："小家伙，你还会修车？真能干！"儿子只是憨笑一下，算是回应了，随后又埋头研究。

也许是蹲麻了，儿子站起来跺跺脚。女儿趁机蹲下又安了起来。几次，依然如故。

我忍不住喊："妈妈下去安吧。"

女儿抬头看见我，笑了笑说："老妈，就你，哪会干这活儿，你就别给我们添乱了，你忙你的吧！"儿子迎合着："就是，老妈，让你干还不如我们自己干呢！"一番话，让我听得心里既难过又欣慰。

孩子们不知什么时候已经学会了这项本领，在我有意无意放飞的过程中，他们已经获得了生存的本领及技巧。现在我在他们心中竟然成了弱小的、需要保护的、无能的对象了。

临开学的那天下午，两个孩子已经把相关的所有东西装好了，好家伙，加上被褥等，整个后备箱都已满满的了。我坚持要送。无奈，他俩让我跟了过去。由于新学期学校搬迁到了一个新的地方，还需要办理住宿、缴费等一系列手续，到校门口的时候，已经看到黑压压的家长在排队办理手续了，我凭着习惯抢先下车去帮他们排队办手续。

结果，一只胳膊笼住我，一看是人高马大的女儿。

"你坐回车里去，我们自己来。"他俩拿着自己的报名表去排队了，我和老公则按照他俩的安排坐回车里。他俩很快就办好了入校手续，领到学生卡，拿着卡，便开始了东西的搬运程序。孩子都挑大的、沉的东西拿，小的、轻的东西留给我们。我跟着儿子到他宿舍。我拿起铺盖要帮儿子铺，儿子一把抢过说："老妈，我自己会。"

一本书上说过："所有的爱都是以相聚的形式出现的，但有一种例外，那就是孩子和父母的爱必须以分离为目的出现。"我只有眼睁睁地看着他忙里忙外地收拾了，看着儿子一头汗水收拾着，一种欣慰伴着一种失落洋溢在我心头。

放飞时刻的那种甜蜜与忧伤，是每一位为人父母都要经历的。我掩饰住自己将要夺眶而出的泪水，回到车里，长长吐出一口气，像是对自己说："飞吧，我在家等……"

（作者：赵菊红）

动通小编

我们有一个反思的眼睛，随时观察着自己。这种反思，这种自我觉察，不是自我批评和责备，而是自我陪伴和自我爱护。正因为这种觉察，才有了进步的契机。

第十单元 家庭教育案例集锦

10.1.7 真真切切是学生

儿子今年高二,学习比较紧张,学校方面,加了晚自习的课程,给每个学生家长也排了班——看晚自习。坐在教室,静静地看着眼前的孩子们,内心有着很多感觉,岁月说的时候不过瞬间,转眼就是几十年,当一米八七的儿子站在眼前和我谈论时事的时候,突然觉得,真的远离了青春岁月。

想着那些记忆的片段。

片段一:

那一天风很大,回家有点晚,有点别的事情,手机也没放在身边。临回家前,看看电话,有7个未接来电,有6个是小儿打来的,忙回,问因由,儿子说:"妈妈,咱楼道的感应灯坏了,怕你回来晚上楼害怕,你尽量早点回来,我等着下楼接你。"

到家的时候,我试着给儿子打了一个电话,儿子马上就下了楼,吾儿那年13岁,心细如发。

片段二:

中考之后,小儿考得不错,计划奖励孩子。小儿鼓捣几日,和我说,准备几个同学一起去附近的另外一个城市玩野战游戏!

做妈妈的,有一些担心,又不想阻止孩子的行动,想想,在孩子坐上凌晨3点的火车以后,发了个冗长短信,内容如下:

儿子,这是你第一次单独和你的同学到另一个城市,妈妈的感触很多,养育一个孩子,做父母的是不是该教会的是孩子如何走出家门,放眼世界?

人在外面,自我的意识要加强,同时集体很重要。遇见什么事情,不要冲动,权衡一下利弊!人在社会,简单地说,只会遇见两件事情,非利即害。

什么事情,在谈笑间,在不伤害他人的情况下变得于己有利很关键。要重哥们情意,你们都是独子,做事情要多想,不要以自己的喜好为目的!

当自己力量不足的时候，要学会借用别人的力量。儿子，你长大了，妈妈就再啰唆这一次。

再有啊，在沈阳遇见突发事情，解决有难度的，直接给你姐或你姐夫打电话（小儿的堂姐在沈阳工作）。如果他们搞不定，直接打电话给妈妈，妈妈会安排沈阳朋友处理。

不用过激的方式解决任何事情，在外面，一定要做自己情绪的主人！"儿行千里母担忧，母行万里儿不愁。"十月怀胎到呱呱坠地那天起，做母亲的，对自己的骨肉就有一份牵挂。

这就是，孩子再烦，母亲也丢不下牵挂！儿子，烦了吧，嘻嘻。吃好玩好，一路顺风，打野战不要戴眼镜，你应该明白我的心事，呵呵。

（此信息发送是凌晨2点43分）

小儿2点46分回，简单几个字：我滴亲妈啊，咱好好睡觉吧，啊！

啰啰唆唆一早上，忐忑一夜没睡，吾儿回了简单12个字，忽觉是不是自己的表述吾儿没明白，翻手机回顾看信息，却看见了自己。

貌似写给小儿的信息，却是完全地在给自己，当孩子长大，学会离开家，做母亲的，总是想孩子记得，家里的很多，没有去想，是真的认同自己的小孩已经长大了吗？觉察自己很重要！

片段三：

一天，我出门在外，儿子打电话过来，"妈妈，我这次考试没考好，出问题了，语文作文我估分差了40分，作文写跑题了。"孩子有些沮丧而内疚地说着。

那一刻，作为妈妈的我，没有即时觉察儿子的这一部分，马上就把自己的不满给了孩子："为什么会跑题？如果作文能够跑题，有一点你要知道，说明你的领悟或者说审题，是有问题的。"

儿子马上说："我知道，不过我告诉你这件事，不是听你说什么，而是只是想告诉你，分估错了，我知道自己有什么样的问题了，还有，开家长会……"

当时，放下电话，忽然醒悟了：

为什么要这么说，为什么能这么说？我说的话语当中，和我的孩子在一个频道吗？仔细地思考着，在孩子和你说跑题的时候，是在把自己对这次成绩的内疚和焦虑表达给妈妈,想在妈妈这里获得支持。

做妈妈的我,却从自己的意愿表达出发,给孩子一个隐含的指责。貌似在使用妈妈的权威感,却在不经意间,给孩子的内心加注了一个砝码。孩子最相信的人就是父母,在他外在有一些无法承受的东西出现的时候,最想得到的是父母能够站在和他一样的地方,成为他身后的稳固系统。

那一刻,做妈妈的我,内疚……

现在,按照孩子老师的安排,坐在孩子的教室里,看着前面的学生,浮想联翩,有道是:

啰啰唆唆当妈妈,

战战兢兢做自己!

咋咋呼呼充权威,

真真切切是学生。

(作者:张紫瑞)

> 随时觉察自己,为孩子,为自己!

10.1.8 学 钢 琴

儿子5岁,我作出了一个决定,陪儿子学钢琴。我虽然没有音乐天赋,但骨子里就是喜欢音乐,尤其喜欢钢琴,那是多么高雅的艺术啊。

刚开始没买钢琴,自己每天用自行车带着孩子到钢琴教室学琴练琴,心里有一个信念,我的儿子不能输在起跑线上,不求成名成家,但是一定要有素质。况且可以开发左右脑,多好的事情。于是乎,买了钢琴,又给儿子找了当地最有名的钢琴老师。

每天吃过晚饭,我和儿子就在钢琴前坐下,至少要2个小时来练琴,实际孩子的注意力也就15分钟。每当儿子弹不好,或者是注意力不集中时,我都会生气。

儿子最初练琴的时候，经常会安慰我，妈妈你别生气，我好好弹。慢慢地儿子开始叹气，每到晚饭后玩得正开心的时候，我一嗓子："儿子，上琴了。"

儿子就会一声叹息，"唉！上琴就遭罪"。孩子学琴第3个年头上，不仅不再说"妈妈你别生气，我好好弹"，反而常在嘴边的话就是，"妈妈你喜欢钢琴，就让我弹钢琴啊，我不喜欢"！

有一次练琴练不过，小拳头砸向了琴键。我在孩子的愤怒中觉醒，要怎么办？到了青春期，孩子是不是要反抗？是钢琴重要还是孩子的成长重要？

于是就和儿子谈了，这琴还要不要学，儿子哭了，低着头不说话，大概有几分钟。

我说："儿子，你是不是觉得学钢琴是一件好事情，不学了有点可惜，学你还很难受？"

儿子点点头。

我对儿子说："这样吧，我们先暂停一下，一个月后你还想弹琴，我们再继续怎么样？"

孩子欣然同意。

一个月不弹琴孩子每天开心，不为练琴纠结难受，我也落得轻松自在，母子其乐融融。

一个月到了，我问儿子，还弹不？小家伙果断地说不弹了，我也果断放弃。

从那以后，我把自主权交给了儿子，学什么，我都支持，但我不再管他和陪他。上小学的第一天，我告诉儿子，学习是你自己的事情，妈妈不会陪你写作业，你要独自来完成，有问题可以来问我，妈妈尽力帮你。从儿子上小学到现在，学习我没有管过，儿子也没有拿问题来问我。

回忆这些往事，我知道我是一个爱孩子的妈妈，也曾经给了孩子很多的束缚。我管得越多，事情越朝着相反的方向走，所以一直提醒自己，相信儿子，相信儿子。

（作者：李玉霞）

第十单元　家庭教育案例集锦

> **动通小编**
>
> 每个人或许都有一份自童年起就向往而又不得的隐秘梦想，随着孩子的降临，这个梦想的执行任务似乎自然而然落到了孩子的肩上，却常常忘记了孩子是个独立的个体。"你喜欢，我不喜欢！"这是孩子内心真实的声音。这位妈妈倾听了，反思了，并以果断的行动充分展现了对孩子的尊重。

10.1.9　放开手，静下心，等待一朵花的盛开

儿子吃完饭又是躺在沙发上看电视！看到这个画面，我的心情顿时骤变，情绪又开始失控——自从遇到动通后情绪失控的时候的处理方式就是独自一人到凉台上冷静，蹲下身来摆弄着我的花草。

30分钟后儿子看我半天不到屋里来，跑过来说："老妈，你在这干嘛，一会儿脚就麻了，快进屋吧！"

我默不作声（因为我的情绪还没有调整好）。

见我不做声，儿子嘟囔着，"唉……这又是生的哪门子气呢！真是的"！然后关掉电视，到自己的房间去了。

第二天早上，儿子边说着边抱着我。

儿子："妈咪，给做的啥好吃的？"

我："看看这早餐还满意吧？"

儿子："恩，满意，谢谢老妈。"

我："不客气。"

吃完早饭，儿子一边换鞋一边说："老妈，你昨晚生的啥气呢！我这么大了又不是不知道自己安排时间，再说白天我已经在学校做完作业了，我就打算看完那段电视就去复习，你说，你也不了解一下情况，就莫名其妙的生气，你还每天看心理书，还跟着郭伯伯学习动力沟通，这样的事情你都理解不了，怎么学的呢？"

我瞬间凌乱了，在儿子的眼中我竟然像个小丑，一言一行都在他的掌控之中……

午间和郭老师闲聊，郭老师的一句，"闲的你"让我陷入沉思……

我小的时候，爸妈为了生计每天忙的脚不离地，从初中开始我就包揽了家里的洗衣做饭，周末放假的时候还要替妈妈送货。现在做了母亲的我，真是闲的，自己没有事情做，把盯着孩子当成了自己的主要业务！

我禁不住反省：我们真的爱我们的孩子吗？

当我们心情不好的时候，我们会对他发脾气，甚至会避开他。

当孩子心情不好时，我们却会阻止他，批评他！

当我们累的时候，我们就想一个人待着，不许他来打扰我们。

当孩子累的时候，我们却希望他不喊苦、不叫累……

我们总喜欢对他指手画脚，做不到就大声喊叫，还美其名曰"批评教育"。

面对我们的指手画脚，孩子不但不敢作声，还要努力地克制自己的恐惧来讨好我们。

我们总喜欢用恐吓、许诺、哄骗的手段来让他做事情。

面对我们的欺骗，孩子依然选择信任我们。

多少次我们把孩子推开，多少次对孩子说不理你了……

孩子依然不离不弃地抱住我们，强颜欢笑地讨好我们。

看来为了孩子的成长，我真的要放手了。放开手，静下心，等待一朵花的盛开、等待一棵草的葱绿、等待一棵树的枝繁叶茂……

这些成长需要的只是时间和风雨的洗礼。放慢脚步，用欣赏的眼，平常的心，静静地等待，聆听花开的声音。

（作者：江 雪）

动通小编

> 这些成长需要的只是时间和风雨的洗礼。放慢脚步，用欣赏的眼，平常的心，静静地等待，聆听花开的声音。说得真好。作者此刻又何尝不是以欣赏的眼看自己的当下，聆听着自己内心花开的声音呢。

10.1.10 人到中年，才发现妈妈真的很厉害

题记：懵然回首，才发现不知不觉自己来到中年。人到中年似乎多

了一些成熟,有些东西藏而不露,有些东西却露而不藏,不仅让人看见,而且要真诚、真实、自然,内心才能真正地坦然。只有在这时,很多身边的善良、智慧和美好,才能猛然发现……

85岁的妈妈是让我最为牵挂的人,每一次来到妈妈身边,都会感到她热切盼望我的到来,似乎在珍惜生命存在的有限,每一次我都展开满脸的笑容,和她拥抱亲近,传递给她我们需要你,妈妈传递给我永远的温暖和爱,我们相拥的那一刻,总会感到一种无形的力量涌遍全身,我也全身心地接受着妈妈给我全部的爱。

她听觉已经很吃力,总是看我们的表情和口型,猜我们交谈的内容,她很敏感,觉察我们的情绪是否与她有关,感受我们的态度,猜测是否给我们带来了负担,评估自己活着是否有用,考虑这世间还有哪些人、哪些事让她留恋,我们在她身边的每个细节她都看在眼里,解读这其中的奥秘。

妈妈从不挑剔,也不埋怨,妈妈的自我咨询师真的很厉害,她对自己很了解,她清楚在每个人面前,该说什么和做什么,尽量不给我们添麻烦,不知不觉中我们紧紧地团结在她的周围。

妈妈谈到自己每个孩子的脾气秉性,为人处世,甚至心里想啥都掌握得很清楚,她用温和、谦卑、感恩的心态影响着我们的行为和思想,让她的晚年促进我们内心对感恩和回报的觉察,让自己仅有的力量陪伴我们,还在用她的人格唤起我们人性中的良知。

妈妈是个不识字的老人,家里一台标准牌的缝纫机跟随妈妈已经60年了。妈妈的一双勤劳、灵巧的双手让我们穿戴整洁而时尚,勤俭持家的品格也深深地印在我们的心中,这台缝纫机一直陪伴她老人家83岁才真正地停下脚步休息。妈妈和这台缝纫机合作生产的一双双鞋垫带着妈妈的祝福,让我们坚定地走过困难和挫折,阳光地面对生活。妈妈经常看着这台缝纫机感恩地说,"它为我们的家庭发展立下汗马功劳"。

妈妈的善良、温和、善解人意、勤劳朴实、心灵手巧的优秀品格就像一面旗帜,在邻里、亲朋、儿女之间高高的竖起,成为她的一种符号,一种身份的代名词。这是一种素质,也是一种智慧,更是做人的一种招牌。

由此想到动通团队，是教会如何做人的团队，动通的理念就是，"自由、自主、自在，不断地打造具有靠得住、宽胸襟、善结缘、好共事、有本事的金字招牌之人"，这也是共产党人应具备的品格，能真正地在社会中发挥作用，服务于社会。

（作者：郭淑芬）

动通小编

> 那温暖的关注的眼光，那时刻注视着自己、欣赏着自己的是慈母的眼。

10.2　家庭中的成年人

10.2.1　夫妻之间的言语沟通

不知你是否遇到过这种场面：

当你想看电视节目时，打开按钮，没有丝毫动静，你使尽浑身解数，仍然调不出声音和图像。当你带着满腔的怨恨，上床休息了，当夜深人静，你睡意正酣时，电视机却歇斯底里地响了起来，你触电一般的惊醒，以为闹鬼了。这样的情况不出几次，你非砸了这台电视不可。

当然，电视机这种反应不良的场面可能很少见到，然而在婚姻生活中，类似的场面却绝不罕见。当爱人询问自己的情况时，不予回答，但过了一段时间，却把自己的辛酸苦辣化作满腔怒气向爱人泄出来，从而引发一场场的战争……

我们试看下面一段对话。

"啊，亲爱的，你回来了，今天工作忙吗？"（表示关心，并询问对方的情况）

"没什么。"（不予明确回答）

"好啊，那么你帮我洗菜好吗？"（提出要求）

"我今天累极了。"（不明确予以答复，给出一个模糊的理由）

第十单元　家庭教育案例集锦

"亲爱的，今天有什么事，工作不顺利？给我讲讲好吗？"（又提出询问）。

"没什么，告诉你也帮不了什么忙。"对方小声咕哝一句（又不给予明确答复）。

"待会儿有几个客人要来，我累了半天了，你帮我……"（又提出要求）。

"好吧，好吧。"对方不耐烦地打断爱人的话（不想听爱人的陈述）。

双方闷闷不乐的干起了活，客人来了，夫妻俩又殷勤招待，客人走后杯盘狼藉又要收拾停当，两人都累得够呛。

"亲爱的，帮我……"

这时对方终于忍不住了，火山喷发了："帮你，帮你，他妈的，你当我是机器人呀！我天天上班累得要死，今天我还得加班干……你把我当什么了？"，这时另一方也火了："我早就问你有什么事，你不说，现在你发什么脾气。这家务活就该我一个人干？这个家就是我一个人的吗？你真没良心……"于是双方怒气冲天地抱怨起来。

当事后两人和解时，想起婚前的浪漫时光，于是归咎于家务事太多，家务事成了替罪羊。有条件的家庭请了保姆，但争吵并没有减少，终于有一天两人都觉得应该离婚了。

这中间的原因到底是什么？

从上面的对话中我们可以看到，一方始终没有得到另一方明确的答复。心理学研究告诉我们，及时的反馈会提高行动者的积极性，提高行动者的工作效率，并会使对方产生被重视的感觉。得不到反馈的行动呢？结果正相反，试想那个对人不作反应的电视机吧，它给使用者增加了多少烦恼，电视机可以扔了、砸了，但如果双方是曾有过最亲密感情的人呢？

明确地告诉对方自己的感受吧，明确地回答爱人的提问吧，惠而不费，何乐而不为呢？但是，为什么最亲密的人却不会进行明确的沟通呢？谈恋爱时的卿卿我我，心心交融，这时为什么会不存在，反而形成这种爱答不理的局面了呢？

我们知道，谈恋爱时的卿卿我我、心心交融来源于两颗敏感的心灵，双方渴求了解、渴望交流，结婚后，以为两个人已融为一体，已经没有沟通的必要。其实，又有谁能完全了解自己呢？更不用说去了解别人了。生活中充满了未知数，人的心灵更是在不断地变化，只有保持一颗敏感的心灵，才能不至于相互隔膜。

另外，沟通来自于两个平等的个体，双方相互尊重、相互独立、不可替代，这是良好沟通的基本条件。如果认为一方已完全从属于自己，那么自然就没有沟通的必要，正像奴隶主不会关心奴隶的心情和病痛一样。如果认为爱人从属于家庭，自己的其他事情他帮不上忙，自然也不会有良好的沟通。

在多数不愉快的家庭里，正是因为忽略了这两点，才使得上述例子中不愉快的谈话层出不穷。幸运的是，这种不愉快的沟通不难修补。只要夫妻俩都认识到沟通的重要性，并关心对方、尊重对方，下面的方法就会大有助益。

一个完整明确的言语沟通可分为三部分：第一位发言者的陈述；接受信息者的认可，表示他已听到了那句话；然后是最初发言人的认可，以表示他听到了对方的答复。这种方法一开始看似机械而可笑，但它体现了两人的相互关心和尊重。如果夫妻双方在每次谈话中都致力于使每一信息都清晰而完整，经过一段时间，双方的沟通方式就会改进很多，感情也会增进许多。例如，

妻子："今天的电视节目真不错。"（这是最初的陈述，也是妻子与丈夫交流感情的开端）

丈夫："不错，我挺喜欢这个节目。"（认可他所听到的。这种积极的殷勤的回答也体现了丈夫对妻子的尊重与关心）

妻子："我真高兴你也喜欢这个节目。"（认可丈夫的认可。双方这种积极的态度为一次愉快的谈话创造一个好的开端）

……

像刚才"妻子"的第一句话，夫妻之间一天不知要说多少次，"今天天气真好"，"地板有些脏了"，"今天的饭菜真香"等，通常对这类陈述的反应只是哼一声，或者点点头，甚至一无反应。

这样，最初的陈述者就会感觉受到了冷落，没有得到尊重，长久下去就形成了沟通的障碍，也形成了感情的障碍。我们知道，即便是一个

第十单元 家庭教育案例集锦

否定的回答也比没有回答强得多。

夫妻之间总有认识不一致的时候，沟通的目的就要告诉对方自己的感受，所以即使是拒绝性的答复，否定的意见，也必需是完整的，例如：

甲："亲爱的，今天是星期天，你陪我去逛街好吗？"（提出请求）

乙："最好不要。我今天还有一桩生意去谈，晚上才能回家，真对不起。"（进行答复。解释原因。尊重对方，并表示歉意）

甲："好吧，我过两天再去吧。"（对答复的答复。表示理解）

我们用上述原则把最早的那段谈话再进行一遍，看看效果：

甲："亲爱的，你回来了，今天工作忙吗？"

乙："啊，今天忙极了，我干了……，晚上还得加班……"

甲："亲爱的，我真为你感到自豪。"

乙："亲爱的，你今天怎么样？"

甲："我今天下午也忙了半天，菜还没有洗，客人待会儿要来。你能抽出时间帮我干点儿吗？"

乙："当然可以。"

甲："太好了。待会儿客人走了，你就忙你的吧，由我来收拾。"

乙："你真好，咱们开始干吧。"

如果夫妻之间的谈话都是这样的直接明晰，这样的充满尊敬和柔情，这是一种多么甜蜜的场面呀。

10.2.2 小两口吵架

咨询信件：

动通编辑好。看了动力沟通，我和丈夫共同觉得必须向您请教。

1）我们两个基本上算是好人，或者是"自认为是坏人，但不比那些自认为是好人的人差的人"。

2）我们两个基本上和谐，都能够互相为对方考虑。

3）但是，我们总是为一些鸡毛蒜皮的小事大动干戈。有时，想离婚的心都有。

4）事后一想，觉得不值得。但是，心里总想，为小事都能吵成这样，要将来有大事，不更糟糕了？

5）最后，我想说，我们夫妻两个都是大学老师。目前还没有孩子。

另外，我想说，写这封信，一是想向你们请教，二是想向动通编辑部表示感谢，三是想说，你们这个专栏，对我和我爱人的影响太大了。我这种写信的风格，似乎都受了你们的某些影响。谢谢你们，感恩！

动通老编辑回答：

谢谢你们的信任和鼓励。

1）谢谢你们认为自己是"坏人"，这表明你的参照点是"好人"，这样你们就有了积极变化（变好）的更大的可能性和空间；要是认为是好人，那么表明他们的参照点是"坏人"，那么消极变化（变坏）的空间更大，变坏的可能性或吸引力也更大。

2）心理学比较强调"满意率"，认为凡事都不可能美满，只要差不多满意，就是最好的了。

3）生活就是由鸡毛蒜皮的事情构成的，要不为鸡毛蒜皮的事情争吵，那表明你们不是一家人，那表明他是你的精神导师或超出2~3级的领导（你平时见不到面、只能从电视上看到的领导）。因为，除了精神导师，除了超出太多级的领导，其他的人际接触，都是由琐碎事构成的。夫妻，作为最平等、最密切的两个人，自然是处理鸡毛蒜皮的小事的。如果两个人没有为这些小事"争吵"或冲突（不一定是口头的，有时会心里有波动），那就准备离婚，或者把另外一方当作精神导师供奉起来吧！

4）如果你们常为小事争吵并常常总体感到和谐，那么将来也不会有什么大事。但是，如果你们不为小事争吵或冲突了（即没有口头上的波澜，也没有内心的波澜了），那么将来发生大事并引起巨大的冲突的风险就增加了。

5）跟我们比起来，你们是好人，因为你们知道我们作为一个新诞生的"动力沟通理论和技术"的新理论流派需要鼓励。我们把自己正在研究中的东西拿出来，其目的是征求大家的批评意见，并且寻求同志、同仁,来共同参与建设。

最后,再次感谢你们的信任。感谢你们的及时觉察和清晰呈现。

10.2.3 能够改变的只有自己:遭遇婚外情

我和妻子有6年的恋爱史、5年的婚龄,并且一直没有要孩子,这期间我们共同经历了各种坎坷,恋爱时她没工作,我没有学历,我们顶着各自家庭的压力,深深的相爱,后来她有了一个较称心的工作,我通过自学取得了学历,我们结了婚。

她在一个公司上班期间,公司老板利用金钱和地位引诱她,她不为所动,我想这应该能够证明她对我的感情。几年前她失业了,可她并没有消沉,我们一起开了一个小店,虽然挣得不多也很辛苦,但是我们生活很充实。

1年后她在一家私营美容化妆品公司又找到了工作。刚开始,她虽然觉得这家公司的人素质很差,但感到对于她一个而立之年的女人来讲,想找一份满意的工作实属不易,渐渐地,她熟悉了环境,心情也渐渐地好起来,并且她常跟我说和公司里一位40多岁的已婚男士很谈得来。大约3个月前,那位已婚男士的老婆找到我,说我妻子和她老公有不正当关系,我接到的匿名电话是她打的,我妻子脸上的伤也是她所为(我妻子跟我说是不小心碰的),我还偶然发现我妻子瞒着我做了丰胸手术。

3个月来,我和妻子就我们之间的问题多次进行了交流,她说对那位已婚男士仅仅是有好感而已,她的年龄比我大不到1岁,我们之间姐弟感情一直大于夫妻感情,我没能给她安全感和依靠感,她想改变现状。

随着我们就夫妻感情问题谈话次数的增多,我越来越觉得她在躲避我,甚至基本上拒绝和我过性生活,使我现在即使有性欲望也不能实现(不经过强烈刺激就不行)。我该怎么办?

是不是她和那个已婚男士之间真的有什么问题？我怎么才能了解？

我怕直截了当地问会伤了她的自尊！通过交谈我觉得她变了，变得爱虚荣，品位下降，是她的工作环境使她的思想观念也改变了吗？我该如何面对她这种状况？

我们也不止一次地谈到了离婚，她也很矛盾，毕竟我们有着11年的感情，如果离婚她肯定会惦记着我的生活，但她不承认这是夫妻之间的感情。我觉得她现在始终在逃避现实，自我封闭，同我交流很困难，我所讲的道理她也明白，但就是无法改变自己所谓的感觉，认为我们之间再也无法改变什么。

3个月来，我努力改变自己，体贴她、关心她，加强交流，但收效甚微，她仍然躲避我、排斥我，是我在哪方面做得还不够吗？

动通编辑，我现在很无助、很无奈，我妻子承认我们的问题主要出在她身上，她对改变自己的心态没有信心，无法作出努力，我们现在是否有必要一起或分别接受一下心理治疗，有什么好办法能尽快让她从逃避我的状态中解脱出来，能像以前一样无话不谈。我们有时连死的心都有，所以恳求您能帮帮我们，越具体越好，让我将妻子从感情的泥潭中拉上来。

动通老编辑反馈：

你好！谢谢你的信任！

你所问的问题是生活中的重大问题，是与个人的生活选择、生活决心、生活经历有关的复杂问题，所以，作为一个旁观者的我们，作为一个对你和你的爱人没有什么了解的心理学工作者来说，目前可能提不出什么有价值的具体建议。

另外，心理咨询的原则是解决来访者的问题，即帮助前来咨询的人解决他或她自己的问题，而不解决、也不能解决第三者的问题，除非这个第三者也自己前来提供信息。所以，作为一个受到你信任的网友，可以撇开心理咨询，根据一般原则着重从你的角度来分析一下，如有不当之处，请你多包涵。

1）反思一下自己的特点与妻子对丈夫的期望。你在信中说，"我妻子承认我们的问题主要出在她身上，她对改变自己的心态没有信心，无法作出努力"，同时又说"她说对那位已婚男士仅仅是有好感而已，她的年龄比我大不到1岁，我们之间姐弟感情一直大于夫妻感情，我没能给她安全感和依靠感，她想改变现状"，这本身就是矛盾的，不是吗？

妻子觉得没有安全感，认为你们的夫妻关系是一种姐弟关系，从一般意义上来看，这似乎表明她对你不满意，希望你更"强"一点，给她更多的保护和关心，所以不能说"问题都在她身上"。

你可以思考下面这些问题：你是一个什么样的人？你的妻子希望自己的丈夫是什么样的？你能否改变？她的期望能否改变？这两者是否有接近的可能？

2）知道妻子和另外一个男士的关系的程度有什么意义？你说想了解她与另一位男士关系的程度，但不知道怎么问。不过我认为，问题关键不是怎么问，而是你需要不需要问。要回答这个问题，你可能要思考下面这三个问题：①如果她和他有了什么？你怎么想？②你还愿意保持夫妻关系吗？③如果你愿意保持你们的夫妻关系，知道她的过去又有什么价值？

这三个问题，需要自己考虑清楚。

3）站在妻子的角度想一想。如果她离开了你，跟了别的人，她可能是一个什么后果？她是不是会很不幸？如果她跟别的男士有了什么，你会不会原谅她？就像什么都没有发生一样，而不是仅仅口头上的原谅，心里仍然嫉恨，并期望妻子从此对你有所报答？她是否因为自己已经走错了路，做了对不起你的事，怕跟你生活在一起有心理阴影，而不愿意跟你继续生活？

俗话说，"知人者明，知己者智"，我上面的建议都是"知己"的工夫，因为我们首先要了解自己，并且最方便的也是了解自己。只有了解了自己，对这些问题考虑清楚了，剩下的就是按照自己的价值观以社会能够接受的方式行动了。

总之，我们的建议的宗旨就是，认识你自己，因为婚姻虽然是两个人的事，但是我们不能要求别人，我们能够改变的只是自己。

10.2.4 合格的陪驾

暑假的收获,就是拿到了驾驶证。真正拿到它的时候,却又平添了不少的思虑。拿到驾照,只是有了驾车的许可,但真正驾车的技能,却和教练场上感觉不同。其中一个明显的变化,就是老公坐在副驾驶座上,做起了我的陪驾!

老公自己在平常开车的时候也告诉我,红绿灯怎么过,拐弯怎么拐等。虽然和驾校师傅讲的没什么两样,此时此刻感受到的,好像是像父辈那份临行时的嘱托!

我有些时候心里还会嘀咕一句:这些我都懂了,我的关键问题是不知道拐弯时具体在哪个位置打方向盘,从后视镜中看到车有多远我就可以通过等这些问题!

老公本来就是那种嘴巴多于耳朵的人,所以坐在副驾驶的位置上,加上他娴熟的驾车技能,我在他的眼中简直是一无是处:驾照都拿了还不敢走山路;驾照都拿了,还不敢跑到60迈以上;连车都不敢超,半坡倒车也起不了步,你这驾照是怎么拿的……

我再次感到我真不是开车的那块料,正如老公在我有学车的想法时讲的那句话:"等我考了驾照拿个相框挂起来!"最后我坐在车上成了煎熬。学生有厌学,我是严重的厌车,有半个月左右的时间,我就开始烦那辆车!

经常在早晨起来时,站在阳台上,看着车,瞬间有想把它开出去的冲动,但转瞬间又被那一句句劈头盖脸的话把开车的好奇心给打了回去!

终于在一天早上,伴着快要跳出来的小心脏,哆嗦着穿过停满车的院子,上了街,成功地处理了半坡起步和过红绿灯的问题!

在自己驾车老公副驾的尝试中,一个假期下来,无论是自我感觉,还是周围的朋友的感觉,老公有了脱胎换骨的变化!

最近面对儿子,我难免就会与开车这件事联系起来。

我们父母也只是一名坐在副驾驶座位上的陪驾,想看到驾驶者的技术如何,必须少说话、多观察(父母嘛,有父母的观棋不语的风度;说

第十单元　家庭教育案例集锦

话、行动的是孩子），在该转弯又没转的时候伸手过来打一把方向，在该刹车没有刹马上要撞车的瞬间拉住手刹，在每一次顺利回来的时候讨论如何能开得更好，下次什么地方需要注意，仅此而已！

在这一刻，我的内心中闪出那个时而立在山顶、时而潜入海底的元认知！

（作者：李晓中）

10.2.5　换了珠子的手链

从小到大，我是知名"丢蛋鸡"。甚至出差外出，老公担心的表情，似乎提醒我出门就会被坏人盯上，人财两空。我没什么贵重东西在身上。除了结婚的戒指，我手上基本是空的。

5年前，老公送了我一条水晶手链，据他说比常带的婚戒值钱。我时带时不带，没特别在意，但毕竟是一点不浪漫的男人送的唯一首饰，还是会常戴戴。

今天，老公不知怎样就细看起这手链，说珠子脏了。

我说："不是，就是有瑕疵。"

老公："不可能，我一颗一颗挑的，不可能有这么明显的瑕疵。"

我脑子嗡的一下，刚才老公还说，这礼物好好留着，以后可能一万块也买不到，我心里还不服，好几个珠子有明显瑕疵，哪里那么值钱？

原来，珠子被换了。

唯一的可能就是一年前，攒珠子的绳子断了，我去卖首饰的店换新绳，顺便在旁边店买个别的东西，没有盯着店家换，因为当时真的没留意店里有没有卖同样水晶的，也绝对不会想到珠子还会被换。

老公笑我傻："做这生意的，谁没点存货。"

事情久远，当时情景已经很模糊啦。但我又要多感恩一个人，谢谢他让我了解这世界的复杂性，这是多么痛的领悟啊，我怎么就学不乖呢？为什么就天真地认为这世上人都诚实守信，没有坏人。眼泪不争气地往下落。

"我想现在就去那家店，当面问问那店主，他怎么可以这样。"我要把情绪释放出去。

老公原本不在意的神情严肃起来："你又要犯傻，人家横的，直接骂你诬陷，轰你出去。怪就怪你自己不上心，当时要是就对质，他一定赖不掉。"

我一屁股坐在沙发上哭得更厉害啦。脑子里全是老公那句，"我一颗一颗仔细挑的"，对比我的不在意，身边这个不善甜言蜜语的男人，被我忽略了多少真心。

老公以为我是心疼东西，气自己被骗，忙坐下安慰我："换了也好，破财免灾，不是这样，可能早被你丢了呢。"

每次，我丢东西，被骗了、偷了，他都会这样安慰自己。可这次，给了我安慰的不是这句话，而是他临出门那句，"太强就不是你啦。贵重东西真的不能给你保存。"

无论怎样都被认同的感动，我可以忽略老公的抱怨，带着感动的心试探着说："那，手链不戴啦。"

他忙说："戴着吧，时刻提醒你。"

咱俩想一块去了。话虽没说，心里已多了份在意。

人生真的像这被换了珠子的手链，原本婴儿般完美，不知不觉，就被换了，有了瑕疵。突然觉醒时，是接受不完美，还是痛苦回不到当初，全在人心选择。我发现手腕上这多了故事的手链，格外迷人。

（作者：陆　军）

10.2.6　体验觉察与呈现：随时随地的美人术

老公刚刚打完3小时羽毛球后回家进门……

我："老公，一会吃完晚饭你开车送我去见A与B，还东西给她们哟。"

（只想着自己心中前几天计划的在周六晚去落实对A与B早已承诺的事情，没有及时觉察老公的状态是如何）

老公：（脸色疲惫与沉闷）"你自己去吧，我好累、没劲。"

第十单元　家庭教育案例集锦

（没有事先与老公协商，他也不知道我的安排。也没有去动态觉察，考虑他状态的背景因素，刚打完球消耗很大）

我：（被拒绝，我有点不高兴了，阴着脸腔调也高了些）"你晚上总是要出门去办公室的吧，顺便带我一路就可以了，你看我拿着东西不方便呀。"（只想到我自己的期待与目的，被语言拒绝后的本能反应，没有去系统觉察他拒绝的原因与背景）

老公："你怎么不方便呢？要不我一会儿就骑电瓶车送你去。"

（他最喜欢近距离的就骑电瓶车不开车。也是我缺乏系统觉察）

我：（生气了，大声）"不行，骑车不方便拿东西，我也不好坐的，再说外面风很大，吹人呢。"

老公：（也生气了）"你就是懒，依赖人，你怎么就不好拿了，你是怕被人看见拿着这些东西吧。朋友之间情感来往，有什么见不得人的呀。"

我：（被误会曲解，更生气了）"你什么意思呀？"

老公："没什么意思，要去就骑电瓶车，不开车。"

我："这么简单的事情就你想的复杂了，车子不就是买来用的吗？就要开车，你抠门。"

老公：（语气重重的）"那你自己去。我不管。"

我：（愤怒大声喊叫）"你缺德吧！"

老公：（沉默）……

平时的生活中老公很少这么直言拒绝我的请求的。今天的表现也是我自己从来没有想到过的。不在我自己的掌控之中让我诧异与愤怒，得益于自己近期每天的美人技术与以前的放松。在老公沉默中我及时的察觉到了自己的情绪，问了自己"我怎么了"慢慢地平息自己的状态。

我：（这会儿觉察到自己言辞太过暴力了，语气缓和）"你刚打了球，一定是感觉累了，那先歇着来吃饭吧。"

"我饭菜都做好了。我是因为这事情再不能拖了，我想就在今天完成的，也是履行我自己对朋友的承诺。（呈现我的背景）

刚才我太着急了，没有去顾及你的感受，强制的要求你送我。不好意思啊！"（吃饭时我及时呈现对氛围的觉察，作出行为改变）

老公：（也缓和）"那就一会儿再说吧。嗯，谢谢你能这样为我着想,其实我不是不愿意送你的。你都联系好别人没有,赶紧打电话给她们吧。"

晚饭后,老公很乐意地配合我完成了我的目标。

哈哈,解开了心结,对自己又有了突破,开心。

原来真是只要自己用心投入了,无处不动通的。

为自己的觉察、成长而写也没什么困难的。管它谁去评论与批评呢?那都是个人自己的。我以前固有的模式思维是认为要写就是要写出高水平的、带有一定影响力的包涵自己文化底蕴、丰富理论知识背景为前提的文章。觉察原来是对外界的评价、对面子、尊严的介意,担心别人对自己的不接纳作怪呀。让自己曝光吧,迎接风雨的洗礼!!!

(作者:黄小琴)

10.2.7　幽默,沟通的润滑剂

记得我跟先生在谈恋爱的时候,他经常说不想找一个婆婆那样性格的人。婆婆典型的粗线条、大嗓门,性格比较急躁。老公经常戏说他在婆婆的阴影下成长起来的,尤其是婆婆在生气时的一声怒吼,他的脑袋"嗡……"的一声就大了,在此后的数分钟内什么都听不见。

我知道他是在暗示我,让我温柔一些。那个时候我还是对自己有信心的,心想好歹是受过高等教育的人,控制情绪还是可以做到的。可是结婚后慢慢发现,我也有"失控"的时候,之后又有些后悔。好在先生的幽默就成了我们沟通的润滑剂,避免了我们之间的摩擦。

场景一:

下班回家后,匆匆忙忙收拾赶紧做饭。因为前一天的碗是老公刷的,第二天我在做饭的时候发现有些碗没有刷干净,因为他经常有这样的情况出现,所以我忍不住在厨房里用高于平时说话的分贝喊了起来:"你来看看你刷的碗,怎么跟没刷过的没什么差别呀,我都说了好几次了,你不能认真些吗?"

第十单元　家庭教育案例集锦

这个时候我老公不紧不慢地走过来，仔仔细细端详了我，而不是碗。然后很淡定地说："我初步断定，你的嗓子好了，不疼了，要不然不会有这么大的劲儿的。"（前些天因为讲课嗓子疼了好几天，回家后尽量少说话，或者很低声地说）听了之后，我知道自己像婆婆那样的怒吼有些不合适了，自己也有些不好意思了。也很感谢先生的幽默，化解了一次"即将到来的暴风雨"。

场景二：

拿到驾照不久，先生为了提高我的车技，我们一起出行的时候由我来开车。大概是我的车技太拙劣了，我一边开车，先生一边念叨，他很着急，我也很烦躁了，那个时候两个人之间有些气了。尤其是我，感觉很委屈，开始对先生的话冷处理。

先生很快发现了我的变化，不再说什么了。沉默了一会儿，先生问我："晚上打算吃什么？"此时的我不想理他，佯装专心开车，并不言语。

先生见我不理会他，于是打开车窗，对着窗外大喊："我……说……咱们……今天……晚上吃什么……你听见……了没？"见此状况我忍不住笑了，所有不好的情绪都没有了。

感动、感慨，因为有这样幽默的先生。

（作者：贺　洁）

> 幽默是瞬间的出局又入局，以荒谬呈现荒谬，四两拨千斤。

10.2.8　动力十足的夫妻俩

银　行　卡

早晨，老公看到老婆将她的银行卡丢到了书桌上，用带点责备的语气说："怎么又把卡乱扔？就不能把它放包里吗？"

老婆听了有些不高兴，但同时她又觉察到老公的这个提醒没什么恶意，于是边去放卡边说："你说的对，我昨天在外逛街时，看到一条裙子，就是因为没带卡，所以没买成，谢谢你的提醒。"

老公有些尴尬，说："我不是那意思……"

老婆愉快地说，"不管你是啥意思，我就感觉你的这个提醒仿佛在向我表达：出门带上银行卡，碰上什么想买的就可及时买了"。

听到老婆这么愉快、幸福地说，老公有些不忍心再去说他本来想说的那些扫兴的话，于是他无奈地说："真是一件事，每个人看法都不一样啊，你如果想这么认为，就这么认为吧！"

说完，老公也笑了！

您的电动车在楼下

傍晚，老公下班对老婆说："今晚我有饭局，就不在家吃饭了。"

老婆听后撇着嘴说："又有事啊，不是说好了要在家吃饭吗？"

老公无奈地说："唉，没办法啊，对了，我回来看到你的电动车在楼下，晚上还骑不骑了？"

老婆也突然想到了电动车还没存起来，有些心虚地说："我和女儿正准备去超市一趟呢。"

说完叫上女儿就去超市了。

从超市回来后，老婆让女儿把买的东西先拿回家，她自己去车棚存车了，刚存完车往家走，手机就响了，电话里老公急急地问："你怎么把车存起来了，我不是告诉你我晚上要骑电动车出去吃饭吗？"

老婆一头雾水："你啥时候说要骑电动车了？你只是说你要出去吃饭，我以为你要开车去呢！"

老公说："我不是问你晚上骑不骑电动车吗？"

老婆重新理了理刚才夫妻俩的对话，发现中间有两处很重要的地方被省略了：

老公说他晚上要出去吃饭时，省略了一句"我想骑电动车去吃饭"。

老婆在说她正准备和女儿一起去超市时，省略了一句"回来后我再去存车"。

省略往往是因为感觉对方知道，实际结果却不是这样的，所以总会造成不必要的麻烦和误会！

> 向别人提出某种请求，即使是亲人，也是一件冒险的事，一旦别人拒绝，很伤面子，就是别人痛快答应，似乎也会伤自尊。但是，用这种所谓的隐含或省略的方式则不然。
>
> 说话的当时，没提要求，因此无所谓拒绝，也没给对方显示慷慨的机会，不会丢面子！事后，对方没满足自己，还可以责备对方，这样的小事都不配合！因此，压力全转嫁出去了！可以说，这不是省略式沟通，而是隐含的压迫式沟通！
>
> 至于妻子把丈夫的话理解为丈夫提醒自己存车，并且马上借口去超市然后把车悄悄存了，就是前面丈夫那种压迫式沟通的恶果：在这样的丈夫面前，他一说话，你就要猜他的意图并行动！不行动的话，是自己懒！猜不对的话，是自己笨！
>
> 哎，凭什么呀！！！

我喜欢损人不利己

某一天晚饭前，经常忙于工作加班加点的老公回家了，发现家里冷锅冷灶，老婆孩子都不在家，一打电话才知道：老婆去成长小组学习了，孩子在午托家里写作业。自己辛辛苦苦工作一天，回来还得自己做饭吃，心里有些不舒服。

晚上10点，老婆孩子有说有笑地回来了，这时老公在卧室看手机，老婆问老公晚上吃什么了？老公心里不爽，可是又没法说，于是就装作忙着看手机，没空搭理老婆，于是出现了下面一幕：

丈夫为了表示心里不舒服，就推着妻子往卧室外走，妻子不但不恼，还开玩笑地说："你看看我这都一把老骨头了，再推就散架儿了！"

夫：散了架儿才好呢！

妻：散了架儿对你有什么好处？

夫：没好处。

妻：没好处，你为啥还推？

夫：嘿嘿，我喜欢损人不利己。

妻：损人不利己会让你有啥感觉？

夫：一个字"爽"！

妻：喔，怎么个爽法呢？都哪儿爽？

夫：浑身都爽！

妻：是吗？那除了这件事，还有什么事让你感觉也很"爽"呢？

夫：只要是损你的时候，我都感觉很"爽"！

妻：那除了损我之外还有没有什么事让你有"爽"的感觉？

夫：没有了！

妻：（笑笑）你这么说，会让我感觉我很重要啊！

夫：是！

妻：看来没有了我，你连爽的感觉都没有了！

夫：嗯！

妻：那你准备怎么谢我？

夫：……

妻：为了以后你可以经常有爽的感觉，你得好好讨好讨好我啊！

夫：可我不想经常"爽"，只想偶尔"爽"一下。

妻：偶尔"爽"，你也得讨好讨好我啊！因为只有我让你损的时候你才会"爽"啊！

夫：那我宁愿不爽了？

妻：为什么？

夫：因为我喜欢损人不利己啊！

夫和妻：呵呵！哈哈！

钱 包 丢 了

老婆开车去加油站加油时，突然发现钱包没了，怎么丢的？可能丢到哪儿？一点头绪都没有，心里真是非常懊恼，一边伤心一边自责着往家走。老公知道这件事一定又该骂我笨了！想到这里，自责懊恼的感觉突然减轻了些，心里开始想怎么对付自己嘴损的老公。

动力沟通里曾说过：自己先贬低自己，这样就剥夺了别人贬低你的机会！对，见了老公就开始用他惯用的话贬低自己！说不定老公一心软就请自己去外面吃顿饭安慰安慰自己呢！想到这儿老公请吃饭的温馨场面都出现了，心里还乐滋滋的！

一进家门，老婆就将自己丢钱包的事和盘托出，完了开始说自己真笨，脑子进水了等！老公听了，不但没像老婆预想的那样安慰自己，反而接着老婆的话找更难听的话开骂,老婆傻傻地听着,等老公骂了一会儿后,问他:"骂的爽不爽?"

老公一愣,得意地说:"爽啊!"

老婆话锋一转说:"看来你还得谢谢我丢了钱包啊!让你有机会骂得这么爽!"

老公一愣,仍然有些意犹未尽地骂:"你个败家娘们儿,整天就知道丢东西!丢了东西还不知悔改!你咋不把自己也丢了呢?"

老婆没被骂傻,争辩说:"是啊,我是经常丢东西,而且每次丢了东西,本来心里挺伤心挺自责的,很想反思自己,想办法以后怎么避免再丢东西。可你倒好,每次都不顾我的伤心,只是一味地骂,把我的伤心自责骂没了,把我的愤怒骂出来了,把我反抗你的力量骂出来了!想想,我只顾反抗你了,哪有精力去反思自己?"

老公怀疑地说:"伤心自责?我怎么没看出来呢?我看你倒是高兴得很啊!"

老婆:"那是因为我不想让你看到,掩藏的好!"

(作者:宋红利)

10.2.9 夫妻故事

一餐一言一通

周一,参加完单位特殊工种培训的我又匆匆来到训练场地,和队友们一起为这场紧张的比赛开始这周的排球训练。刚训练完毕,一看时间不早了,想起来晚上7点还有小组学习,不敢逗留,飞速回家换衣服。

再走,最美不过了……"对了,今天婆婆带着女儿去洗澡了!粥是喝不上了……"转念一想,"咦,今天周一,老公应该回家很早,哈哈,他肯定会先熬上粥的"。

一会儿的工夫,两种假设都已出现,但根据以往经验,后者更容易实现。

一进家门,坏事儿!没有闻到粥的香味啊!眼睛一扫,老公正坐在沙发上跷着二郎腿在玩手机,气不打一处来,但仍不死心,不吱声跑到厨房再看一眼，确认一下——冷锅冷灶！火气腾腾地往上蹿，心想：在家坐着也不会先熬上粥吗？以前都是婆婆做饭，这一天不在家就得断顿吗？也太懒了，一点都不自觉！

在我要发作的一刹那，突然一种声音在耳朵响起："为什么他就必须在这个时候熬上粥呢？他也刚下班，也许累了。你每天都把上班、打球、小组学习……安排的事情满满的，你出门的时候哪次不是放心地让你去干你想干的事？孩子的学习就更不用说了，他比你还费心……婆婆不在的时候，不是他支持你，你才能够工作学习两不误吗？你怎么这么得寸进尺啊！"天哪！这一转身的瞬间，竟然会有这么多自我批评跳了出来，我怎么了？

好吧，默默地拿起锅接水，打开炉灶……

"老公，我把锅炖上了，你一会儿看着点儿啊。"（不带怨气的话语让老公吃惊地抬头看了看我，好像他已准备好我回来发脾气呢……赶忙也来到了厨房）。

"晚上吃什么菜？"

"你们随便做点儿吧，我今天还得学习去，来不及了，不吃了。"

"哎呀，忘了今天周一了，你还要去学习，不好意思，要不饭早就做上了。"

"没事，你也忙了一天了。"（老公充满自责的话语让我更能理解他）

虽然没吃上晚饭，但是我却是心情大好，屁颠屁颠地出了门。在路上买了点儿吃的填了一下肚子，仍然感觉像在家吃饭一样舒服。

自己及时的觉察也换来了老公的觉察，清晰的呈现，矛盾化解，冲突避免。

幸福生活的秘诀

一日，下班后懒于做饭的我决定要带着孩子去娘家蹭饭，于是开始了与老公的沟通。

妻："老公，今天想去咱妈那里看看，晚上就在那儿吃饭吧？你下了班也去吧，好久没去了。"（礼貌温柔地询问着一家之主，软着陆）

夫："哦，你们去吧，我去不成，今天要加班，如果去的话可能太

晚,别等我吃饭了。下班后我直接回家吧!"(老公表示歉意,并说明加班后回家吃饭)

妻:"那好吧。"

结束通话。

吃过晚饭回到家,孩子在一旁画画,我在沙发上惬意着享受手机上的微信内容。听到钥匙开门的声音后,没怎么在意,却跟孩子说:"爸爸回来了,帮爸爸开一下门。"

老公进门后看到孩子没有什么言语,余光扫到老公好像看了一眼沙发上的我,着迷于手机微信的我仍然在我行我素。猛得听到厨房里好像有动静,才意识到老公在自己做饭吃。想到老公今天加班,拖着疲惫的身躯在做饭,愧疚感油然而生。沟通如下:

妻:"让我来吧!"(接过老公手中的食材。关注着自己贤妻良母的形象而展开的补救工作)

夫:"不用,我自己来。"(仍是一脸愠色,眉头紧锁。不买账)

妻:"给我吧,你先歇会儿。我以为你在外面吃过饭回来的呢?以前不也经常加班后在外面吃吗?"

(突然想起动力沟通关于语言的观点:"很多语言看似礼貌、高雅和温柔,但是其目的是为了显示说话者的高明和权威,是为说话者谋利益,而不是为了对方的利益。"在用温柔体谅的言语在为自己的行为作解释)

夫:……

(沉默也是一种良好得体的动力沟通形式)

妻:……

(不再言语,手脚麻利的为老公准备晚饭。言语谋利后用行动强化目的)

饭菜上桌,老公吃得津津有味,眉头舒展,跟我讲起在单位里发生的一些事,讲着讲着,笑容出现。

事后想起几年前的自己,像电影似的回放在脑海里。类似的事情重现……

妻:"让我来吧!"(平淡,无表情)

夫:"不用,自己来吧!"(同样的脸色还回来)

妻:"不用拉倒。"(面对愠色,不领情就算了,我还不伺候呢)
或者妻:……(沉默)转身离开。
(不用心觉察对方的感受和需要,只表达自己的感受和需要)

即时、动态地觉察,是有效沟通的前提。反思身边很多幸福美满、充满欢笑的家庭似乎都不会缺少这一味。难道这不就是幸福生活的秘诀吗?

(作者:任文庆)

10.2.10 从《论语》看婆媳相处之道

婆媳关系是男人的母亲与男人的妻子的一种关系,虽然这个"男人"起到了桥梁作用,但他并不是决定因素,因为在一些家庭中,虽然丈夫去世了,但是婆媳关系仍然存在并且可能维持地很好。从本质上看,婆媳关系是一种人与人的关系,是有时不得不在一起生活的两个没有血缘关系的女人之间的关系。

在古代中国,封建皇帝及贵族的世袭模式,以及农业生产的稳定性及土地等不动产在经济生活中的决定作用,从而在经济上和文化上保证了祖先、长辈具有崇高的尊严;同时由于男尊女卑的社会文化地位,女子自从进了婆家门之后很少再有选择的余地。

这两个因素合在一起,决定了年轻女子即媳妇,进入婆家门之后只能服服帖帖地听从长辈主要是婆婆的指示(因为公公不会去管一些琐碎家务)。这种关系的不平等性质,使得媳妇只能在顺从与忍耐中生活,以期"三十年媳妇熬成婆"。

在现代社会中,经济生活与生产活动的多样性,使得年轻人往往具有更高的经济地位,同时当代社会所有人之间的平等意识,包括男人与女人、长辈与晚辈之间的平等意识,再加上婚姻的自由,使得原来的那种主导与服从的婆媳关系彻底失去了存在的根据,从而使婆媳关系变为平等的,但有时不得不生活在一起的两个女人之间的关系,所以从本质上看,这种关系与同宿舍的室友、同一球队的队员的关系没有什么不同。

在这种背景下,婆媳关系其实更应该看成是一种朋友关系。那么如何处理好这种关系呢?在《论语》中孔子给出了很好的描述。

1)有朋自远方来,不亦乐乎?人不知而不愠,不亦君子乎?(《学而第一》)

对于现代核心家庭的媳妇来说,婆婆跟自己住在一起,虽然会增加一些麻烦,但总体上看还是一件令人高兴的事,因为媳妇可以从婆婆那里学到很多人生经验,了解丈夫的一些习惯、秉性和童年趣事,也可以帮自己照料一些家务,不亦乐乎?

对于婆婆来说,自己有处事的经验、有生活的智慧,但是媳妇可能认识不到这一点,可能不重视自己的意见,婆婆应该把此看作是正常的事,而不为此生气、愠怒,"不亦君子乎?"对于媳妇也同样如此,自己有优点、有长处,但是婆婆可能看不到。

相反,对于丈夫、小姑子、小叔子,由于是自己的孩子,婆婆更容易看到他们的表现,对他们更好。认识到这一现象,作为媳妇自己不生气,"不亦君子乎"?俗话说"日久见人心",总有相互理解、相互接受的那一天。

2)忠告而善道之,不可则止,无自辱焉。(《颜渊第十二》)

婆婆、媳妇等在一起生活的人,最怕彼此不提意见,有气闷在心里,但同时又怕提意见掌握不好分寸,伤了颜面。如何把握这个分寸呢?孔子给了很好的提示:这就是一要忠诚,诚心为对方好;二要善于表达,适可而止,不要自取其辱。

3)益者三友,损者三友。友直,友谅,友多闻,益矣。友便辟,友善柔,友便佞,损矣。(《季氏第十六》)

婆媳之间如果只是忍气吞声(便辟)、谄媚巴结(善柔)、没有主见、人云亦云(便佞),这只会损伤婆媳关系;相反,如果婆媳之间能够直言相告,互相谅解,同时又能看到对方的长处,双方都能从彼此的接触中得到好处。

在婆媳关系中,如果双方能够真正做到这三点,那么婆媳关系肯定是很圆满的,但是要做到这三点需要很高的修养水平,它要求婆媳双方成为"文质彬彬"的"谦谦君子",而这种修养又是很难达到的,这也

家庭教育手册——动力沟通之家庭教育篇

正是很多婆媳关系并不圆满的原因。但是，只要婆媳双方意识到了这几点（自我金刚结构中咨询师开始工作），并且部分地做到了一些，那么这种婆媳关系就是过得去的关系了。

10.2.11 公公、父亲和心理学

公公终于没有逃过在查出癌症后自己还有1年寿命的谶语，刚刚过去的10月份于我们还是在错愕中的一个月。

音容宛在，仿佛一早就出去钓鱼，傍晚带着满满收获的老人马上就会回家了……女儿总是在恸哭之后想起爷爷的点点滴滴，那至真至纯的祖孙情感也在挑拨着我们脆弱的神经，也会忍不住泪流满面。

公公是个明白人，倔强了一辈子。去年自己在老家体检查出癌症之后却一直守口如瓶不曾告诉任何人，自己看病拿药折腾了两个月之后才告诉我们。接到济南，复查，与医生商讨治疗方案，因为癌变位置特殊不能手术，只能考虑局部放疗，不曾想老人却拒绝作活检也拒绝任何治疗。

最后，好说歹说吃了一段时间的中药，还去了一个可以不做活检的私立医院作了局部注射药物治疗。住院期间还一再通报我们说就住这一次院，节俭了一辈子的老人心疼那每针近万元的费用……

接连的后续治疗终于还是未能挽留住老人的生命，终于在10月份溘然离开了我们。

相比于我公公这个明白人，我父亲算是太糊涂了。

到今年12月份，父亲胃癌手术已整整作了9年。

9年前我女儿还在蹒跚学步的时候，父亲也是一个人去医院查体，当时的情况比公公严重得多，好心的医生看父亲是一个人来的就告诉他胃部有个大溃疡需要尽快手术，并索要了弟弟的电话告知了我们父亲的真实病情。

之后，我们带父亲在几个权威医院确诊后确定了手术的治疗方案，我清楚地记得当时在省立医院专家说，老父亲即便胃切除，生命的极限也不过一年；泰安最后给父亲做手术的主刀医生对我们打算给父亲手术后作化

疗很不以为然，也曾说再活个一年半载就很不错了……

父亲至今也不知道当初做手术是因为癌症，他笃信自己就是很严重的胃溃疡，所有的治疗过程像孩子一样听我们和医生的安排，他不是文盲但从来不像公公一样每次检查的结果或是医生开的药都认真地看结果和说明书。我们告诉他，他的病只要做了手术打完6次消炎针（化疗）就好了。

伯父曾总结父亲一生最喜欢的两件事是吃饭和干活，我觉得再加上一点的话就是糊涂，大概恰恰是这三个特点才救了他一命。

手术后因种种手术并发症有近一个月不能进食而暴瘦的父亲，在出院后的一个月内长了10斤，即便是在化疗后期不断呕吐的情况下仍然吐完了再吃，化疗的最后两个疗程赶上麦收和种玉米，他仍然拖着极度虚弱的身体在田间劳作，更不用说现在年近70岁仍与壮年劳力不相上下……

在公公查出癌症后，医生曾说即便不能手术，坚持作几个疗程的放疗再活三两年没有问题。

这个检查结果比当初医生给父亲的结论要乐观得多，我曾拿父亲的经历作为公公的励志故事。公公却坚定地认为自己的寿命只有1年，不相信医院，更不相信医生，总说去医院作放疗或是化疗就死得更快，饮食起居样样小心谨慎，唉声叹气，极其悲观。最后住院期间在医院握着女儿的手于叹息中用另一只手抹着眼泪……

学了心理学的我，内心想着两位老人的状态，曾经不由自主地运用心理学的原理来进行分析。是我们寄予生活多大的希望，生活就回馈给我们多大的回报，还是心态决定了人生的长度呢？

然而，作着这样的分析，实在没有任何意义。一切都是枉然。心理学，在遇到真实的生活磨难时，常常是非常乏力的。

对儿女来说，面对父母，最好的选择，可能就是忘掉心理学，尽力做好儿女的责任，让父母活的有尊严和遂心，过的自在，不要最后空叹"树欲静而风不止，子欲养而亲不待"。

（作者：孟　丽）

10.3 囧妈囧仔的系列故事

10.3.1 "砍人计划"

儿子初三，在一个尖子班，成绩中等，学习紧张。

一天，傍晚7:50才进家，一脸的愤怒。妈妈一看，有戏了。因为头天下午老师发短信说根据教育局要求，学校结合家长和学生要求，征求意见自愿报离校时间，这个小子报的是6点半离校，而班级包括他只有4个人这样选择，其他全部选择7点半离校——在校加一个小时自习。头一天就回来这么晚，一定有情况了，8成是老师加课了不能回来。

饭菜端上桌子，儿子看来饿坏了，半个夹里脊肉的烧饼一下子咬了下来，腮帮子鼓起大包。妈妈也开始吃，边吃边问："今天怎么样？"

"哼！倒霉透了，某某老师一直拖堂，拖到7点半才结束。"儿子边吞咽边说。

"哦。"妈妈乘机抢儿子的烧鸡和灌肠吃。

"不过，我把所有作业全写完了。"儿子也看到了肉类，开始拿筷子，边生气地说："还有我同学说我看的写字板（一个网络写手）的小说很垃圾，我特别堵得慌，真想杀人！"

"嗯嗯，那可好。有这个打算你早点实施。"老妈的心不在焉和不靠谱开始显现。

儿子看妈妈一眼，重复："今天一共遇到三件不顺心的事情，我特别生气，真想把他们都剁了！"

"嗯，有计划早实施。今年你都15岁了，成功的话也不用负法律责任，最多进少管所住个十年八年。我和你爹不打算再生二胎了，这样保证我们还有一个活着的儿子。我们需要把两座房子赔给人家父母，然后租房子住。你爸和我的工资估计租不了很大房子。"老妈继续抢吃肉肉，不动声色地说："要是满18岁的话，那就不好说了。"

儿子很惊异地看老妈一眼："我跟你说正经的呢！"

"我也是跟你说正经的。咋地？要不然咱们先休学，学学散打、跆拳道？要不就少林武术？不然你这个身板儿，砍不成别人被人卸了就麻烦了。"妈妈开始饶有兴趣地悉数哪个武术学校能教真功夫，就是学出来本事最少得半年……

"还有啊，你现在也没有上啥大学之类的，犯了什么事儿扬名全国的可能不大。顶多到时候说某学校老师、心理咨询师的儿子有心理问题伤人或者杀人。要是等过几年你老妈万一出名了，哎呀，某著名心理咨询师的儿子犯事了，还不全国轰动？那就跟李某某一样，受爹娘的名气之累，更加倒霉。"老妈还是一本正经的。

儿子点点头："是，这冤大头，不能干的事儿坚决不干。"

倒霉事怎么来的

"你不想听听我说第三件是啥事？"儿子憋得难受了。

"嗯嗯，我跟你爹没有啥本事，不过耳朵还是可以借给你用。但是不保证不噎住你。你自己考虑后果，不要抱太大的期望值。"老妈一脸气死人不偿命的样子。

十分的愤怒，二十分的痛苦相，眉毛卷四个麻花之后，选择了说出三件事：除了某某老师拖堂，同学否定自己的偶像之外，还有一件让自己十分屈辱的事情，然后呜呜大哭。

老妈看着这个家伙，心想，又搞刘备政策，今天不跟你玩"好妈妈"的游戏。于是叹口气说："唉，屈辱就屈辱了，不外乎是，否定你的长相，这是你爸爸妈妈给的，你又决定不了；要不就是嘲笑你的衣服，那个我们随时都可以名牌上阵。你妈妈不喜欢名牌，但是给你买几身还是有实力的……"

"我在乎的东西他们都否定，我喜欢的东西他们都诋毁，就连我用个铅笔盒，全班每个同学见到都问我：你咋还用铅笔盒？"儿子边哭边说。妈妈终于听出来是找认同呢。

"哼！以为咱们换不起不是……"老妈开始愤愤不平。

"我是觉得笔袋很软，会漏笔水，铅笔盒保护笔……"儿子开始擦鼻涕。

"就是！我们用啥他们管得好宽！还有啥？"老妈撸起袖子。

"说我看的写字板的小说错别字多、文笔差、内容差……总之跟学习没有关系。"儿子已经恢复平静。妈妈使劲想想,好像是讨论过写字板,但是多数时候孩子选择跟老妈讨论金庸武侠。

"你怎么看这个评价呢?"老妈忍住文人相轻的冲动。

"@\$\$%^%&*(((()))**^###@……"儿子理由一大堆,老妈趁机又抢了一块肉。

"总之,你觉得写字板就是一事业、爱情均遭到挫折的现任屌丝,勾起了你的共鸣?"妈妈一针见血。

儿子瞪了杀手老妈一眼。但是没有否认。

"没事儿,我不阻止你看写字板的小说。当年我的老师使劲阻止我看琼瑶、金庸,后来他们比谁都喜欢看琼瑶、金庸电视剧。也许将来写字板会超越他们。还有,火得不行的《甄嬛传》,其实从2007年我就开始追网文,半夜5点起来看更新……"老妈说得兴起,筷子在空中飞舞。"不过现在拍成电视剧我一遍也没有看。我兴趣点转移了!也许你往前走走,你回头看写字板也有这样的感觉呢。"

儿子没有说话,埋头吃烧鸡。因为再不吃就被贪吃老妈抢光了。

10.3.2 "神"的理想和"人"的妈妈

"妈妈,我的理想吧,特别普通,不像男生的理想。不敢说,怕有些人嘲笑我。"儿子又憋不住说话。

"那你觉得什么样的理想是男生的理想呢?"老妈开始抹嘴巴。

"比如,拯救地球,维护世界和平,成为政治领袖,最不济成为什么发明家或者什么家……你打我头干啥?"儿子捂住被菜铲子拍了一下的脑袋。

"醒来了!你爹是宙斯吗?你妈是奥特之母吗?还拯救地球呢!再问你,你妈妈是白富美,还是你爹是高干?当国家主席这些想法,也可以省省。你就一个普通人啦。"老妈容不得儿子浮想联翩。

"那……我只是想将来有一份不太忙碌的工作,有一所自己的房子,哪怕比原来我们住的(两室)还小,我能养活自己,总之,不当一个啃老族。"儿子缓缓道出自己的理想。

"你肯定可以实现这个生活理想啊。这不就是你爸爸妈妈现在的生活状况吗？相信你可以比我们生活得更好。至于啃老，你就别动这个念头了。估计我们到时候不骚扰你就算好的了。"老妈一脸的诡计。

儿子说："我知道啊！可是我们同学都有远大的理想。很远大的理想。"儿子觉得自己很落后、很痛苦。

"你想跟他们一样有远大理想也可以。不过理想都有可能实现和不实现。再说再远大的理想的伟人，现实生活也是要吃要住要休息啊。你现在知道自己是一个普通人，你的同学大学毕业一样知道自己是个得吃喝拉的普通人，你现在提前痛苦了。估计将来面对现实要容易一些。"

没过两分钟，那对又黑又浓的眉毛又拧住了："可是我觉得就是实现这个小小的愿望，也得要考上一中。唉……"问题症结在于这里啊，没有信心、没有希望。（背景：这个城市高中，一中最好，其次某中，剩下就没有什么好学校了）

"某中和家门口的高中也行。不过你最想上哪所学校呢？"老妈开始做一个鸡蛋的梦想。

"那肯定是市一中了。"儿子还是毫不犹豫。

"好吧，我们来看看你离一中有多远。"妈妈拿来一张白纸。"告诉我，最近半年你的体育最差考过什么成绩，英语呢，历史政治呢……"

各项表格列出，算出总分，似乎离一中分数差不到30分。"那么最近3个月你哪些项目可以提高分数？"

儿子放下饭碗，饶有兴趣地看白纸："这项，历史政治已经提高了，可以加5~8分；这项，英语，我目标是115分，保守点儿，112分吧；这项，数学，我能再提10分；这个，我目标是满分，临场情况不知道，不过可以努力；还有体育，我肯定可以满分，不要给我算48分！"

再次算出来的，跟前一年的分数线差得不多了。

"嗯嗯，还好了，保持你现在的努力状况，你可以有学校上。报一中也可以啦，要是真的差几分，咱们可以在别的学校或者某中或者家门口学校当尖子啦。他们学校每年也走几个二本以上的。"老妈经常是盲目乐观。

"好的。定高点，我会更努力。我原来以为我一点指望都没有了。"麻花平展了。

什么时候拥有自己的电脑

"好了,我陪你唠唠浪费了不少时间。你还有什么想法一并说出来。"老妈开始收兵了。

"我还有一个梦想就是将来有一台自己的电脑。可以玩玩英雄联盟啥的。"儿子眼睛开始放光。

"等你上高中吧。不管上不上一中都有。"妈妈开始许诺。好像爸爸之前定的一中奖品就是一台笔记本。

"我想想算了,还是不要在高中买自己的电脑了。要是我控制不住自己,玩上瘾,那么将来什么大学也考不上,理想就完了。"儿子有点壮士断腕的决心。

"那不行,高中管你太紧不让你玩,死学死学到了大学你没有人管了,还不疯啊!高中一定要给你电脑!自己学会自控!"

"那不行,我没有自控力怎么办呢?前途不就毁了?"儿子很认真地担心。

"你大学时候没有自控力也是一样啊。我们就赔大发了!你想啊,高中没有自控力考不上大学,太好了,我们不用给你付高价的学费和生活费,直接去学门实用技术养活自己好了。可是要是上大学了再失去控制不好好学习,我们花那么多钱供你玩去,太赔了!"妈妈越说越激动,"这赔本的事情不能干,一定把你拉下马!"

"算了,我中计了。我去学习去了。"哼着小曲走了。

哼,遇到不靠谱的妈,你再有情绪再暴力也玩完!

10.3.3 伤口危机

囧仔自从上了初中,基本上没有请过假。就是感冒,也是喝点水就好了。最多吃几片不靠谱老妈不知道从哪里找来的过期感冒药,居然有时候还有囧仔幼儿园时候喝的药——当然也可能是那时候药的质量还很好的,残余的效力也足以帮助囧仔抵抗病毒。

对于生病不上学,囧仔是没有想过。但是接二连三,有的同学手臂

第十单元 家庭教育案例集锦

骨折了,有的同学崴脚了,竟然可以减免作业,哈哈,诱惑力好大。吃饭时候挂在嘴上的一句话就是:"唉,也不受个伤啥的让人同情一下。"囧妈不置可否。而囧爸很直接地打击囧仔:"得了,你那人品,怎么能受伤而且保全生命?再说受伤疼着呢!"爷俩于是瞪上10分钟。囧妈乘机就把饭桌上爷俩的肉肉吃光了。

这天囧妈在单位锻炼完,没有去买菜就直接回家了。正在想做点啥糊弄一下三口的胃。囧仔进门了,脸上带着血。囧妈一看,哦,果然受伤了。再一看好像走路很正常,手拿东西也很正常,没事了,于是继续做饭。囧仔没有说话坐在一边,拿着餐巾纸对镜子擦了半天,问:"这个伤,留疤不留?"

囧妈这才第一次发现似的过去看:"哇!你受伤了?让我看看要紧不要紧!还是眉脚!磕到牙齿没有?崴住手腕没?什么?你走路时候滑了一跤摔住了?这个角度很难磕住的!你是怎么做到的呢?"

"唉,老妈,你儿子是受伤了,不是得奖了。我刚才去诊所看过了,医生说不用缝针。我担心留疤。"看着老妈一脸花痴就差说出"你好帅"的样子,囧仔有点无奈。

"留,一定得留!男孩子脸上没有块疤怎么能显示男子汉气魄!"囧妈很肯定地说。

"妈——,我是问会不会留疤?"囧仔发急了。

"会!我一定会让你留疤,这么好的机会我岂能放过!我一定让你天天吃酱油、醋和姜,把这个疤落实了,还有结了痂就给你抠下来,让疤深一点。"囧妈一溜烟把计划说出来。

"行了行了!别想!"囧仔是斩钉截铁,"有酱油的饭我一定不吃,饺子不用蘸醋了!姜?你不是不吃姜么!"

"还有,要不然咱们休息几天。不过我可说好,电脑我带走用,你在家里只准睡觉、写作业。饿了等我回来给你做饭吃。什么时候疤好了什么时候上学。"囧妈开始限制人身自由。

"拉倒吧!这点伤!就是粉碎性骨折我也要继续上学!"囧仔坚决不肯跟这个不靠谱老妈多待一分钟。

10天后,囧仔继续照镜子看着颜色略深的平滑伤口。一边问囧妈:"你这么喜欢脸上有疤的人,我爸爸脸上好像没有疤吧?"

"有啊，怎么没有，下巴上就有啊。不过胡子茬遮住了。当年啊……哎哎，你跑啥跑！不孝顺孩！"望着落荒而逃的儿子，囧妈得意地笑："小兔崽子，想套你妈的话，你还嫩着点。"

10.3.4　谁的面子

转眼囧仔要中考了，准考证都发下来了。当然报志愿时不是原来全家理想的市一中。囧仔两次模拟考试全市排名都是2500靠后，而市一中只招收800人，这样的成绩很难有奇迹。所以在周密分析之后，囧仔填报志愿时很谨慎填报了市二中，为保险起见，孩子把下面所有志愿都填报齐全了。万一失手，还有爸爸学校托底。

囧妈到学校，别人问起了填报志愿的细节，囧妈一点说不清楚第几批是啥，只好坦白是孩子自己报的，说过后，后悔了，收获的都是朋友们的白眼——典型不负责任家长！

备受刺激的囧妈，打消了在囧仔中考那天继续坚守工作岗位的念头，高考可能有两回，中考一生只有一次，囧妈给校长说自己要给中考的儿子做饭，不能去外校监考（可恶的小学期末考试和中考安排在同一天），顺利请好了假。

囧爸这一年刚好带的高三，本来是没有事情，但是又接着带下一个高三，他本来一肚子气，正好借口儿子考试给自己放两天假休息。

囧爸囧妈忙活活准备陪考，囧仔却不领情。听说俩人居然请假，囧仔十分意外和抗拒："别给我增加心理负担！"

囧妈解释说每一个孩子中考的老师都请假了，自己要是不请假多没有面子？是不是有意给别人难堪？于是请了。囧爸说自己本来就该休息，但是被拉上新高三，累啊！但是不干活磨洋工很丢面子，儿子中考是个好机会休息……总之，都不是为了孩子中考才请假，而是为了请假才借用中考的名义。囧仔于是原谅了这一对不敬业的爸妈。

考前看考场那天，囧爸要跟囧仔去，囧仔十分反对，囧爸说："你进去，我在外面给你看车。"囧仔考虑到自己的车子比较值钱，于是准奏。

第二天正式考试，囧爸早早准备好车子要孩子去市二中考场。囧仔差点爆发："考场外面有存车棚不用你看!"

"唉,别人爸爸妈妈都去陪考,我们俩不去很丢面子的。我们去一个行不行?"好可怜的囧爸。

一肚子反对的囧仔骑车飞快,好在囧爸骑术也不差,但是到考点,囧仔把车子一存,就头也不回进学校了,囧爸无聊地在外面等了一会儿,跟别的家长闲扯几句,回家帮囧妈准备丰盛的午饭了。

快结束时,囧爸提前20分钟去考场接孩子(家到学校只有15分钟)。人山人海的场面让囧仔只有抱怨:"都是你们这些爸爸妈妈来接孩子把路堵得水泄不通。"

下午的考试,囧仔再也不肯给面子了。谁敢去陪考自己就罢考。囧爸乐得清静,赶紧上床继续睡午觉。

两天的面子工程变成了夫妻俩期末的补觉时间。囧仔结束考试,恨恨地说:"将来我高考谁都不许陪我。我去上大学时候,也要自己去,不许陪。"

"好好好,你上月球我们也不陪。"囧妈恨恨地说。真没有面子啊。

10.3.5 性教育或性幻想?

春天的一个中午,囧妈兴奋雀跃地回到家,边做饭边哼歌。囧妈端上所有饭菜,拿起筷子时,问家里的其他两人:"你们猜猜别人送给我什么了?"

"什么啊?猜不到!"爷俩很配合。

"猜猜嘛!"囧妈兴致盎然。

"猜不到嘛!想说你就说!"爷俩其实是不配合。

"种子!"难得囧妈都40岁了,还跟小孩子一样兴奋。

可是爷俩没有问什么种子,而是意味深长地对视了一下,囧仔坏坏地捂嘴笑了起来。囧妈很奇怪。忍住对自己一包种子的夸奖和计划,马上抓住囧仔的瞬间表情:

"囧仔,你又想啥坏水了?"

"这次真没有!我就是想'种子——'"囧仔还是坏坏地拖了个

长音。

"别骗我了！你是我肚子里面爬出来的，你心里有啥坏水还想瞒我。说吧，种子有啥典故。"囧妈一副坦白从宽的表情。

囧仔使劲憋，憋得咳嗽起来就是不说。囧妈发现囧爸表情也有点儿怪，于是开始转移目标："怎么我对种子就没有你们这么敏感，有啥黑话？"

囧爸不接招，训囧妈："吃饭吧你，不饿啊？"

囧妈一肚子奇怪虫，吃完饭就去开电脑百度种子一词。可是看来看去没有啥啊。百度百科"种子（seed），裸子植物和被子植物特有的繁殖体，它由胚珠经过传粉受精形成"。然后就是快播、迅雷什么的种子，应该是下载的原始地址什么的吧？可是旁边相关内容却是很多日本美女的图片。看着看着，囧妈恍然大悟。囧仔都从歪门邪道知道了一些这方面的知识。这个囧仔小小年纪，怪不得最近洗他内裤有奇怪东西。

囧妈火气冲天就要去修理囧仔。但是走出书房又止步了。这些黄色图片，国家管不了，做妈妈的又能如何？囧妈就算删除电脑文件也不能删除人脑里面的记忆。

征求囧爸意见，囧爸坦承早就发现囧仔的平板里面有黄色图片，当时跟他谈过这个问题，也知道囧仔同学都很好奇这方面知识。顺其自然，问就说，爷俩交流过此类问题。囧爸交代孩子有什么问题可以问爸爸。这成了爷俩心照不宣的秘密。于是一些网络密语，就成了俩人的默契。囧爸电脑里面的一些存货，囧仔偷偷翻出来看过。囧仔的存货，囧爸也看过。就是这么一个状态。

囧妈忽然发现自己成了外人。还好，这些话题是囧爸在跟孩子交流。他爸爸应该不是一个居心叵测的外人。想到这里，囧妈放心许多。于是把自己准备好几年的那些青春期知识视频、电子书和图片放在了电脑桌面上。虽然有点马后炮。但是总是好过没有普及科学知识。至于囧仔看不看，那是他自己的选择了。

（作者：胡淑杰）

后　记

　　家长到底想要什么样的孩子？往往是孩子不跟家长交流了，家长越来越不懂孩子了，人们才回过头来反思家庭教育的目的、原则和方法，才开始关注和分析自己对家庭教育的认识、体验和误区。这个时候我们才会发现有好多好多内容我们没想过，于是一谈及家庭教育，我们好像有说不完的话题，理不清的烦忧。

　　本书是《家庭教育手册》的再版。作为"5.12心理援助丛书"之一的《家庭教育手册》在2009年出版后深受读者的欢迎，连印了六七次。这里面一定有些什么。

　　曾经在第一时间随王文忠博士深入到灾区做心理援助的志愿者杨忠对这书"老有感情了"。他说在某个清冷的夜里，他和王博士聊起了一个在地震中失去了妈妈的孩子，妈妈埋在近百米的地下，无法清理，这个孩子是如何度过那些艰难的日子的呢？孩子说，起初几天，整夜睡不着，折腾、难受。有一天晚上他突然想起告诉妈妈，"妈妈，下辈子我还做你的儿子。"然后就睡着了。空气仿佛凝固了，就像有一双温暖而慈爱的眼睛静静地凝视和环视着整间屋子，每个人都感受到微微的暖意。王文忠博士像是自言自语地说，"家，一个人就是个具足圆满的家，爸爸、妈妈、孩子一个也不能少"。或许这就是动力沟通自我金刚结构中一个人就是一个家的意象的缘起。而在此后，动力沟通的理论和技术在实践中不断成型，对于金刚石顶端那个反审认知的描述也渐渐清晰起来——那不就是慈母的眼睛吗？更确切地说，那正是凝视的眼神和环视的目光！

　　0~18岁各个阶段详尽的家庭教育策略，清晰的架构，古今中外的家庭教育理念与案例，热门又接地气拉家常式的家庭教育问题解答，融化在这本薄薄的手册里，然而，力透纸背的始终是两个字——生命。尊重生命，欣赏生命，活出生命，而做到这一切的前提都是凝视的眼神和环视的目光。

1）这次再版，虽然删除了与当年地震相关的内容，但尽量保留了原手册动静相宜的内在气质与极具指南风格的主体内容，并将动力沟通这两年的发展成果融进书中，既有古今中外统合的整体性又突出本土性与独创性，同时增加了鲜活的动力沟通人的家常话和案例集锦，让这本书从行文到内容都如金刚石般能够"立"起来，让我们的家长朋友不但可以"按图索骥"寻获家庭教育秘籍，还能真正带着凝视的眼神和环视的目光完成家庭教育任务，从而把自己的孩子培养成一个快乐、负责又对社会有贡献的"金刚人"。

2）对自己、他人和环境时常保持觉察（感觉敏锐）。

3）在力所能及的范围内，照料自己，服务他人（身体勤劳）。

4）热爱学习，吸收前人的智慧，同时对新的不同观点保持开放的心态（思想开放）。

对自己、对生活、对他人有一种积极、包容的心态，能够经常保持宁静和安详（做自己的心理咨询师，关照、陪伴自己）。

祝您和您的家人成功！

编　者

2014年12月11日